KOREAN GRAMMAR
MADE EASY

A Comprehensive Workbook To Learn Korean Grammar For Beginners (Audio Included)

LingoMastery

ISBN: 978-1-951949-79-2
Copyright © 2025 by Lingo Mastery
ALL RIGHTS RESERVED

No part of this book may be reproduced, stored in a retrieval system, or transmitted in any form or by any means, electronic, mechanical, photocopying, recording, scanning, or otherwise, without the prior written permission of the publisher.

The illustrations in this book were designed using images from Freepik.com.

CONTENTS

Lesson 1 인사 (Greetings) 4
    1-1 안녕하세요, 안녕히 계세요, 안녕히 가세요 (Hello, Goodbye, See you). 4
    Exercises 1-1 5
    1-2 감사합니다, 죄송합니다, 실례합니다 (Thank you, I'm sorry, Excuse me). 5
    Exercises 1-2 7

Lesson 2 대명사 (Pronouns) 10
    2-1 이것, 저것, 그것 (This, that, that) 10
    Exercises 2-1 11
    2-2 나, 너, 우리 (I, you, we) 13
    Exercises 2-2 14

Lesson 3 조사 1 (Particles 1) 16
    3-1 -은/는, -이/가 (Topic/subject marking particles) 16
    Exercises 3-1 18
    3-2 -을/를 (Object marking particles) 19
    Exercises 3-2 21

Lesson 4 -이다 (Predicative -이다) 23
    4-1 -이에요, -예요 (Casual polite -이다) 23
    Exercises 4-1 24
    4-2 아니에요 (Negative sentence of -이다) 25
    Exercises 4-2 27

Lesson 5 서술어 (Predicatives) 29
    5-1 있어요, 없어요 (There is, there isn't, have, don't have) 29
    Exercises 5-1 30
    5-2 -아/어/해요 I (Basic present tense I) 31
    Exercises 5-2 33
    5-3 -아/어/해요 II (Basic present tense II) 34
    Exercises 5-3 36
    5-4 안, -지 않다 (Negative sentence) 37
    Exercises 5-4 39

Lesson 6 조사 2 (Particles 2) 41
    6-1 -에, -에서 (Location marking particles) 41
    Exercises 6-1 43
    6-2 앞에, 뒤에, 옆에, 위에, 밑에 (In front of, behind, next to, on top of, under). .. 44
    Exercises 6-2 46
    6-3 -에서(부터) -까지 (From A to B) 48
    Exercises 6-3 50

    6-4 –(으)로 (Marking particle for method, direction, destination) 52

    Exercises 6-4 53

Lesson 7 의문문 (Questions) 55

    7-1 어디 (Where?) 55

    Exercises 7-1 58

    7-2 언제 (When?) 60

    Exercises 7-2 62

    7-3 누구 (Who?) 63

    Exercises 7-3 66

    7-4 왜, 어떻게 (Why?, how) 66

    Exercises 7-4 68

Lesson 8 시제 (Tense) 70

    8-1 -았/었/였어요 (Past tense) 70

    Exercises 8-1 71

    8-2 –(으)ㄹ 거예요 (Future tense) 74

    Exercises 8-2 75

    8-3 -고 있어요 (Present progressive) 77

    Exercises 8-3 78

Lesson 9 수사 (Numbers) 80

    9-1 일, 이, 삼, 사 (Sino-Korean numbers) 80

    Exercises 9-1 82

    9-2 하나, 둘, 셋, 넷 (Native Korean numbers) 83

    Exercises 9-2 85

    9-3 개, 잔, 병, 명, 마리 (Counters) 86

    Exercises 9-3 88

Lesson 10 시간 (Time) 89

    10-1 요일 (Days of the week) 89

    Exercises 10-1 90

    10-2 날짜 (Date) 92

    Exercises 10-2 93

    10-3 한 시, 두 시, 세 시, 네 시 (Telling time) 95

    Exercises 10-3 96

Lesson 11 조사 3 (Particles 3) 97

    11-1 -하고, -(이)랑, -와/과 (And, with) 97

    Exercises 11-1 98

    11-2 -한테, -한테서 (To someone, from someone) 100

    Exercises 11-2 101

11-3 -도 (Too, also) ... 102
    Exercises 11-3 ... 103

Lesson 12 명령문 (Imperative Sentence) ... 104
12-1 –(으)세요 (Imperative) ... 104
    Exercises 12-1 ... 105
12-2 -아/어/해 주세요 (Please do it for me) ... 107
    Exercises 12-2 ... 108
12-3 -지 마세요 (Don't do it) ... 109
    Exercises 12-3 ... 110

Lesson 13 청유문 (Request sentence) ... 112
13-1 -아/어/해요 (Let's) ... 112
    Exercises 13-1 ... 112
13-2 -자 (Casual way of saying "Let's") ... 114
    Exercises 13-2 ... 114

Lesson 14 감탄문 (Exclamatory sentence) ... 116
14-1 –(는)군/구나/군요 (Exclamatory endings 1) ... 116
    Exercises 14-1 ... 118
14-2 -네(요) (Exclamatory endings 2) ... 120
    Exercises 14-2 ... 121

Lesson 15 불규칙 (Irregulars) ... 122
15-1 ㅂ 불규칙 (Irregulars ㅂ) ... 122
    Exercises 15-1 ... 124
15-2 ㄹ 불규칙 (Irregulars ㄹ) ... 125
    Exercises 15-2 ... 127
15-3 ㄷ 불규칙 (Irregulars ㄷ) ... 128
    Exercises 15-3 ... 129
15-4 ㅅ 불규칙 (Irregulars ㅅ) ... 130
    Exercises 15-4 ... 131

Lesson 16 부사 (Adverbs) ... 132
16-1 조금, 정말, 진짜, 아주, 별로, 전혀 (A bit, really, very, not really, not at all) ... 132
    Exercises 16-1 ... 133
16-2 너무 (Too, very) ... 134
    Exercises 16-2 ... 135
16-3 잘, 못 (To be good at, to be poor at) ... 136
    Exercises 16-3 ... 137
16-4 아직, 벌써 (Still, already) ... 138
    Exercises 16-4 ... 139

Lesson 17 접속부사 (Conjunctive adverbs) **140**

    17-1 그리고, 그래서 (And, and then, therefore, so) 140

    Exercises 17-1 141

    17-2 그렇지만, 그런데 (But, however) 143

    Exercises 17-2 144

Lesson 18 희망, 요청 (Wish, request) **145**

    18-1 주세요 (Please give me...) 145

    Exercises 18-1 146

    18-2 -고 싶어요 (I want to...) 147

    Exercises 18-2 148

    18-3 –(으)ㄹ래요? (Do you want to...?) 149

    Exercises 18-3 150

Lesson 19 가능, 의무 (Possibility, Obligation) **152**

    19-1 –(으)ㄹ 수 있어요/없어요 (Can, cannot) 152

    Exercises 19-1 153

    19-2 -아/어/해야 돼요/해요 (Have to, should, must) 155

    Exercises 19-2 156

Lesson 20 가정, 조건 (Assumption, condition) **158**

    20-1 그러면, 그럼 (Then, in that case, If so) 158

    Exercises 20-1 159

    20-2 만약, -(으)면 (If, in case) 160

    Exercises 20-2 162

Lesson 21 기능의 변화 (The conversion of the function) **164**

    21-1 -는 것 (Making verbs into nouns) 164

    Exercises 21-1 165

    21-2 –(으)ㄴ + 명사 (Making Past / Present Adnominal Phrase) 166

    Exercises 21-2 168

    21-3 -는 + 명사 (Making Present Tense Adnominal Phrase) 170

    Exercises 21-3 170

    21-4 -기 전에 (Before -ing) 172

    Exercises 21-4 173

    21-5 –(으)ㄴ 다음에, 후에, 뒤에 (After -ing) 174

    Exercises 21-5 175

    21-6 –(으)ㄹ + 명사 177

    Exercises 21-6 178

Lesson 22 추측 1 (Supposition 1) **180**

    22 –(으)ㄴ/는/(으)ㄹ 것 같아요 (I think...) 180

Exercises 22 182

Lesson 23 연결어미 1 (Linking verbs 1) **184**

23-1 -고 (And) 184

Exercises 23-1 185

23-2 -아/어/해서 (Reasons, orders of actions) 187

Exercises 23-2 189

23-3 –(으)면서 (Simultaneous actions) 190

Exercises 23-3 191

23-4 -는/은/ㄴ데 (Explaining or showing a situation, contrast) 193

Exercises 23-4 194

Lesson 24 추측 2 (Supposition 2) **196**

24-1 –(으)ㄹ까요? (I wonder, shall we...?) 196

Exercises 24-1 199

24-2 –(으)ㄹ 수도 있어요 (Maybe I might...) 200

Exercises 24-2 201

24-3 –(으)ㄹ 리가 없어요 (It cannot be...) 203

Exercises 24-3 204

24-4 -쯤, 정도, 약 (Approximately, about) 205

Exercises 24-4 207

Lesson 25 양보 (Concession) **209**

25-1 -아/어/해도 (Even if, even though) 209

Exercises 25-1 210

25-2 그래도 (But still, nevertheless) 211

Exercises 25-2 212

Lesson 26 한정 (Limitation) **214**

26-1 -만 (Only) 214

Exercises 26-1 214

26-2 -밖에 (Nothing but, only) 215

Exercises 26-2 216

Lesson 27 허락 (Permission) **218**

27-1 -아/어/해도 돼요 (It is okay to...), -(으)면 안 돼요 (You should not...) 218

Exercises 27-1 219

27-2 -지 않아도 돼요, 안 -아/어/해도 돼요 (Don't have to...) 221

Exercises 27-2 222

Lesson 28 정도의 변화 (The change of degree) **224**

28-1 -(으)면 –(으)ㄹ수록 (The more..., the more...) 224

Exercises 28-1 226

28-2 -아/어/해지다 (To become + adjective) 227

Exercises 28-2 228

28-3 -게 되다 (To gradually get to do, to end up doing) 229

Exercises 28-3 230

Lesson 29 비교, 선택 1 (Comparison, choice 1) 231

29-1 보다 더, 보다 덜 (More than, less than) 231

Exercises 29-1 232

29-2 가장, 제일 (The most) 234

Exercises 29-2 235

29-3 훨씬 (Much more, much less) 236

Exercises 29-3 237

Lesson 30 목적, 의도 (Purpose, intention) 238

30-1 -기 위해 (In order to) 238

Exercises 30-1 239

30-2 -(으)려고 하다 (I am planning to…, It is about to…) 240

Exercises 30-2 241

Lesson 31 띄어쓰기 (Spacing) 243

31 띄어쓰기 법칙 (Spacing rule) 243

Exercises 31 245

Lesson 32 존댓말 (Honorifics) 246

32-1 반말, 존댓말 (Speech levels) 246

Exercises 32-1 248

32-2 –(으)시- (Honorific suffix) 250

Exercises 32-2 252

Lesson 33 추측 3 (Supposition 3) 254

33-1 -나 보다 (I guess, I assume) 254

Exercises 33-1 255

33-2 -(으)ㄴ가 보다 (I guess, I assume) 256

Exercises 33-2 257

33-3 -(으)려나 보다 (It seems like…, I assume…) 258

Exercises 33-3 259

Lesson 34 비교, 선택 2 (Comparison, choice 2) 260

34-1 중에서, 사이에서 (Among) 260

Exercises 34-1 261

34-2 대신에, -는 대신에 (Instead of, in return) 262

Exercises 34-2 263

34-3 말고, -지 말고 -(으)세요 (Not A but B) 264

  Exercises 34-3 265

Lesson 35 연결어미 2 (Linking verbs 2) 266

  35-1 -자마자 (As soon as) 266

  Exercises 35-1 267

  35-2 -다가 (While I was doing..., and then...) 268

  Exercises 35-2 269

  35-3 -(으)니까 (Since, because, as) 270

  Exercises 35-3 271

  35-4 -기 때문에 (Because of, because) 273

  Exercises 35-4 273

Lesson 36 화법 1 (Speech 1) 275

  36-1 명사 + -(이)라고 하다 (To say that something is + noun) 275

  Exercises 36-1 275

  36-2 -(이)라는 (Noun + that is called + noun) 277

  Exercises 36-2 278

  36-3 -(ㄴ/는)다 (Narrative present tense) 279

  Exercises 36-3 280

Lesson 37 축약형 (Word contractions) 282

  37-1 주어 + 주격 조사 (Subject + topic/subject marker) 282

  Exercises 37-1 283

  37-2 목적어 + 목적격 조사 (Object + object marker) 284

  Exercises 37-2 285

Lesson 38 화법 2 (Speech 2) 286

  38-1 동사/형용사 + -(ㄴ/는)다고 하다 (To say that S + verb/adjective) 286

  Exercises 38-1 287

  38-2 동사 + -(으)라고 하다 (To tell someone to do something) 288

  Exercises 38-2 289

  38-3 -았/었/했다고 하다, -(으)ㄹ 거라고 하다 (They said that they had done/would) 290

  Exercises 38-3 291

Lesson 39 비교, 선택 3 (Comparison, choice 3) 293

  39-1 -에 비해서 -(으)ㄴ/는 편이다 (Compared to, relatively) 293

  Exercises 39-1 294

  39-2 -(으)ㄹ 수밖에 없다 (To have no other choice but to) 296

  Exercises 39-2 297

Lesson 40 종결어미 (Sentence endings) 298

  40-1 -지(요) (Sentence ending 1) 298

  Exercises 40-1 299

- 40-2 -잖아(요) (Sentence ending 2) ... 300
- Exercises 40-2 ... 301
- 40-3 -거든(요) (Sentence ending 3) ... 302
- Exercises 40-3 ... 303
- Conclusion ... 304

Answer Key ... **305**

INTRODUCTION

Perhaps you are interested in studying in Korea, or starting a company with Korean people. You could also be a student who is interested in the Korean language, because you are a fan of K-Pop or K-Drama and you want to understand the TV show without subtitles.

In any case, you may have studied Hangul already, which is the Korean alphabet. However, perhaps you don't know what you can do with it. Maybe you want something more, like having a real conversation. But, what are the topics that you can talk about, and how should you make sentences in Korean?

This is where the grammar takes an important role. Learning Korean grammar is a vital step in becoming proficient in the language. By studying the patterns and rules outlined in this book, you will gain the confidence to engage in conversations, read Korean texts, and write coherent sentences with accuracy.

We're going to start by learning the most basic greeting phrases in this book. Then we will look at the basic grammar, which can cover learners at the A1-A2 language level. After studying all the units of this book, you will be able to understand the basics of Korean grammar and use it.

Through this book, you will be able to learn about the most important and frequently used grammar. It includes Korean particles, sentence endings based on the speech level and tense, and useful sentence types and numbers. Check the contents of each unit and learn about the different grammar with in-depth explanations. The book describes when and how each grammar is used. In addition, it pays special attention to how to conjugate the verbs and adjectives as well. It is equally important to be aware of the limitations of each grammar. It is also explained in a very detailed manner. In addition, understanding the proper context for using each grammar is critical. You will be able to see that through different sample sentences from each lesson. You will see your enhancement every time you complete each unit.

In addition to the explanation of the grammar, this book also contains various exercises. It is designed to check how well you understand what you have learned in each unit. Reviewing what you learned in each lesson will greatly enhance your Korean language skills.

The Korean grammar can be very different than the grammar in your first language. It may seem difficult at first. However, after studying this book to the end, your Korean skills will improve to the level that you can easily understand or have a conversation in a basic level.

HOW THIS BOOK WORKS

Here are some guidelines to help you effectively utilize this book and enhance your understanding of Korean grammar:

1. Study the structure: Familiarize yourself with the organization of the book. It is divided into units and sub-units, each focusing on specific grammar concepts. Take note of the table of contents and the index to easily locate relevant topics.

2. Start from the beginning: If you're a beginner or new to Korean grammar, it's recommended to start from the first chapter and work your way through sequentially. This will help you build a strong foundation and grasp fundamental grammar patterns.

3. Read the explanations: Each grammar point is accompanied by a clear and concise explanation. Read the explanations, ensuring you understand the concepts, usage, and nuances of each grammar pattern.

4. Study the examples: Pay close attention to the example sentences provided. They demonstrate how the grammar point is used in context and help you understand its practical application. Analyze the sentence structure, word order, and usage patterns within the examples.

5. Complete the exercises: Reinforce your understanding and application of each grammar point by completing the exercises provided. These exercises may include listening questions, sentence completion, transformation, or contextual usage. Practice actively, and compare your answers with the provided solutions to gauge your progress.

6. Answer Key: An answer key is provided for the exercises, allowing you to self-evaluate your responses. Check your answers against the provided solutions to assess your accuracy and identify areas for improvement.

7. Expand your resources: This book serves as a foundation, but language learning extends beyond its pages. Supplement your study by exploring such authentic Korean resources as newspapers, websites, podcasts, or TV shows. This exposure will help you develop a natural feel for the language and expand your vocabulary and understanding.

 This headphone with a pencil next to an exercise means that you will need to refer to the corresponding audio content to complete the exercise.

HOW TO GET THE AUDIO FILES

Some of the exercises throughout this book come with accompanying audio files. You can download these audio files if you head over to:
www.lingomastery.com/korean-gme-audio

If you're having trouble downloading the audio, contact us at
www.lingomastery.com/contact

LESSON 1 인사
(Greetings)

1-1 안녕하세요, 안녕히 계세요, 안녕히 가세요
(Hello, Goodbye, See you)

When you want to say, "Hi," "Hello," "How are you," "Good morning," "Good afternoon," "Good evening," etc., the most common greeting in Korean is 안녕하세요.

안녕 + 하세요 = 안녕하세요.
안녕: peace, health, well-being
하세요: a polite interrogative ending

There are three types of common variations of the greeting.

안녕 can be used between friends or to a younger person. (반말)
안녕하세요 is a polite and the most common greeting. (존댓말)
안녕하십니까 is a polite and formal greeting. (존댓말)

There are two types of honorifics in Korean. One is 반말, which is casual. It is mostly used by an older person talking to a younger person, or between close friends. The other is 존댓말, which is polite and formal. It usually ends with "-요," or "-니다."

When you want to say goodbye in Korean, you can say either 안녕히 계세요 or 안녕히 가세요.

안녕히 means "in peace," "in good health," "well."
계세요 is a polite imperative meaning "to stay."
가세요 is also a polite imperative meaning "to go," or "to leave."

You're to	The other person is to	You should say...
Stay	Leave	안녕히 가세요
Leave	Stay	안녕히 계세요
Leave	Leave	안녕히 가세요

You can simply say 안녕 to your friends or to younger ones both for leaving and going. To be more formal, 안녕히 계십시오 (to those who stay) and 안녕히 가십시오 (to those who leave) can be said.

📄 EXERCISES 1-1

1. Listen to the audio file and fill in the blanks. (Find audio on page 3.)

(1) 안녕 _____세요.   (4) 안_____?   (7) 안녕하_____니까?

(2) 안녕히 _____세요.   (5) 안녕히 가_____시오.   (8) 안녕하_____요.

(3) 안녕히 계_____시오.   (6) 안녕히 _____세요.

2. Circle 반말 for a casual expression, and 존댓말 for a polite expression.

(1) 안녕하세요. (반말 / 존댓말)

(2) 안녕? (반말 / 존댓말)

(3) 안녕하십니까? (반말 / 존댓말)

(4) 안녕히 계세요. (반말 / 존댓말)

(5) 안녕히 가십시오. (반말 / 존댓말)

3. Look at the pictures below and fill in the empty speech bubbles either with "안녕히 계세요," or with "안녕히 가세요."

(1)

(2)

(3)

1-2 감사합니다, 죄송합니다, 실례합니다
(Thank you, I'm sorry, Excuse me)

When you want to say "Thank you" in Korean, the most common phrase is "감사합니다."

반말 (casual)	존댓말 (informal polite)	존댓말 (formal polite)
고마워	고마워요 감사해요	고맙습니다 감사합니다

As an answer to "Thank you,"' you can say as below, meaning "Not at all," "Don't mention it," etc.

반말 (casual)	존댓말 (polite)
천만에 아니야	천만에요 아니에요 별 말씀을요 아닙니다

천만에요, 아니에요, and 별 말씀을요 are all the appropriate replies whether the other person says "Thank you" in an informal polite or in a formal polite form.

When you want to express your apology in Korean, what do you say?

반말 (casual)	존댓말 (informal polite)	존댓말 (formal polite)
미안 미안해	미안해요 죄송해요	미안합니다 죄송합니다

And here is what you should say as a response.

반말 (casual)	존댓말 (polite)
괜찮아 **아니야**	괜찮아요 아니에요 괜찮습니다 아닙니다

괜찮아, 괜찮아요, and 괜찮습니다 mean "That's okay," whereas 아니야, 아니에요, and 아닙니다 mean "Not at all."

When you want to say "Excuse me,"

반말 (casual)	존댓말 (polite)
저 저기	저기요 실례합니다

Please keep in mind that the honorific level of the response depends on the relationship between you and the other person. For example, although the other person uses 존댓말 to you, you can still say 반말 if you are older than the other person. You do not always have to match the honorific level according to what the other person says.

EXERCISES 1-2

1. Listen to the audio file and fill in the blanks. (Find audio on page 3.)

(1) 고마_____

(2) 천만_____

(3) 실례_____

(4) 미안_____

(5) 죄송_____

(6) 아니_____

(7) 괜찮_____

(8) 저기_____

(9) 별 말씀을_____

(10) 미안_____

2. The dialogues below have one mistake each in Person B's answers. Correct them with appropriate answers. In this exercise, you can match the honorific level between the two phrases.

(1) A: 죄송합니다.   B: 별 말씀을요.

(2) A: 감사합니다.   B: 실례합니다.

(3) A: 고마워.   B: 괜찮아.

(4) A: 미안해요.   B: 천만에요.

(5) A: 죄송해요.   B: 실례합니다.

3. Fill in the blanks below with the appropriate phrases. In this exercise, you can match the honorific level between the two phrases.

(1) A: 감사합니다.   B: _____

(2) A: 미안해.   B: _____

(3) A: 고마워.   B: _____

(4) A: _____   B: 별 말씀을요.

(5) A: _____   B: 괜찮아요.

LESSON 2 대명사
(Pronouns)

2-1 이것, 저것, 그것
(This, that, that)

In order to indicate objects, you can say 이것, 저것, and 그것. 이것 is for something that is near you and 저것 is for something that is far from you and the other person in a conversation. 그것 is used when something is far from you, but is near the person to whom you are talking. You can also use 이거, 저거, and 그거 in the same way.

이것 = 이거 = 이 (this) + 것, 거 (thing)
저것 = 저거 = 저 (that) + 것, 거 (thing)
그것 = 그거 = 그 (the, that) + 것, 거 (thing)

As you can see above, all those words are for objects, not for people. When you want to indicate a person, you should say 이 사람, 저 사람, 그 사람 (informal way), or 이분, 저분, 그분 (respectful way).

이 사람 = 이분 = 이 (this) + 사람, 분 (person)
저 사람 = 저분 = 저 (that) + 사람, 분 (person)
그 사람 = 그분 = 그 (the, that) + 사람, 분 (person)

이, 저, and 그 cannot be used independently, and should always be followed by a noun.

이 커피 (this coffee)
이 음식 (this dish, food)
그 여자 (that woman)

저 학생 (that student)
저 컴퓨터 (that computer)
그 가방 (that bag)

When you want to indicate a certain place, you can say, 이곳, 저곳, 그곳, or 여기, 저기, 거기. 이곳 and 여기 refer to the place near you. 저기 and 저곳 imply the place to which you are referring is far away from you and your listener. 거기 and 그곳 are for a place that is far from you and close to the listener.

이곳 = 여기 (this place, here)
저곳 = 저기 (that place, over there)
그곳 = 거기 (that place, over there)

📄 EXERCISES 2-1

1. Listen to the audio file and write down what you can hear.   (Find audio on page 3.)

(1) _____
(2) _____
(3) _____
(4) _____

(5) _____
(6) _____
(7) _____
(8) _____

2. Look at the pictures and write down 이것(이거), 저것(저거), or 그것(그거) from the point of view of the man as he speaks to the woman.

(1)

_____

Korean Grammar Made Easy | Lesson 2

(2)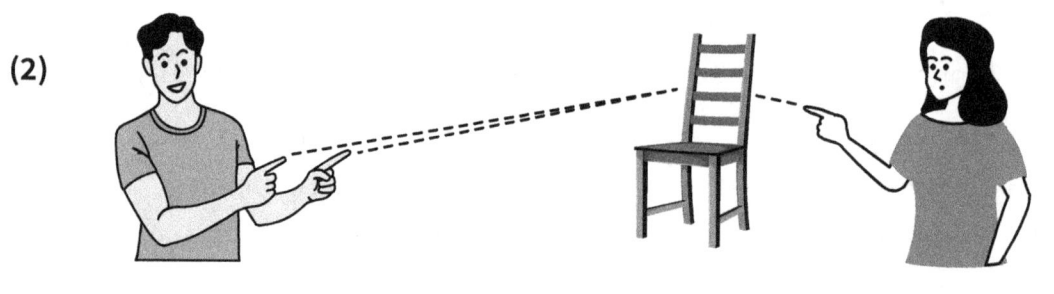

(3)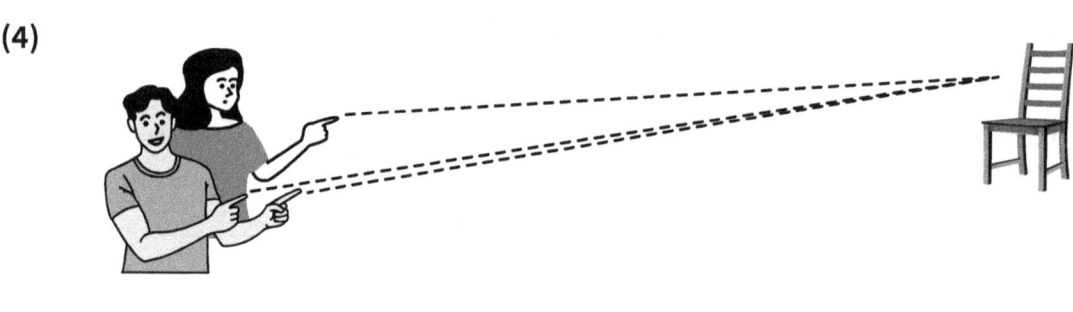

(4)

3. Fill in the blanks with 이것(이거), 저것(저거), or 그것(그거).

(1) A: 이것은 뭐예요? B: _____은 의자예요.

(2) A: 그것은 무엇입니까? B: _____은 침대입니다.

(3) A: 이거 컴퓨터예요? B: 네, _____ 컴퓨터예요.

(4) A: 그거 가방이에요? B: 네, _____ 가방이에요.

(5) A: _____은 책상이에요? B: 네, 저것은 책상이에요.

(6) A: _____은 시계입니까? B: 네, 이것은 시계입니다.

(7) A: _____은 뭐예요? B: 그것은 의자예요.

(8) A: _____은 핸드폰이에요? B: 네, 이것은 핸드폰이에요.

4. The sentences below have one mistake each. Correct them by writing the appropriate answers in the blank.

(1) 저곳은 컴퓨터예요. _____

(2) 저곳은 선생님입니다. _____

(3) 그기는 은행이에요. _____

(4) 그분은 책상입니다. _____

(5) 이기는 공원입니다. _____

(6) 그 사람은 핸드폰이에요. _____

(7) 거기는 의사예요. _____

2-2 나, 너, 우리
(I, you, we)

Let's study the personal pronouns that Koreans use mostly. The pronouns in the table below can be used both as a subject and as an object in a sentence with particles.

Person		Casual	Honorific
1st person	Singular	나 (I)	저
	Plural	우리(들) (We)	저희(들)
2nd person	Singular	너 (You)	당신
	Plural	너희(들) (You)	여러분
3rd person	Singular	그 (He), 그녀 (She)	그분
	Plural	그들 (They)	그분들

Here are a few things to note:

1. Koreans often leave out 1st and 2nd personal pronouns. Those pronouns are recognized contextually.

A: 아침 먹었어? (= Did you have breakfast?) leaving out 너
B: 응, 아침 먹었어. (= Yes, I had breakfast.) leaving out 나

Although the sentence doesn't include "you," the subject, we can recognize it since person A asks this question to person B. Likewise, person B does not specify who had a breakfast, but we can understand the subject of the sentence should be person B himself/herself.

2. We should be careful to use 당신 since it can sometimes sound intimidating or rude. It is officially an honorific way of indicating the counterpart of a conversation, but it is also used in argumentative situations very often. In many situations, omitting it can be recommended in order to avoid miscommunication.

3. Koreans prefer a person's name or title over the 2nd and the 3rd personal pronouns.

박유리 씨는 3층에서 일하세요? (= Do you work on the third floor?) 유리 is you.
박두산 부장님, 지금 어디에 계세요? (= Where are you right now?) 두산 is you.

We put 씨 at the end of someone else's name in the formal settings or to whom we first meet. Putting the title after the name can be another option, like in the second example sentence. On the other hand, in a friendlier relationship or to those who are younger than the speaker, we do not add those kinds of words. Instead, we only call the person's name without his/her last name. For example, the first sentence above can be changed into more casual "유리는 3층에서 일해?"

📄 EXERCISES 2-2

🎧 **1.** Listen to the audio file and fill in the blanks with what you hear.   (Find audio on page 3.)

(1) _____는 서울에 살아요.

(2) _____는 주말에 집에서 쉰다.

(3) _____는 여기서 근무합니다.

(4) _____은 주말에 뭐 했어요?

(5) 출근할 때_____를 깨워줘.

(6) _____을 만나려면 연락하세요.

(7) _____은 그곳에 안 간다.

(8) _____는 베트남에서 왔어요.

(9) 사람들이_____를 믿지 않는다.

(10) 오늘_____는 쇼핑했어요.

2. Below are some personal pronouns. Fill in the blanks with the appropriate words.

> 나 너 우리 너희들 그들

(1) A: ____는 숙제 다 했어?　　　　B: 아니, 나는 숙제를 다 못 했어.

(2) A: 너희들은 주말에 뭐 했어?　　　B: _____는 속초에 다녀왔어.

(3) A: _____은 한국 사람들이야?　B: 아니, 그들은 중국 사람들이야.

(4) A: 너 지금 바쁘니?　　　　　　　B: 아니, _____안 바빠.

3. The dialogues below have one mistake each in Person B's answers. Correct them with appropriate answers.

(1) A: 여러분은 뭐 좋아하세요?　　　B: 그들은 김밥을 좋아해요.

(2) A: 저는 학생이에요. 지민 씨는요?　B: 아, 우리는 회사원이에요.

(3) A: 정국 씨, 점심 식사했어요?　　　B: 네, 당신은 식사했어요.

(4) A: 미나 씨, 지금 어디에 가요?　　　B: 너는 지금 도서관에 가요.

4. Fill in the blanks with an appropriate word between 저희들 and 그분들.

오늘은 토요일이에요. 토요일에 저희는 학교 수업이 없어요. 그래서 (1)_____은 이태원에 갔어요. 이태원에서 (2)_____은 쇼핑을 하고 새로운 친구들도 만났어요. (3)_____은 미국하고 캐나다에서 왔어요. (4)_____ 은 함께 즐거운 시간을 보냈습니다. 저희들은 (5)_____과 저녁 7시에 헤어졌습니다. 집으로 돌아오는데 버스를 잘못 탔어요. 어떤 한국 학생들이 친절히 (6)_____을 도와줘서 정말 고마웠어요.

LESSON 3 조사 1
(Particles 1)

3-1 -은/는, -이/가
(Topic/subject marking particles)

Unlike in English, the word order in a Korean sentence is very flexible. While English requires that the subjects and the objects are placed in a certain order, the subjects or objects in Korean can be placed almost anywhere in a sentence. The meaning of the sentence often hinges on the types of particles, which are added after the nouns, rather than where the words are placed within the sentence.

> -은/는 are added after a noun to indicate that the noun is the topic of the sentence.
> 저는 한국 사람이에요. (= I am Korean.)
> 오늘은 날씨가 좋아요. (= Today the weather is good.)

In the first sentence, we can see that 저 (a polite way of referring to oneself) is the topic of this sentence as 는 is added after it. In the second sentence, 오늘 (= today) is the topic of the second sentence, since 은 is added to it. -은/는 can also be used to imply that the noun will be compared to something else, or it is being brought up in the conversation for the first time.

Words ending with a final consonant	+은	오늘은, 내일은, 우리 가족은
Words ending without a final consonant	+는	어제는, 저는, 우리 학교는

-이/가 are added after a noun to indicate that the noun is the subject of the sentence.
어제는 제 여동생**이** 요리했어요. (= My younger sister cooked yesterday.)
그녀**가** 서류를 준비했어요. (= She prepared the document.)

In the first sentence, 제 여동생(= my younger sister) is the subject of the sentence as a subject marking particle -이 so indicates. In the second sentence, 그녀(= she) is the subject who prepared for the document, and we can recognize that by the particle -가.

Words ending with a final consonant	+이	오늘이, 여동생이, 선생님이
Words ending without a final consonant	+가	어제가, 오빠가, 의사가

The topic is not always the same as the subject of a sentence.

오늘**은** 날씨**가** 좋아요. (= Today the weather is good.)
어제**는** 제 여동생**이** 요리했어요. (= My younger sister cooked yesterday.)

In the first sentence, we can see that 오늘(= today) is the topic but the subject is 날씨(= the weather) of the sentence. In the second sentence as well, 어제(= yesterday) is the topic whereas 제 여동생(= my younger sister) is the subject who did the cooking.

EXERCISES 3-1

1. Listen to the audio file and fill in the blanks with what you hear.   (Find audio on page 3.)

(1) 나___ 한국대학교에 다녀요.

(2) 저희____ 쌍둥이예요.

(3) 제 동생____ 한국에 있습니다.

(4) 날씨____ 정말 좋아요.

(5) 사과 한 개____ 얼마예요?

(6) 우리 강아지____ 한 살이에요.

(7) 오늘은 비____ 오네요.

(8) 제____ 어머니께 말씀드릴게요.

(9) 어제는 기온____ 17 도였어요.

(10) 효과____ 내일부터 나타납니다.

2. Circle the topic of the sentences below.

(1) 저는 배가 불러요.

(2) 내일은 비가 올까요?

(3) 나는 머리가 아파요.

(4) 한국은 비가 많이 옵니다.

(5) 횡성은 한우가 유명합니다.

(6) 한국인들은 그를 잘 압니다.

(7) 우리 강아지는 간식을 좋아해요.

(8) 저는 머리가 아파요.

(9) 우리는 매일 운동해요.

(10) 내일 날씨는 좋아요.

3. Circle the subject of the sentences below.

(1) 우리 집 강아지는 눈이 예뻐요.

(2) 어제 사고가 났어요.

(3) 밖에서 소리가 들렸어요.

(4) 우산은 어디에 있어요?

(5) 그 일은 유민 씨가 맡는답니다.

(6) 그녀가 혼자 여행을 떠난대요.

(7) 박 선생님이 이제 밥을 먹는다.

(8) 과연 그가 잘못했을까?

(9) 두산이가 가장 공부를 잘해요.

(10) 서울에서 많은 사람이 내려왔다.

4. Fill in the blanks with an appropriate particle between 은 and 는.

(1) 내일_____ 비가 온다고 해요.

(2) 그분_____ 직장도 얻었어요.

(3) 어머니_____ 집에 계세요.

(4) 가족들_____ 어디에 살고 있어요?

(5) 이번 휴가_____ 어디로 가세요?

(6) 유민이_____ 영어를 잘해요.

(7) 나_____ 한국어를 배웠어요.

(8) 이것_____ 할머니께서 주셨어요.

(9) 우리_____ 어제 한우를 먹었어요.

(10) 한국인들_____ 김치를 좋아해요.

5. Fill in the blanks with an appropriate particle between 이 and 가.

(1) 이 옷_____ 좋아요.

(2) 기숙사 방_____ 좀 작아요.

(3) 이곳은 물_____ 깊어요.

(4) 두산 씨_____ 지금 어디에 있어요?

(5) 오후에 비_____ 옵니다.

(6) 그녀는 오늘 기분_____ 좋다.

(7) 나는 시간_____ 항상 부족해.

(8) 제_____ 그 일을 해보겠습니다.

(9) 오늘 차_____ 많이 막히네요.

(10) 김 선생님_____ 곧 오십니다.

3-2 -을/를
(Object marking particles)

In order to mark an object of a sentence, Koreans add -을/를 after a noun.

　　나는 어젯밤에 텔레비전을 봤어. (= I watched TV last night.)
　　저는 비 오는 날에 음악을 들어요. (= I listen to music when it rains.)
　　그녀는 그에게 편지를 썼습니다. (= She wrote a letter to him.)

In the first sentence, 텔레비전(= TV) is followed by an object marking particle, -을. Therefore, we can recognize that 텔레비전 is the object of the verb, 봤어(= watched).

In the second sentence, we can clearly see that 음악(= music) is the object of the verb 들어요(= listen to), since the object marking particle -를 shows that.

In the third sentence, 편지(= a letter) is the object of the verb, 썼습니다(= wrote). We can easily understand that because -를 is added after it.

Nouns ending with a final consonant	+을	텔레비전을, 음악을, 책을
Nouns ending without a final consonant	+를	영화를, 노래를, 편지를

As you have learned so far, you can recognize a topic, a subject, or an object in a sentence by its particle. Therefore, the word order does not affect the meaning of a sentence so much.

나는 책을 읽어요. (1 – 2 – 3)
책을 나는 읽어요. (2 – 1 – 3)

Both the sentences above have different word orders but they mean the same – "I read a book." Wherever the elements are placed, 나 is the topic of the two sentences, and 책(= a book) is the object of the verb, 읽다 (= to read). This is how the same meaning sentences can have a lot of variations in terms of the word orders.

Koreans often drop particles if the meaning of a sentence is clear or if they want to make it easy to pronounce the sentence. This happens frequently when sentences are short. For complicated sentences with a lot of elements, particles are kept for clarity.

너 숙제 다 했니?
너는 어젯밤에 집에 가서 숙제를 처음부터 끝까지 다 했니?

The first example sentence is relatively short, so people can easily understand that 너 should be the subject and 숙제 should be the object of the sentence. Therefore, instead of saying "너는 숙제를 다 했니?," Koreans leave out -는 and -를, simply say 너 숙제 다 했니?

However, there are more elements in the second example sentence than in the first one. Therefore, it makes sense to mark with particles which word is the subject and which is the object for clear communication.

EXERCISES 3-2

1. Listen to the audio file and fill in the blanks with what you hear.   (Find audio on page 3.)

(1) 우리는 라면____먹고 있어요.

(2) 한국어_____나는 할 수 있어요.

(3) 주말에 한국 영화_____봤어.

(4) 인사동까지 지하철____탔어요.

(5) 도서관에서 책_____읽었어요.

(6) 저희는 김치____좋아해요.

(7) 우리는 축구____했어요.

(8) 너는 한국어_____할 줄 아니?

(9) 저는 버스_____타고 다녀요.

(10) 아침에는 거의 밥_____안 먹어요.

2. Circle the objects of the sentences below.

(1) 저는 백화점에서 옷을 샀어요.

(2) 금요일에는 방을 청소해요.

(3) 저는 저녁에 주로 샤워를 해요.

(4) 강아지하고 산책을 자주 해요.

(5) 저는 그녀의 전화번호를 몰라요.

(6) 그 학생이 질문을 했어요.

(7) 산을 오르면 시내가 보여요.

(8) 찻집에서 차를 마십니다.

(9) 모두 책을 덮으세요.

(10) 아침에는 커피를 마셔요.

3. Fill in the blanks with an appropriate particle between 을 and 를.

(1) 선생님_____만나고 싶어요.
(2) 과자____먹지 마세요.
(3) 친구하고 음식_____만들어요.
(4) 작년에 자동차_____샀어요.
(5) 비빔밥 한 그릇_____주세요.
(6) 나는 여행____정말 좋아해.
(7) 그가 나에게 꽃____선물했어요.
(8) 문____좀 닫아 주세요.
(9) 작은 가방____사고 싶어요.
(10) 저는 영화___자주 봐요.

4. The sentences below do not have particles. Fill in the blanks with an appropriate particle among 을, 를, 이, 가.

(1) 그녀___밥___먹었니?
(2) 버스___도착했어요.
(3) 부모님_____우리____사랑하신다.
(4) 저는 책_____자주 읽어요.
(5) 그들은 음악____들어요.
(6) 그녀_____그에게 편지____쓴다.
(7) 식당에서 떡볶이____먹어요.
(8) 그____문자메시지____보냈다.
(9) 그녀_____펜____사용했어요.
(10) 우리는 운동_____자주 합니다.

LESSON 4 -이다
(Predicative -이다)

4-1 -이에요, -예요
(Casual polite -이다)

이에요/예요 is a sentence ending used for stating or asking about the identification of the sentence subject in an informal setting.
-이에요/예요 is followed by a noun, and its function is very similar to "be verbs + a noun" in English.

저는 학생이에요. (= I am a student; 저 = 학생)
그분은 가수예요. (= He is a singer; 그분 = 가수)

Nouns ending with a final consonant	+이에요	학생이에요, 선생님이에요, 한국 사람이에요
Nouns ending without a final consonant	+예요	가수예요, 요리사예요, 의사예요

Note that the word order is different from that of English. In Korean, -이에요/예요 should be placed after the object whereas English "be" verbs are mostly placed right after the subject.

이거는 **물이에요.** (= This is water.)
김 선생님은 사업가**예요.** (= Mr. Kim is a business man.)
그녀는 선생님**이에요.** (= She is a teacher.)
여기는 학교**예요.** (= This is the school.)

When asking a question, you can raise the intonation at the end of the sentence. When answering a question, you can lower the intonation at the end of the sentence.

A: 그 남자는 배우예요? ↗ (=Is the man an actor?)
B: 네, 그 남자는 배우예요. ↘ (=Yes, the man is an actor.)

EXERCISES 4-1

1. Listen to the audio file and fill in the blanks with what you hear.

(1) 지민 씨는 가수_____.

(2) 나나는 중국 사람_____?

(3) 그녀는 의사_____.

(4) 저는 학생_____.

(5) 이것은 안경_____.

(6) 저것은 휴대폰_____.

(7) 마리아 씨가 요리사_____?

(8) 그것이 뭐_____?

(9) 그들은 회사원_____.

(10) 이 사람은 제 아내_____.

2. Fill in the blanks with an appropriate ending between 이에요 and 예요.

(1) 여기는 서울_____.

(2) 수지는 한국 사람_____.

(3) 이거는 의자_____?

(4) 그녀는 기자_____.

(5) 저기가 남산_____.

(6) 그 남자는 제 친구_____.

(7) 지금은 한 시_____.

(8) 저희는 모두 일곱 명_____.

(9) 우체국은 저기_____.

(10) 이건 한국 음식_____.

3. Look at the pictures and write down appropriate sentences as shown in the example. You can choose appropriate words among 이것, 저것, -이에요, and -예요.

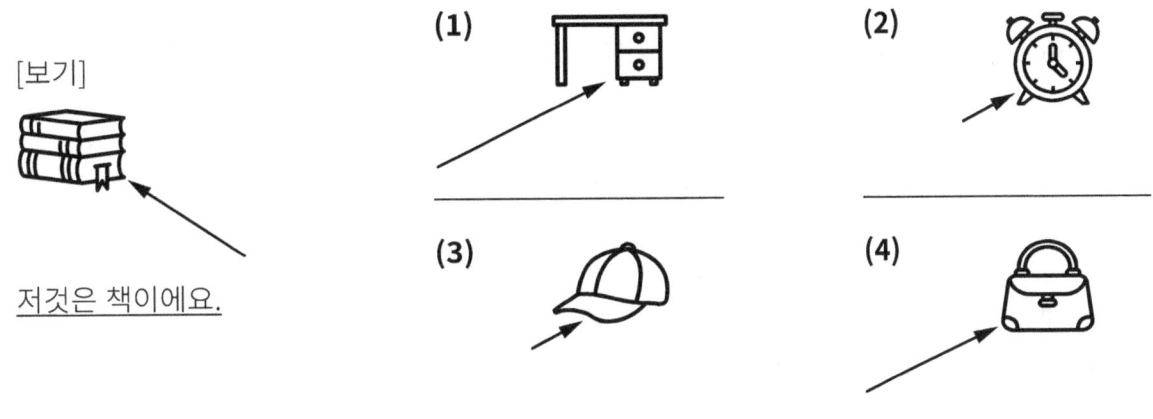

[보기] 저것은 책이에요.

(1) _____

(2) _____

(3) _____

(4) _____

4-2 아니에요
(Negative sentence of -이다)

아니에요 is used to say what the sentence subject is not. It is the opposite expression of -이에요/예요. 아니에요 is formed by 아니오(not) + -이에요

이건 책상이에요. (= This is a desk.)

이건 책상이 **아니에요.** (= This is NOT a desk.)

그녀는 의사예요. (= She is a doctor.)

그녀는 의사가 **아니에요.** (= She is NOT a doctor.)

Be careful with the word order here as well. "It's not a desk" is "책상(a desk)이 아니에요(is not)." Likewise, "he/she is not a doctor" is "의사(a doctor)가 아니에요(is not)."

In addition, as you can see in the example sentences, 아니에요 often follows the subject marking particles -이/가.

You can use this expression when answering yes/no questions of -이에요/예요.

    A: 이건 책상이에요? (= Is this a desk?)
    B: 네, 이건 책상이에요. (= Yes, this is a desk.)
    아니요, 이건 책상이 **아니에요.** (= No, this is not a desk.)

    A: 그녀는 의사예요? (= Is she a doctor?)
    B: 네, 그녀는 의사예요. (= Yes, she is a doctor.)
    아니요, 그녀는 의사가 **아니에요.** (= No, she is not a doctor.)

In formal settings, you can use -ㅂ니다 ending as shown below.

Casual polite	-이에요/예요	아니에요	-이에요/예요?
Formal polite	-입니다	아닙니다	-입니까?

수지 씨는 한국 사람**입니까?** (= Is Suji a Korean?)
네, 수지 씨는 한국 사람**입니다.** (= Yes, Suji is a Korean.)
마리아 씨는 학생**입니까?** (= Is Maria a student?)
아니요, 마리아 씨는 학생이 **아닙니다.** (= No, Maria is not a student.)

EXERCISES 4-2

1. Listen to the audio file and fill in the blanks with what you hear.

(1) 이건 카메라가 _____.

(2) 그건 휴대폰이 _____.

(3) 그분이 사장님_____?

(4) 그는 내 친구가 _____.

(5) 저건 내 책이_____.

(6) 저것은 내 가방_____.

(7) 이건 당신의 수첩_____.

(8) 네, 그건 제 수첩_____.

(9) 저건 노트북이_____.

(10) 그것은 시계가 _____.

2. Fill in the blanks with appropriate expressions between 이 아니에요 and 가 아니에요.

(1) 그는 선생님_____.

(2) 저분은 의사_____.

(3) 저 사람은 회사원_____.

(4) 그녀는 변호사_____.

(5) 그는 학생_____.

(6) 이건 책상_____.

(7) 여기는 명동_____.

(8) 이것은 김치_____.

(9) 그건 열쇠_____.

(10) 이분은 요리사_____.

3. Fill in the blanks with appropriate expressions between 입니다 and 이/가 아닙니다.

안녕하세요. 저는 흐엉이라고 합니다. 저는 베트남 사람(1)_____. 저는 올해 스물 한 살 (2)_____. 저는 축구를 좋아합니다. 하지만 저는 축구 선수(3)_____. 저는 학생입니다. 저는 지금 한국에서 한국어를 공부합니다. 저는 한국대학교 어학당에 다니는 대학생(4)_____. 저는 지난 달에 한국에 왔습니다. 대학교는 횡성에 있습니다. 여기는 아주 작은 도시(5)_____. 저는 기숙사에서 살고 있습니다. 저는 룸메이트가 2명 있습니다. 한 명은 베트남 사람(6)_____. 하지만 다른 한 명은 베트남 사람(7)_____. 러시아 사람(8)_____. 우리는 주말에 축구를 하고 한국어 공부를 합니다.

4. Look at the given pictures and describe them with -이/가 아니에요.

[보기] 지갑

이건 지갑이 아니에요.

(1) 일본 사람

그녀는 _____

(2) 잡지

이것은 _____

(3) 커피

그건 _____

(4) 회사원

그는 _____

LESSON 5 서술어
(Predicatives)

5-1 있어요, 없어요
(There is, there isn't, have, don't have)

The verb endings 있어요 and 없어요 means that something exists or does not exist. You can also use these expressions when you have something or you don't have something.

    여기 가방 **있어요.** (= Here is a bag.)
    여기 지갑은 **없어요.** (= There is no wallet here.)
    저는 여동생이 **있어요.** (= I have a younger sister.)
    저는 남동생은 **없어요.** (= I don't have a younger brother.)

As you can see above, "Noun + 있어요/없어요" means "Noun exists / doesn't exist," or "(Someone) has Noun / doesn't have Noun." After the noun, you can put particles like -은/는 or -이/가. If you say Noun + 은/는 있어요/없어요, it can imply that you compare the noun with another one or you have nothing but the noun.

    저는 **시간(이)** 있어요. (= I have time – Neutral)
    저는 **시간은** 있어요. (= I have nothing but time – To emphasize that time is what I have.)

When you want to ask about whether something exists or some other person has something, you can simply raise the intonation at the end.

    A: 지민 씨, 우산 있어요?↗ (= Jimin, do you have an umbrella?)
    B: 아니요, 우산 없어요. ↘ (= No, I don't have an umbrella.)
    A: 휴대폰 있어요?↗ (= Do you have a cell phone?)
    B: 아니요, (휴대폰) 없어요. ↘ (= No, I don't have a cell phone.)

EXERCISES 5-1

 1. Listen to the audio file and fill in the blanks with what you hear.

(1) 우산이_____? (5) 볼펜_____. (9) 계획이_____.

(2) 돈이_____. (6) 시험이_____. (10) 휴대폰이_____.

(3) 여자친구가_____. (7) 수업은_____.

(4) 시간_____? (8) 약속이_____.

2. Circle the correct endings.

(1) 저는 스티븐(이에요 / 있어요).   (5) 여기가 지하철역 (이에요 / 있어요).

(2) 롯데월드는 서울에 (이에요 / 있어요).   (6) 방에 텔레비전하고 침대가 (이에요 / 있어요).

(3) 학교에 편의점이 (이에요 / 있어요).   (7) 이건 윤기 씨 가방 (이에요 / 있어요).

(4) 정국 씨는 회사에 (이에요 / 있어요).   (8) 윤기 씨는 회사원 (이에요 / 있어요).

3. Look at the pictures and fill in the blanks with 이/가 있어요/없어요.

[보기]

우산이 있어요.

(1)

남자 친구_____

(2)

시간_____

(3)

시계_____

(4)

사람_____

5-2 -아/어/해요 I
(Basic present tense I)

When you look up verbs or adjectives in the Korean dictionary, you will notice that all of them end with -다. This is the infinitive form of verbs and adjectives in Korean. However, it is rarely used in real-life situations. You have to conjugate them properly. In this lesson, you will learn how to make the present tense form of verbs and adjectives.

Korean verbs and adjectives can be divided into two parts: a stem and an ending. The stem does not change when the verb is conjugated, but the ending changes with conjugation.

Verb/adjective	Stem	Ending
알다(to know)	알	다 아요 았어요
먹다(to eat)	먹	다 어요 었어요

The endings for the present tense are -아요, -어요, and -해요. It depends on the vowel of the last letter of the stem. If it includes ㅏ or ㅗ, we put -아요 as an ending. If the last letter of the stem does not have ㅏ, or ㅗ, we add -어요 to the end. If the infinitive of a verb/adjective is -하다 form, it changes into -해요.

Remember that the interrogative form is the same as -아/어/해요. All you have to do is put a question mark at the end with a raised intonation.

Also, -아/어/해요 endings are casual/informal polite expressions. Therefore, they do not match the subject 너, 너희, and 너희들. 나 and 우리(들) are often used with -아/어/해요 endings.

너는 신문을 읽어요. (X)
너희는 텔레비전을 봐요. (X)
나는 사과를 좋아해요. (O)

당신은 신문을 읽어요. (O)
여러분은 텔레비전을 봐요. (O)
저는 사과를 좋아해요. (O)

Below are some examples of -아요.

알다 (to know)	알 + 아요 → 알아요
놀다 (to play)	놀 + 아요 → 놀아요
닫다 (to close)	닫 + 아요 → 닫아요
받다 (to receive)	받 + 아요 → 받아요
가다 (to go)	가 + 아요 → 가아요 → 가요
사다 (to buy)	사 + 아요 → 사아요 → 사요
만나다 (to meet)	만나 + 아요 → 만나아요 → 만나요
오다 (to come)	오 + 아요 → 오아요 → 와요
보다 (to see)	보 + 아요 → 보아요 → 봐요

나는 그녀를 **알아요.** (= I know her.)
우리는 시장에 **가요.** (= We go to the market.)
저는 친구하고 영화를 **봐요.** (= I watch a movie with my friend.)

Here you can check some verbs that have -어요 at the end.

먹다 (to eat)	먹 + 어요 → 먹어요
읽다 (to read)	읽 + 어요 → 읽어요
쉬다 (to rest)	쉬 + 어요 → 쉬어요
서다 (to stand)	서 + 어요 → 서어요 → 서요
배우다 (to learn)	배우 + 어요 → 배우어요 → 배워요
싸우다 (to fight)	싸우 + 어요 → 싸우어요 → 싸워요
마시다 (to drink)	마시 + 어요 → 마시어요 → 마셔요
다니다 (to attend)	다니 + 어요 → 다니어요 → 다녀요

주말에는 한국 음식을 **먹어요.** (= I eat Korean food on the weekend.)
저는 지금 방에서 **쉬어요.** (= I am taking a rest right now.)
그녀는 매일 오전에 한국어를 **배워요.** (= She learns Korean every morning.)

EXERCISES 5-2

1. Listen to the audio file and fill in the blanks with what you hear.

(1) 저는 매일 아침을_____.

(2) 지금 한국어 책을_____.

(3) 오후에는 커피를_____.

(4) 당신은 그녀를_____?

(5) 우리는 한국어를_____.

(6) 저는 대학교에_____.

(7) 저희는 기숙사에_____.

(8) 여기는 항상 문을_____.

(9) 친구가 한국에_____.

(10) 서울에서 친구를_____.

2. Fill the blanks with the correct -아/어요 form of the verbs.

(1) 사다 → _____

(2) 보다 → _____

(3) 읽다 → _____

(4) 가르치다 → _____

(5) 앉다 → _____

(6) 배우다 → _____

(7) 자다 → _____

(8) 먹다 → _____

(9) 알다 → _____

(10) 있다 → _____

3. Choose inappropriate statements. Each question has one right answer.

(1)
① 우리는 5시에 만나요.
② 나는 과일을 먹어요.
③ 저희는 시장에 가요.
④ 너희는 커피를 마셔요.

(2)
① 그는 태권도를 배워요?
② 네, 너희는 한국어를 알아요.
③ 저는 프랑스어책을 읽어요.
④ 여러분은 점심을 먹어요.

(3)
① 우리 집 강아지는 잘 놀아요.
② 그는 밤에 일찍 자요.
③ 이제 자리에 앉아요.
④ 너희들은 학교에서 한국어를 배워요.

4. Look at the pictures below and fill in the blanks with the appropriate form of -아/어요.

(1)
A: 지금 뭐 해요?
B: 친구를 _____.

(2)
A: 지금 뭐 해요?
B: 텔레비전을 _____.

(3)
A: 지금 뭐 해요?
B: 빵을 _____.

(4)
A: 지금 뭐 해요?
B: 태권도를 _____.

(5)
A: 지금 뭐 해요?
B: 책을 _____.

(6)
A: 지금 뭐 해요?
B: 주스를 _____.

5-3 -아/어/해요 II
(Basic present tense II)

In this lesson, we will learn the -해요 ending and some examples of words to which we have to pay special attention.

Let us simplify the principle of conjugating into -아/어/해요.

Last stem vowel ㅏ, ㅗ (O)	+ -아요	알다 → 알아요 가다 → 가요 보다 → 봐요
Last stem vowel ㅏ, ㅗ (X)	+ -어요	먹다 → 먹어요 배우다 → 배워요 마시다 → 마셔요
하다	해요	공부하다 → 공부해요

As you can see in the table above, verbs or adjectives that end with -하다 become -해요.

공부하다 (to study) → 공부해요
운동하다 (to work out) → 운동해요

노래하다 (to sing) → 노래해요
일하다 (to work) → 일해요

히엔 씨는 저기에서 **일해요.** (= Hien works there.)
그는 매일 저녁에 **운동해요.** (= He works out every evening.)
저는 주말에 도서관에서 **공부해요.** (= I study in the library on the weekend.)

For those with the vowel "ㅡ" on the last letter of the stem, the vowel "ㅡ" disappears and 어요 is added as an ending. Here are two examples for that.

쓰다 (to write) → 쓰 + 어요 → 써요
끄다 (to turn off) → 끄 + 어요 → 꺼요

그녀는 편지를 **써요.** (= She writes a letter.)
우리는 수업 후에 교실 불을 **꺼요.** (= We turn off the lights in the classroom after class.)

There is one more group of words of which we need to be careful. There are verbs/adjectives with "ㄷ" as a final consonant at the last stem letter such as 듣다, 걷다, 묻다, etc. The final "ㄷ" is changed into "ㄹ," and then 어요 is added at the end.

듣다 (to hear) → (듣 changes to 들) + 어요 → 들어요
걷다 (to walk) → (걷 changes to 걸) + 어요 → 걸어요
묻다 (to ask) → (묻 changes to 물) + 어요 → 물어요

우리는 매일 아침에 한국 뉴스를 **들어요.** (= We listen to the Korean news every morning.)
저는 남자 친구하고 자주 공원에서 **걸어요.** (= I often walk in the park with my boyfriend)
그 아이들이 내 이름을 **물어요.** (= The kids ask about my name.)

EXERCISES 5-3

1. Listen to the audio file and fill in the blanks with what you hear.

(1) 그들은 길을_____.

(2) 사람들이 음악을_____.

(3) 도서관에서_____.

(4) 사람들이_____.

(5) 나는 친구하고_____.

(6) 지금 저는 편지를_____.

(7) 우리는 서울에_____.

(8) 텔레비전을 지금_____.

(9) 친구와 공원을_____.

(10) 저는 과일을_____.

2. Fill in the blanks with the correct -아/어/해요 form of the verbs.

(1) 말하다 → _____

(2) 닫다 → _____

(3) 쓰다 → _____

(4) 이야기하다 → _____

(5) 주다 → _____

(6) 만들다 → _____

(7) 공부하다 → _____

(8) 가르치다 → _____

(9) 배우다 → _____

(10) 서다 → _____.

3. Choose the correct verbs/adjectives from the box and write down the conjugated forms in the blanks.

| 배우다 읽다 먹다 공부하다 보다 마시다 운동하다 쉬다 |

(1) 방에서 친구하고 한국 드라마를_____.

(2) 한국 식당에서 고기를_____.

(3) 카페에서 아메리카노를_____.

(4) 주말에는 집에서_____.

(5) 저는 매일 아침 운동장에서_____.

(6) 그녀는 한국어책을_____.

(7) 월요일 저녁에 태권도를_____.

(8) 내일 시험이 있어요. 지금 저는_____.

4. Fill in the blanks with appropriate expressions of -아/어/해요 forms.

저는 베트남에서 왔어요. 저는 요즘 한국대학교에서 한국어를 (1)_____.
한국어는 정말 재미있어요. 보통 아침에는 한국 라디오 뉴스를 (2)_____.
그리고 오전에 수업을 들어요. 오후에는 기숙사에서 (3)_____.
주말에는 친구들하고 서울에 (4)_____. 서울에서는 사진을 (5)_____.
그리고 한국 음식도 (6)_____. 서울 남산에는 N서울타워가
있어요. 거기에서 저는 여자 친구에게 편지를 (7)_____. 그리고
동대문에서 옷하고 모자도 (8)_____.

5-4 안, -지 않다
(Negative sentence)

There are two main ways to make a negative sentence in Korean.

  1. Adding 안 before a verb/adjective
  2. Adding -지 않다 as an ending

The first one is easier and simpler, and the second one is thought to be more formal than the first one. However, both the ways are used very frequently in colloquial or formal situations.

When you want to use the first one, you have to find the verb or the adjective of a sentence.

  저는 서울에 가요. (= I go to Seoul)
  저는 서울에 **안** 가요. (= I don't go to Seoul.)
  그 강아지는 눈이 예뻐요. (= The puppy's eyes are beautiful.)
  그 강아지는 눈이 **안** 예뻐요. (The puppy's eyes are not beautiful.)
  지민 씨는 지금 공부해요. (= Jimin is studying now.)
  지민 씨는 지금 공부 **안** 해요. (= Jimin is not studying now.)

In the example sentences above, note that the negative form of 공부해요 is not 안 공부해요, but 공부 안 해요. For the verbs with -하다 ending, you should think about the word before -하다. If the word before -하다 is a noun, so they make 명사 + -하다, 안 should be placed before 하다.

공부하다 (공부 + -하다) → 공부 안 하다
숙제하다 (숙제 + -하다) → 숙제 안 하다
청소하다 (청소 + -하다) → 청소 안 하다
심심하다 → 안 심심하다
피곤하다 → 안 피곤하다
시원하다 → 안 시원하다

When you use -지 않다 form for a negative sentence, you can add that after the word stem. Also, you need to conjugate -않다 according to the tense.

우리는 서울에 가**지 않아요.** (= We don't go to Seoul.)
우리는 서울에 가**지 않았어요.** (= We didn't go to Seoul.)
그는 도서관에서 공부하**지 않아요.** (= He doesn't study in the library.)
그는 도서관에서 공부하**지 않았어요.** (= He didn't study in the library.)
저는 피곤하**지 않아요.** (= I'm not tired.)
저는 피곤하**지 않았어요.** (= I was not tired.)

Note that there are two cases that do not follow the rules.

1. 있어요 ↔ 없어요 (안 있어요 X)
2. 알아요 ↔ 몰라요 (안 알아요 X)

EXERCISES 5-4

 1. Listen to the audio file and fill in the blanks with what you hear.

(1) 그녀는_____.

(2) 지금은 텔레비전_____.

(3) 오늘 경기를_____.

(4) 그는 오늘 여기_____.

(5) 그는 고기를_____.

(6) 전혀_____.

(7) 그 그림은_____.

(8) 왜 숙제를_____?

(9) 그 옷은 별로_____.

(10) 여기는_____.

2. Rewrite the sentences after changing them into negative sentences using 안.

(1) 저는 한국 음식을 좋아해요. →_____

(2) 커피를 자주 마셔요. →_____

(3) 정국이는 디저트를 먹어요. →_____

(4) 그녀는 예뻐요. →_____

(5) 유민 씨는 주스를 마셔요. →_____

(6) 그는 저녁에 공부해요. →_____

(7) 두산 씨는 영어를 배워요. →_____

(8) 극장에서 영화를 봐요. →_____

(9) 지금 우리는 심심해요. →_____

(10) 우리는 매일 운동을 해요. →_____

3. Rewrite the sentences after changing them into negative sentences using -지 않다
(Please change the ending form as well, according to the original sentence.)

    (1) 저는 한국 음식을 좋아해요. →_____

    (2) 커피를 자주 마셔요. →_____

    (3) 정국이는 디저트를 먹어요. →_____

    (4) 그녀는 예뻐요. →_____

    (5) 유민 씨는 주스를 마셔요. →_____

    (6) 그는 저녁에 공부해요. →_____

    (7) 두산 씨는 영어를 배워요. →_____

    (8) 극장에서 영화를 봐요. →_____

    (9) 지금 우리는 심심해요. →_____

    (10) 우리는 매일 운동을 해요. →_____

4. Each sentence below has one grammatical mistake. Identify the mistake and fix it.

    (1) 제 가방에는 볼펜이 안 있어요.→_____

    (2) 저희는 피곤 안 해요.→_____

    (3) 윤기 씨는 저녁에 안 운동하지 않아요.→_____

    (4) 그 친구는 안 전화해요.→_____

    (5) 저는 그녀의 전화번호를 안 알아요.→_____

    (6) 이 회사는 토요일에 안 일해요.→_____

    (7) 그녀는 베트남 사람이 안 이에요.→_____

    (8) 우리는 보통 집에서 밥을 먹지 안아요.→_____

    (9) 6월에는 날씨가 시원 안 해요.→_____

    (10) 저는 스페인어를 안 알아요.→_____

LESSON 6 조사 2
(Particles 2)

6-1 -에, -에서
(Location marking particles)

We have learned -은/는 (topic marking particles), -이/가 (subject marking particles), and -을/를 (object marking particles) in the previous lessons. Let us learn -에 and -에서 as location marking particles here.

-에 can be used for a location, a time, a situation, etc., but we will focus on its function as a location marking particle. It is very similar to "at," "in," or "to" in English sentences.

저는 서울**에** 가요. (= I am going to Seoul.)
친구가 한국**에** 와요. (= My friend comes to Korea.)
우리는 학교**에** 있어요. (= We are at school.)
이 버스는 기숙사**에** 가요. (= This bus goes to the dormitory.)

It is also common to leave -에 out and just mention a location, especially with verbs like 가다 or 오다. With these verbs, mentioning a location can mean that the location is the destination of the actions, so we can easily understand the meaning. However, using -에 makes sentences much clearer.

저는 서울 가요. = 저는 서울에 가요.
친구가 한국 와요. = 친구가 한국에 와요.
이 버스는 기숙사 가요. = 이 버스는 기숙사에 가요.

-에서 can be used to indicate a location where an action is taking place. It can also be used for a starting point, meaning "from" in English.

저는 도서관**에서** 공부해요. (= I study in the library.)
우리는 인사동**에서** 쇼핑해요. (= We go shopping in Insa-dong.)
안녕하세요. 저는 미국**에서** 왔어요. (= Hello. I'm from the US.)
학교**에서** 걸어서 10분 걸려요. (= It takes 10 minutes from the school on foot.)

For 여기, 저기, 거기, adding -에서 and -서 works. 여기 means "here" in English, and 저기 and 거기 can both be translated into "there" in English. However, 저기 implies that the place is far away from both the speaker and the listener. 거기 refers to the place that is far from the speaker but close to the listener. 거기 can also indicate the previously mentioned place. This is similar to 이것, 저것, 그것 in Lesson 2.

주말에 **저기에서** 만나요. (O)
주말에 **저기서** 만나요. (O)

How can you differentiate between the two location marking particles, -에 and -에서? -에 express a location where something "is" or "exists," or a direction that you are going toward. -에서 expresses a location where an action is taking a place.

저는 주말에 집**에** 있어요. (= I am/stay at home on the weekend.)
저는 주말에 서울**에** 가요. (= I go to Seoul on the weekend.)
친구가 한국**에** 와요. (= My friend comes to Korea.)
저는 집**에서** 숙제해요. (= I do my homework at home.)
저는 서울**에서** 일해요. (= I work in Seoul.)
친구는 한국**에서** 한국어를 배워요. (= My friend learns Korean in Korea.)

EXERCISES 6-1

1. Listen to the audio file and fill in the blanks with what you hear.

(1) 저는 지금 빵집_____ 있어요.

(2) 일본_____ 이 옷을 샀어요.

(3) 우리는 도서관_____ 있어요.

(4) 가방_____ 지갑이 없어요.

(5) 강남_____ 친구를 만나요.

(6) 여기_____거기까지 멀어요.

(7) 토요일은 학교____ 안 가요.

(8) 회사_____ 일을 해요.

(9) 극장_____ 영화를 봐요.

(10) 찻집_____ 차를 마셔요.

2. Fill in the blanks with appropriate location marking particles between -에 and -에서.

(1) 스티븐은 도서관_____ 있어요.

(2) 지금 우리는 식당____ 가요.

(3) 그는 집_____ 커피를 마셔요.

(4) 이태원_____친구를 만나요.

(5) 백화점_____ 카페가 있어요.

(6) 우리 공원_____ 같이 걸어요.

(7) 주말은 회사_____ 가지 않아요.

(8) 우리는 병원_____ 있어요.

(9) 주말에 집_____ 자요.

(10) 한국 식당 _____ 냉면을 먹어요.

3. Choose the right particles according to the sentences below.

(1) 흐엉 씨는 태권도( ) 배워요.　　① 은 ② 는 ③ 을 ④ 를

(2) 줄리 씨는 회사( ) 가요.　　① 에 ② 에서 ③ 과 ④ 와

(3) 여기( ) 한국대학교예요.　　① 을 ② 를 ③ 이 ④ 가

(4) 우산은 가방( ) 있어요.　　① 은 ② 는 ③ 에 ④ 에서

(5) 그녀는 공원( ) 친구를 만나요.　　① 에 ② 와 ③ 에서 ④ 하고

4. Look at the pictures and fill in the blanks with appropriate particles.

(1) 도서관___책___읽어요.   (2) 백화점___옷___사요.   (3) 저는 일 끝나고 집___가요.   (4) 침대___자요.

6-2 앞에, 뒤에, 옆에, 위에, 밑에
(In front of, behind, next to, on top of, under)

Let us learn more about how to talk about locations in Korean. The English equivalent for "앞" is "in front of," "뒤" is "back" or "behind," "옆" is "beside" or "next to," "위" is "on top of," and "밑" is "under" or "below." Those location words are used with "에," such as 앞에, 뒤에, 옆에, 위에, 밑에. Also, they are placed after the noun, and followed by 있어요/없어요.

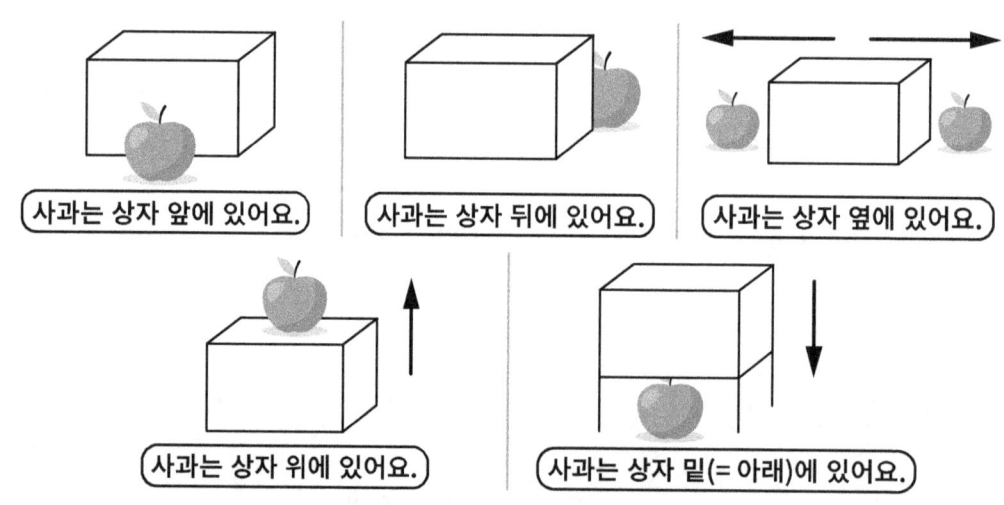

우체국은 병원 **앞에** 있어요. (= The post office is in front of the hospital.)
가방은 의자 **뒤에** 있어요. (= The bag is behind the chair.)
침대는 창문 **옆에** 있어요. (= The bed is next to the window.)
안경은 책상 **위에** 있어요. (= The glasses are on the desk.)
휴지통은 책상 **밑에** 있어요. (= The trash can is under the desk.)

Below are some other expressions about location.

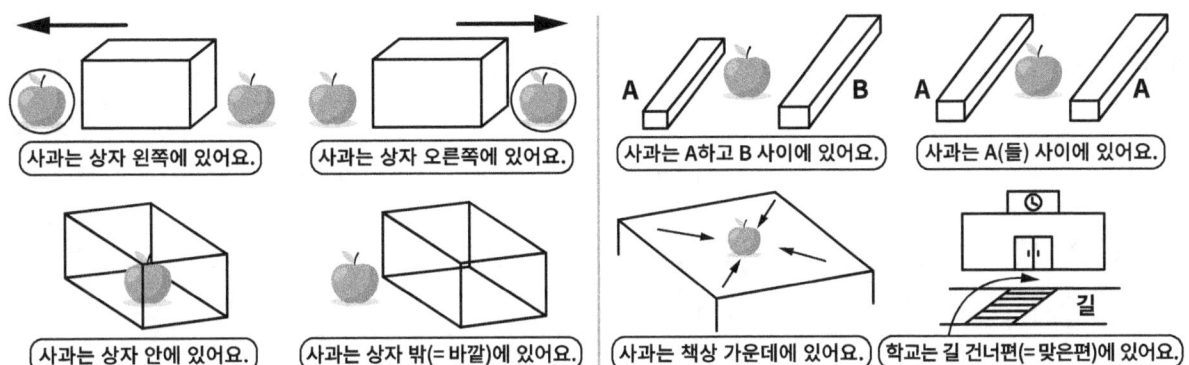

수지 씨는 지민 씨 **왼쪽에** 있어요. (= Suji is on the left side of Jimin.)
미용실은 커피숍 **오른쪽에** 있어요. (= The hair salon is on the right side of the coffee shop.)
선글라스는 가방 **안에** 있어요. (= The sunglasses are in the bag.)
두산 씨는 건물 **밖(= 바깥)에** 있어요. (= Dusan is outside of the building.)
약국은 병원하고 소방서 **사이에** 있어요. (= The pharmacy is between the hospital and the fire station.)
고양이 한 마리가 자동차 **사이에** 있어요. (= A cat is between the cars.)
안경은 테이블 **가운데에** 있어요. (= The glasses are at the center of the table.)
은행은 서점 **맞은편(= 건너편)에** 있어요. (= The bank is across from the bookstore.)

앞에	In front of
뒤에	Behind, at the back of
옆에	Next to, beside
위에	On
밑에(= 아래에)	Under, below
왼쪽에	On the left
오른쪽에	On the right
안에	In, inside
밖(= 바깥)에	Outside
A하고 B 사이에	Between A and B
가운데에	At the center of
건너편(= 맞은편)에	Across from

EXERCISES 6-2

1. Listen to the audio file and fill in the blanks with what you hear.

(1) 침대 _____
(2) 책상 _____
(3) 텔레비전 _____
(4) 길 _____

(5) 병원 _____
(6) 책 _____
(7) 자동차 _____
(8) 도서관 _____

(9) 창문 _____
(10) 옷장 _____ 책상 _____

2. Look at the picture and fill in the blanks with "Noun + location +에," as shown in the example below.

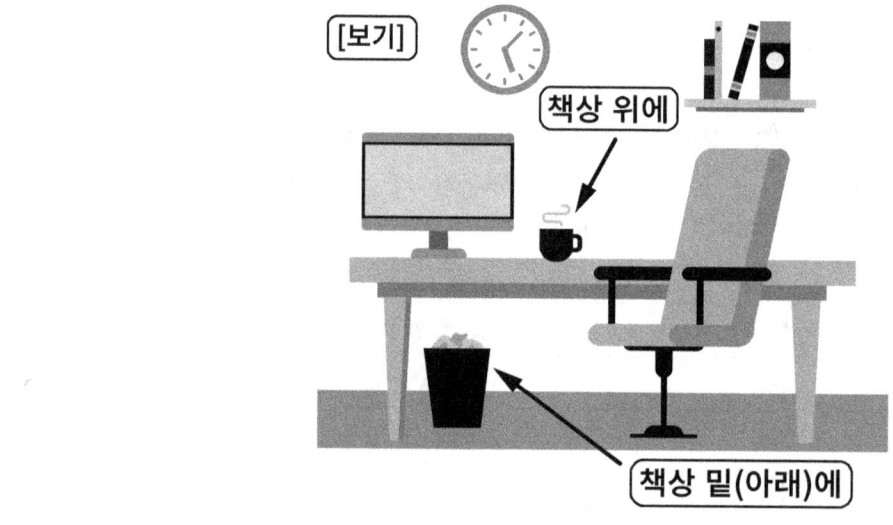

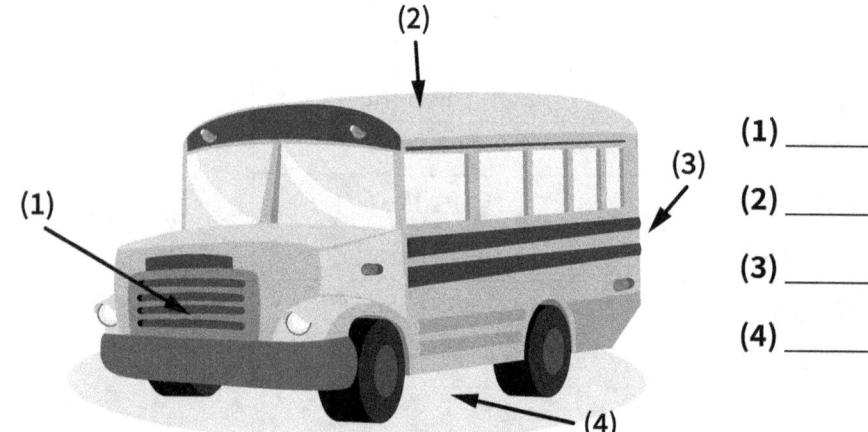

(1) _____
(2) _____
(3) _____
(4) _____

3. Look at the picture below and read the statements below. Mark T if the statement is true and mark F if the statement is different from the picture.

(1) 도서관은 시청하고 한국아파트 사이에 있어요. _____

(2) 한국아파트는 시청 오른쪽에 있어요. _____

(3) 시청 안에 주차장이 있어요. _____

(4) 공원은 학교 뒤에 있어요. _____

(5) 학교 맞은편에 대한마트가 있어요. _____

(6) 주차장은 강 앞에 있어요. _____

(7) 버스 정류장은 시청 뒤에 있어요. _____

(8) 학교 앞에 강이 있어요. _____

4. Look at the pictures below and complete the sentences that describe the pictures using the verb 있어요.

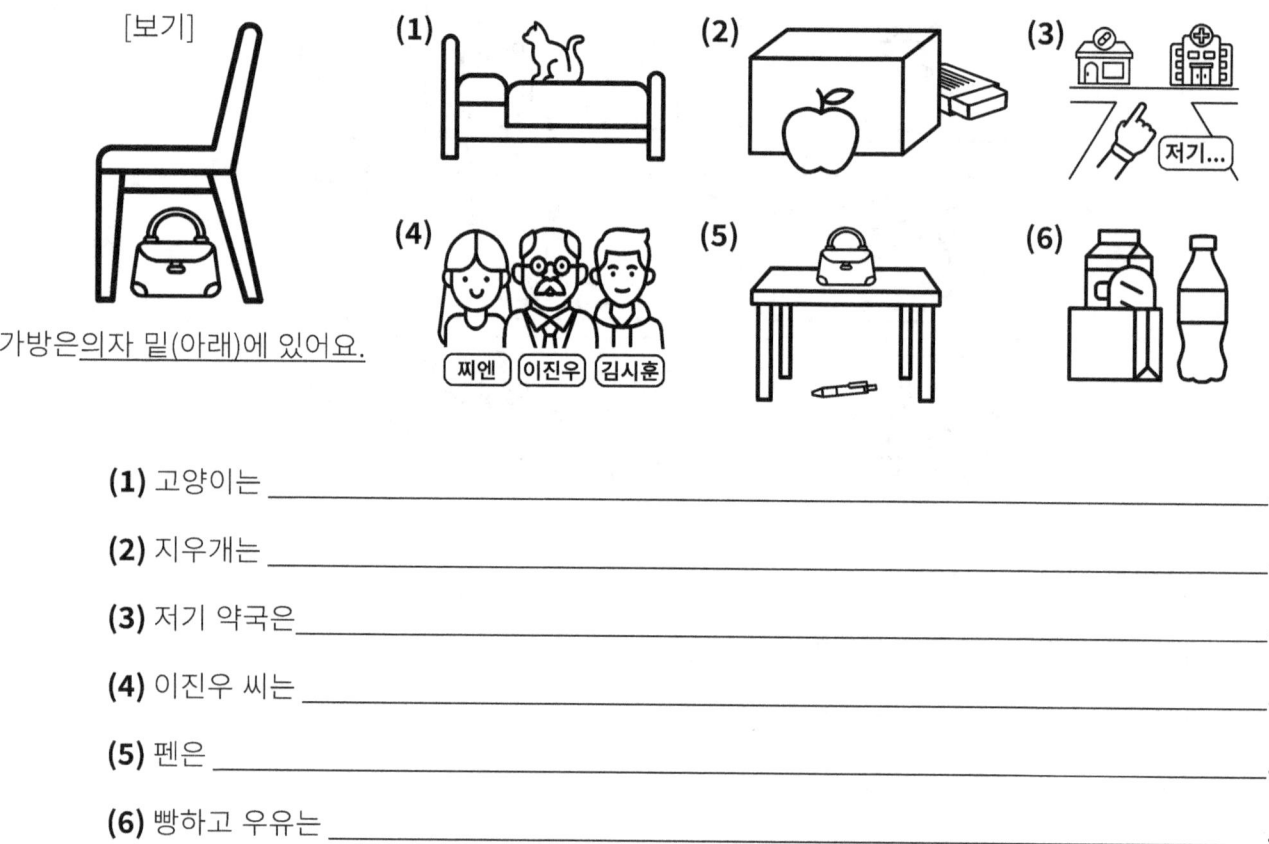

[보기]
가방은 의자 밑(아래)에 있어요.

(1) 고양이는 _____.

(2) 지우개는 _____.

(3) 저기 약국은 _____.

(4) 이진우 씨는 _____.

(5) 펜은 _____.

(6) 빵하고 우유는 _____.

6-3 -에서(부터) -까지
(From A to B)

In order to specify a starting point and an ending point when talking about locations or time, you can use the particles -에서/부터 and -까지. -에서 and -부터 are attached after a noun of a starting point, and -까지 is added after a noun of an ending point. The English equivalent of -에서/부터 is the preposition "from," and -까지 means "to," or "until."

-에서 and -부터 are interchangeable most of the time. However, there are certain cases where one of them sounds awkward with some nouns. That is because -에서 is best used with locations and -부터 more often is paired up with time.

From Seoul to Busan

> 서울**에서** 부산**까지** (O)
> 서울**부터** 부산**까지** (O)

From today until tomorrow

> 오늘**에서** 내일**까지** (X)
> 오늘**부터** 내일**까지** (O)
> 학교**에서(=부터)** 집**까지** 가까워요? (= Is it close from the school to the house?)
> 여기**에서(=부터)** 지하철역**까지** 버스로 10분 걸려요. (= It takes ten minutes from here to the subway station by bus.)
> 우리는 인사동**에서(=부터)** 광화문**까지** 걸었어요. (= We walked from Insa-dong to Gwanghwamun.)
> 저는 두 시**부터** 네 시**까지** 한국 드라마를 봤어요. (= I watched Korean dramas from 2 to 4 o'clock.)
> 내일**부터** 8월 말**까지** 여름방학이에요. (= It is the summer vacation from tomorrow until the end of August.)

-에서/부터 and -까지 are frequently used together, but each can be used on its own.

> 어느 나라**에서** 왔어요? - 미국**에서** 왔어요. (= Where do you came from? – I came from the US.)
> 이 버스는 어디**까지** 가요? - 인사동**까지** 가요. (= Where does this bus go? – It goes to Insa-dong.)

EXERCISES 6-3

1. Listen to the audio file and fill in the blanks with what you hear.

(1) 한국_____ 미국_____

(2) 세 시_____ 다섯 시_____

(3) 어제_____ 오늘_____

(4) 남극_____ 북극_____

(5) 여기_____ 저기_____

(6) 새벽_____ 아침_____

(7) 집_____ 회사_____

(8) 처음_____ 끝_____

(9) 4월_____ 6월_____

(10) 월요일_____ 금요일_____

2. Choose the incorrect expressions among options. Each item has one answer.

(1)

① 도서관에서 여기까지 얼마나 걸려요?

② 봄까지 여름에서 바빠요.

③ 저는 어제부터 계속 숙제했어요.

④ 여기에서 저기까지 모래가 있어요.

(2)

① 지금에서 도서관에서 공부해요.

② 바닥부터 꼭대기까지 올라가요.

③ 그녀는 머리에서 발 끝까지 아름다워요.

④ 언제부터 한국어 공부해요?

(3)

① 여기에서 저기까지 다 봤어요.

② 저는 이 영화를 시작에서 봤어요.

③ 서울부터 부산까지 얼마나 걸려요?

④ 이 버스는 광화문에서 와요.

(4)

① 아홉 시부터 한 시까지 수업을 해요.

② 한국에서 중국까지 비행기로 얼마나 걸려요?

③ 여기에서 저기까지 청소하세요.

④ 스무 살에서 서른 살부터 미국에 있었어요.

3. Fill in the blanks with appropriate expressions out of -에서, -부터, and -까지.

저는 미국에서 온 줄리예요. 3월(1)_____ 지금(2)_____ 대학교에서 한국어를 공부해요. 매일 오전 9시(3)_____ 오후 1시(4)_____ 한국어를 배워요. 한국어는 어렵지만 재미있어요. 저는 취미가 자전거 타기예요. 아침에 집에서 학교(5)_____ 자전거를 타고 가요. 다음 주에는 한국어 시험이 있어요. 한국어 시험은 월요일(6)_____ 수요일(7)_____ 있어요. 그래서 오늘 도서관에서 저녁 7시(8)_____ 밤 10시 (9)_____시험 공부를 했어요. 친구하고 같이 한국어 책 52쪽부터 105쪽 (10)_____ 공부했어요.

4. Fill in the blanks with appropriate particles given in the box below.

은 는 을 를 에 에서 부터 까지

(1) 한국 식당에서 비빔밥_____ 먹어요

(2) 아침_____ 저녁_____ 영화를 봐요.

(3) 저_____ 친구하고 1시에 극장 앞_____ 만나요.

(4) 우체국_____ 은행 옆_____ 있어요.

(5) 어제 인사동에서 차_____ 마셨어요.

6-4 –(으)로
(Marking particle for method, direction, destination)

When you want to talk about a method, a tool, a destination, or a direction of where you are heading, you can add the particle –(으)로 after a noun.

받침 O	+ -으로	왼쪽으로 미국으로 볼펜으로
받침 X	+ -로	여기로 버스로 김치로
받침 ㄹ	+ -로	이 길로 지하철로 연필로

-(으)로 can have many different usages.

1. Destination

수지 씨, 지금 카페**로** 와요. (= Suji, please come to the café right now.)
저는 부산**으로** 가요. (= I'm going to Busan.)
내일 교실**로** 오세요. (= Please come to the classroom tomorrow.)

2. Direction

저기에서 오른쪽**으로** 가세요. (= Please turn right over there.)
앞**으로** 계속 걸으세요. (= Please continue to walk straight forward.)
중앙공원은 이 길**로** 가세요. (= Please take this way to the Central Park.)

3. Transportation

서울까지 자동차**로** 얼마나 걸려요? (= How long does it take to Seoul by car?)
미국에서 한국까지 비행기**로** 열 두 시간 걸려요. (= It takes 12 hours from America to Korea by airplane.)
매일 아침 학교에 버스**로** 가요. (= I go to school by bus every morning.)

4. Method or tools

이거는 한국말**로** 뭐예요? (= How do you say this in Korean?)
컴퓨터**로** 드라마를 봐요. (= I watch dramas on the computer.)
연필**로** 이름을 쓰세요. (= Please write your name with a pencil.)

5. Ingredients

이 음식은 빵하고 채소**로** 만들어요. (= This dish is made of bread and vegetables.)
이 책상은 나무**로** 만들었어요. (= This desk is made of wood.)
이 국은 김치**로** 요리해요. (= This soup is cooked with kimchi.)

EXERCISES 6-4

1. Listen to the audio file and fill in the blanks with what you hear.

(1) 3층_____ 올라갔어요.

(2) 5번 출구_____ 나오세요.

(3) 미국_____ 갈 거예요.

(4) 식당_____ 오세요.

(5) 연필_____ 그림을 그려요.

(6) 왼쪽_____ 가세요.

(7) 이 건물_____ 오세요.

(8) 지우개_____ 지워요.

(9) 프랑스_____ 여행을 가요.

(10) 학교에 버스_____ 가요.

2. Fill in the blanks with appropriate particles between -로 and -으로.

(1) 극장_____

(2) 도서관_____

(3) 뒤_____

(4) 서울_____

(5) 옆_____

(6) 이메일_____

(7) 젓가락_____

(8) 택시_____

(9) 한국어_____

(10) 휴대폰_____

3. Fill in the blanks with appropriate expressions between -로 and -으로.

지난 주말에 저는 친구하고 강릉에 갔어요. 서울부터 강릉까지 (1) 버스_____ 두 시간이 걸렸어요. 저는 한국 식당에서 (2) 한국말_____ 음식을 주문했어요. 김치는 (3) 젓가락_____ 먹었어요. 힘들지만 재미있었어요. 그리고 우리는 (4) 바다_____ 갔어요. 바다가 정말 예뻤어요. 그래서 우리는 예쁜 바다 앞에서 사진을 찍었어요. 우리는 카메라가 없어서 (5) 휴대폰_____ 사진을 찍었어요.

4. Look at the pictures below and make sentences in "Noun + -(으)로 + -아/어/해요" form as shown in the example.

[보기]

연필로 써요.

(1)
왼쪽, 가다

_____

(2)
지우개, 지우다

_____

(3)
숟가락, 먹다

_____

(4)
지도, 찾다

_____

LESSON 7 의문문
(Questions)

7-1 어디?
(Where?)

If you want to ask about where or which place, you can say 어디 in Korean. 어디 is a pronoun, so it can be followed by many particles, including the ones we have already learned.

1. 어디에, 어디에서

어디에 and 어디에서 are among the most frequently used expressions in Korean, so many people use them in a contracted form like below.

지금 **어디에 있어요?** (= Where are you right now?)
= 지금 **어디 있어요?**
= 지금 **어딨어요?**
점심은 **어디에서** 먹어요? (= Where do you have lunch?)
= 점심은 **어디서** 먹어요?

As an answer for those questions, you can just follow the structure and add the same particles after nouns.

    A: 지금 **어디에** 있어요? (= Where are you right now?)
    B: (지금) **학교에** 있어요. (= I am at school right now.)
    A: 점심은 **어디에서** 먹어요? (= Where do you have lunch?)
    B: (점심은) **학생식당에서** 먹어요. (= I have lunch at the student cafeteria.)

As you can see in the example sentences above, just saying 어디 instead of 어디에 still works. However, 어디에서 or 어디서 cannot be replaced with 어디.

2. 어디가, 어디를, 어디로

When 어디 functions as a subject in the question, the subject marking particle -가 can be added after 어디 so that they all make "어디가 + Verb?" structure.

    어디가 우체국이에요? (= Where is the post office?)
    김치찌개는 **어디가** 잘 해요? (= Which place sells a good kimchi stew?)
    커피는 **어디가** 괜찮아요? (= Which place sells a good coffee?)

어디를 is also commonly used in everyday situations, and people say 어딜 for ease of pronunciation. You can also use 어디 instead of 어디를 or 어딜.

    여행지는 **어디를** 좋아해요? (= Where do you like as a tourist destination?)
    = 여행지는 **어딜** 좋아해요?
    = 여행지는 **어디** 좋아해요?
    한국어 공부는 **어디를** 다녀요? (= Where do you attend for your Korean studies?)
    = 한국어 공부는 **어딜** 다녀요?
    = 한국어 공부는 **어디** 다녀요?

어디로 can be used when asking about a destination. -로 can also be omitted and you can just say 어디. Since 어디로 is related to a destination, you can also say 어디에.

    내일 **어디로** 가요? (= Where are you going tomorrow?)
    = 내일 **어디** 가요?
    = 내일 **어디에** 가요?
    비자 신청은 **어디로** 가요? (= Where do you go for the visa application?)

= 비자 신청은 **어디** 가요?
= 비자 신청은 **어디에** 가요?

For questions of 어디가, 어디를, 어디로, you can include in your answer the same particle as the one used in the question.

A: 커피는 **어디가** 괜찮아요? (= Which place sells good coffee?)
B: (커피는) **여기가** 괜찮아요. (= This place sells good coffee.)
A: 카페는 **어디를** 좋아해요? (= As for a café, where do you like?)
B: **별카페를** 좋아해요. (= I like the Star café.)
A: 내일 **어디로** 가요? (= Where are you going tomorrow?)
B: 내일 도서관 옆 **카페로** 가요. (= I am going to the café next to the library tomorrow.)

1. 어디에서 어디까지, 어디부터 어디까지

When you ask about a starting point or an ending point, you can add -에서/부터 or -까지 after 어디. The answer can also include the same particles as in the question.

A: **어디부터** 공부했어요? (= From which page have you studied?)
B: **사십 육 쪽부터** 공부했어요. (= I've studied from page 46.)
A: **어디부터 어디까지** 읽었어요? (= From which page to which page did you read?)
B: **사십육 쪽부터 구십칠 쪽까지** 읽었어요. (= I've read from page 46 to page 97.)
A: 시험 공부는 **어디까지** 해요? (= Until which page do you study for the exam?)
B: (시험 공부는) **백삼 쪽까지** 해요. (= I study until page 103 for the exam.)

In the first example question above, you should not say 어디에서 instead of saying 어디부터. If you say 어디에서 공부했어요?, it means "Where did you study?" and not "From which point have you studied?" 어디에서 can make the meaning of "from where," only when followed by 어디까지 later in the sentence.

EXERCISES 7-1

 1. Listen to the audio file and fill in the blanks with what you hear.

(1) 어제_____ 갔어요?

(2) 지금 _____?

(3) 식당은 _____ 좋아해요?

(4) _____ 공부해요?

(5) 학교는 _____ 유명해요?

(6) _____ 점심을 먹어요?

(7) _____ 청소했어요?

(8) _____ 왔어요?

(9) 지금 _____ 가요?

(10) _____ 갈까요?

2. Fill in the blanks with appropriate expressions.

(1) Q: 내일 _____ 만날까요?   A: 이태원에서 만나요.

(2) Q: _____ 살아요?   A: 지금 서울에 살아요.

(3) Q: 어제 _____ 수업했어요?   A: 백십 쪽까지 수업했어요.

(4) Q: 옷은 _____ 싸요?   A: 동대문이 싸요.

(5) Q: 다음 주 여행은 _____ 가요?   A: 제주도로 가요.

(6) Q: 보통 _____ 아침을 먹어요?   A: 기숙사에서 아침을 먹어요.

(7) Q: 에디 씨는 _____ 왔어요?   A: 캐나다에서 왔어요.

(8) Q: 이 버스는 _____ 가요?   A: 강원도까지 가요.

(9) Q: 커피는 _____ 맛있어요?   A: 여기가 맛있어요.

(10) Q: 서울에서 _____ 좋아해요?   A: 강남을 좋아해요.

3. You can read five sets of short dialogues between two people below. Choose an awkward sentence according to the context.

(1)

① 지금 어디 가요?

② 집에 가요. 지민 씨는 어디에서 가요?

③ 학교에 가요. 오늘 수업이 있어요.

④ 수업은 몇 시예요?

(2)

① 유민 씨는 커피 좋아해요?

② 네, 커피 좋아해요.

③ 커피는 어디에서 괜찮아요?

④ 학교 앞 카페가 괜찮아요.

(3)

① 배고파요. 우리 점심은 어디서 먹을까요?

② 서울식당에서 가요.

③ 좋아요. 우리 뭐 먹어요?

④ 김치찌개 먹어요.

(4)

① 어제 어디까지 어디로 공부했어요?

② 처음부터 끝까지 공부했어요. 두산 씨는요?

③ 저는 저녁까지 공부했어요.

④ 와, 대단해요.

(5)

① 미국 대사관은 어딨어요?

② 종로에 있어요.

③ 그럼 중국 대사관은요?

④ 명동서 있어요.

7-2 언제?
(When?)

How do you say when in Korean? You can say 언제, which is a pronoun as well as an adverb, so there are some cases where we do not need any particles to attach to 언제.

언제 is mostly used on its own.

언제 한국에 왔어요? (= When did you come to Korea?)
아침에 **언제** 일어나요? (= When do you get up in the morning?)
밤에 **언제** 자요? (= When do you go to bed at night?)
여름방학은 **언제**예요? (= When is the summer vacation?)
우리 **언제** 만날까요? (= When shall we meet?)

In order to be more specific, you can use expressions other than just 언제.

몇 시에 (= What time)
며칠에 (= What date)
무슨 요일에 (= What day)
몇 월에 (= In what month)
몇 년(도)에 (= In what year)

As an answer to 언제 questions, you can mention "the time noun +에."

A: **언제** 한국에 왔어요? (= When did you come to Korea?)
B: **작년에** (한국에) 왔어요. (= I came to Korea last year.)
A: 아침에 **언제** 일어나요? (= When do you get up in the morning?)

B: **8시에** 일어나요. (= I get up at eight.)
A: 우리 **언제** 만날까요? (= When shall we meet?)
B: (우리) **토요일에** 만나요. (= Let's meet on Saturday.)
A: 여름방학은 **언제**예요? (= When is the summer vacation?)
B: **6월부터 8월까지**예요. (= From June to August.)

As you can see in the last short dialogue, you can answer 언제 questions using the particles -부터 and -까지.

Although 언제 is mostly used without particles attached, there are some cases when you should add particles to it.

1. 언제가

언제가 결혼기념일이에요? (= When is the wedding anniversary?)
우리 모임은 **언제가** 좋아요? (= When shall we have our meeting?)
언제가 괜찮아요? (= When do you think is good?)

In order to answer 언제가 questions, you can also put the subject marking particles -이/가 after a noun.

A: **언제가** 결혼기념일이에요? (= When is the wedding anniversary?)
B: **12월 25일이** 결혼기념일이에요. (= The wedding anniversary is on December 25.)
A: 우리 모임은 **언제가** 좋아요? (= As for our meeting, when is good?)
B: **목요일이** 좋아요. (= Thursday is good.)
A: **언제가** 괜찮아요? (= When do you think is okay?)
B: **다음 주 일요일이** 괜찮아요. (= Next Sunday is okay.)

2. 언제부터, 언제까지

Asking a starting point and an ending point in terms of time, we can add -부터 and -까지 to 언제, respectively. You can also use those particles when answering the questions.

A: 한국은 **언제부터 언제까지** 여름이에요? (= From when to when is summer in Korea?)
B: 보통 **6월부터 8월까지** 여름이에요. (= It is usually from June to August.)
A: 겨울방학은 **언제부터 언제까지**예요? (= From when to when is the winter vacation?)
B: **12월부터 2월까지**예요. (= It is from December to February.)

Here are some more useful expressions about time.

엊그제 (= The day before yesterday)
어제 (= Yesterday)
오늘 (= Today)
내일 (= Tomorrow)
모레 (= The day after tomorrow)
지난주 (= Last week)
이번 주 (= This week)
다음 주 (= Next week)
지난달 (= Last month)

이번 달 (= This month)
다음 달 (= Next month)
작년 (= Last year)
올해 (= This year)
내년 (= Next year)
지금 (= Now)
아까 (= Earlier in the day)
나중에 (= Later)
이따(가) (= Later in the day)

EXERCISES 7-2

1. Listen to the audio file and fill in the blanks with what you hear.

   (1) _____ 태어났어요?
   (2) 한국어 시험은 _____?
   (3) _____ 만나요?
   (4) _____ 일해요?
   (5) _____ 모임이 있어요?

   (6) 아침에 _____ 일어나요?
   (7) 오늘이 _____?
   (8) _____ 휴가예요?
   (9) _____ 쉬어요?
   (10) _____ 영화를 봐요.

2. Fill in the blanks with appropriate expressions about time.

   (1) Q: _____ 여행 가요?   A: 내일 가요.
   (2) Q: _____ 학교에 가요?   A: 월요일에 가요.
   (3) Q: 우리 같이 만나요. _____ 좋아요?   A: 내일이 좋아요.
   (4) Q: _____ 아팠어요?   A: 어제부터 아팠어요.
   (5) Q: _____ 일해요?   A: 오후 여섯 시까지 일해요.
   (6) Q: _____ 한국어를 배웠어요?   A: 작년에 한국어를 배웠어요.

(7) Q: _____ 약속이 있어요?   A: 열 한 시에 약속이 있어요.

(8) Q: 친구가 _____ 와요?   A: 4월에 와요.

(9) Q: _____ 졸업이에요?   A: 내일이 졸업이에요.

(10) Q: _____ 학교에서 일해요?   A: 모레부터 일해요.

3. Make appropriate questions asking about time according to the answers given below. You can use expressions such as 언제, 언제가, 언제부터, and 언제까지.

(1) Q: _____?   A: 내일이 시험이에요.

(2) Q: _____?   A: 월요일부터 방학이에요.

(3) Q: _____?   A: 지난 주에 집에 왔어요.

(4) Q: _____?   A: 다음 달까지 여기에 있어요

7-3 누구?
(Who?)

Let us learn another interrogative word in this lesson. What is who in Korean? It is 누구. We have learned 어디 and 언제, and they sometimes need some particles after them. However, 누구 either changes its form or needs particles after it. Let us learn more about 누구.

1. 누가

누가 is used when the interrogative word is used as the subject in a sentence. Be careful not to use 누구가, which does not make sense at all in Korean. 누가 is the correct form, not 누구가.

누가 이걸 만들었어요? (= Who made this?)
누가 한국 사람이에요? (= Who is Korean?)
누가 그거 말했어요? (= Who said that?)
누가 요리해요? (= Who is cooking?)

As a response to those questions, you can also use the subject marking particles -이/가.

A: **누가** 이걸 만들었어요? (= Who made this?)
B: **제가** (그걸) 만들었어요. (= I made that.)
A: **누가** 한국 사람이에요? (= Who is Korean?)
B: **석진이가** 한국 사람이에요. (= Seokjin is Korean.)
A: **누가** 그거 말했어요? (= Who said that?)
B: **제 친구가** (그거) 말했어요. (= My friend said that.)
A: **누가** 요리해요? (= Who is cooking?)
B: **남동생이** 요리해요. (= My younger brother is cooking.)

2. 누구, 누구를

(1) When followed by -이다 verb, 누구 can be said.

그 사람은 **누구**예요?
지민 씨가 **누구**예요?
그 학생이 **누구**입니까?

The answers should be -이다 form to this kind of question.

A: 그 사람은 **누구**예요?
B: (그 사람은) **제 여동생**이에요.
A: 지민 씨가 **누구**예요?
B: (지민 씨는) **저 남자**예요.
A: 그 학생이 **누구**입니까?
B: (그 학생은) **수지**입니다.

(2) When 누구 functions as an object in a question, either 누구 or 누구를 can work. 누구를 can even be contracted to 누굴 for ease of pronunciation.

> **누구를** 좋아해요? (= Whom do you like?)
> = **누구** 좋아해요?
> = **누굴** 좋아해요?
> 어제 **누구를** 만났어요? (= Whom did you meet yesterday?)
> = 어제 **누구** 만났어요?
> = 어제 **누굴** 만났어요?

As an answer, you can use the particles -을/를. Or you can omit those particles.

> A: **누구를** 좋아해요? (= Whom do you like?)
> B: **지민 씨(를)** 좋아해요. (= I like Jimin.)
> A: 어제 **누구를** 만났어요? (= Whom did you meet yesterday?)
> B: (어제) **흐엉(을)** 만났어요. (= I met Huong yesterday.)

3. 누구하고, 누구와, 누구랑

누구하고, 누구와, 누구랑 can be translated into "with whom" in English. They can also be translated to "who and…" To this kind of question, as well, you can use the same particles as the ones in the question.

> A: **누구하고** 커피를 마셨어요?
> B: **유민이하고** (커피를) 마셨어요.
> A: **누구랑** 모임에 갔어요?
> B: **두산 씨랑** (모임에) 갔어요.
> A: **누구와** 함께 일해요?
> B: **영호 씨와** (함께) 일해요.
> A: **누구하고 누가** 한국어를 배워요?
> B: **줄리하고 에디가** (한국어를) 배워요.

EXERCISES 7-3

1. Listen to the audio file and fill in the blanks with what you hear.

(1) _____ 미국 사람이에요? (5) _____ 쇼핑해요? (9) _____ 알아요?

(2) _____ 살아요? (6) _____ 좋아해요? (10) _____ 그거 만들었어요?

(3) 기자가_____? (7) _____ 학생이에요?

(4) _____ 만났어요? (8) 저 사람은_____?

2. Fill in the blanks with appropriate expressions.

(1) _____ 여자 친구예요? (4) _____ 이거 샀어요? (7) _____ 만났어요?

(2) _____ 게임해요? (5) _____ 전화해요? (8) 어제 _____ 왔어요?

(3) 그거 ____ 만들었어요? (6) 요리사가 _____ 예요?

3. Make appropriate questions according to the answers given below. You can use expressions such as 누구, 누가, 누구를, and 누구하고.

(1) Q: _____? A: 어제 친구하고 있었어요.

(2) Q: _____? A: 지민 씨를 알아요.

(3) Q: _____? A: 수지 씨가 노래해요.

(4) Q: _____? A: 저 사람은 은경 씨예요.

7-4 왜, 어떻게?
(Why?, How?)

Let us learn how you can say why and how in Korean.

왜 (= Why)
어떻게 (= How)
얼마 (= How much)
얼마나 (= How + adjective/adverb)

When you answer an interrogative sentence with 왜, you can use expressions such as 왜냐하면 …기 때문이다, 왜냐하면 …(으)니까요, 왜냐하면 …아/어서요, etc. We are going to study these expressions more in later lessons.

For the questions including 어떻게, 얼마, 얼마나, there are various ways of answering them. We will study more about adjectives and adverbs in later lessons, and let us focus on the interrogative sentences here.

1. 왜 (= Why)

왜 전화했어요? (= Why did you call?)
왜 안 왔어요? (= Why didn't you come?)

2. 어떻게 (= How)

인사동에 **어떻게** 가요? (= How can I get to Insa-dong?)
그건 한국어로 **어떻게** 말해요? (= How do you say that in Korean?)

3. 얼마 (= How much)

이건 **얼마**예요? (= How much is this?)
그 옷은 **얼마**예요? (= How much are the clothes?)

4. 얼마나 (= How + adjective/adverb)

여기에 **얼마나** 자주 와요? (= How often do you come here?)
학교는 **얼마나** 커요? (= How big is the school?)

5. 어때요 (= How is/are …)

한국은 날씨가 **어때요?** (= How is the weather in Korea?)
(어때요 – informal polite)
한국 생활이 **어땠어요?** (= How was the life in Korea?)
(어땠어요 – informal polite in the past tense)
오늘 날씨가 **어떻습니까?** (= How is the weather today?)
(어떻습니까 – formal polite)

📑 EXERCISES 7-4

🎧 **1.** Listen to the audio file and fill in the blanks with what you hear.

(1) _____ 안 왔어요?

(2) _____ 생각해요?

(3) _____ ?

(4) _____ 예뻐요?

(5) _____ 한국어 공부해요?

(6) 4월 날씨 _____ ?

(7) _____ 무거워요?

(8) 저건 _____ ?

(9) 거기에 _____ 가요?

(10) _____ 재미있어요?

2. Fill in the blanks with appropriate interrogatives given in the box below.

> 뭐 어디 언제 누구 왜 어떻게

(1) Q: _____ 한국에 왔어요?   A: 3월에 한국에 왔어요.

(2) Q: _____ 에 살아요?   A: 이태원에 살아요.

(3) Q: _____ 하고 살아요?   A: 친구하고 살아요.

(4) Q: _____ 학교에 가요?   A: 버스로 가요.

(5) Q: 학교에서 _____ 공부해요?   A: 한국어를 공부해요.

(6) Q: _____ 한국어를 공부해요?   A: 한국 문화를 좋아해요.

3. Make appropriate questions according to the answers given below. You can use expressions such as 어떻게, 얼마, and 얼마나.

(1)

Q: 강남에 _____ 가요?

A: 지하철로 가요

(2)

Q: 시간이 _____ 걸려요?

A: 30분 걸려요.

(3)

Q: 지하철 표는 _____?

A: 2000원이에요.

LESSON 8 시제
(Tense)

8-1 -았/었/였어요
(Past tense)

When you want to express an action or an event that happened in the past, you can conjugate verbs and adjectives with -았/었 endings. If the last syllable of a verb/adjective stem contains ㅏ or ㅗ, you can add -았어요. If it doesn't include ㅏ or ㅗ, the -었어요 ending is added after the verb/adjective stem. -하다 ending is changed into -했다.

Vowel ㅏ, ㅗ (O)	+ 았어요 + 았습니다	만나다 → 만나 + -았 → 만났어요/만났습니다 보다 → 보 + -았 → 봤어요/봤습니다
Vowel ㅏ, ㅗ (X)	+ 었어요 + 었습니다	먹다 → 먹 + -었 → 먹었어요/먹었습니다 마시다 → 마시 + -었 → 마셨어요
하다	했어요 했습니다	운동하다 → 운동했어요/운동했습니다

어제 뭐 **했어요?** (= What did you do yesterday?)
지난 주에 친구를 **만났어요.** (= I met my friend last week.)
주말에 영화를 **봤어요.** (= I watched a movie on the weekend.)
주말에 공원에서 **운동했어요.** (= I exercised at the park on the weekend.)
어제 피자를 **먹었어요.** (= I ate pizza yesterday.)

The past tense of -이에요/예요 is -이었어요/였어요 respectively.

저는 기자**였어요.** (= I was a journalist.)
어제는 일요일**이었어요.** (= It was Sunday yesterday.)

📑 EXERCISES 8-1

1. Listen to the audio file and fill in the blanks with what you hear.

(1) 어제 영화를 _____.

(2) 도서관에서 _____.

(3) 카페에서 _____.

(4) 책상 위에 _____.

(5) 어제는 토요일_____.

(6) 그 요리는 _____.

(7) 운동을 _____.

(8) 주스를 _____.

(9) 백화점에 사람이 _____.

(10) 비가 _____.

2. Conjugate the verbs below with -았어요/었어요 endings.

(1) 가르치다 → _____

(2) 주다 → _____

(3) 마시다 → _____

(4) 배우다 → _____

(5) 보다 → _____

(6) 사다 → _____

(7) 쉬다 → _____

(8) 오다 → _____

3. Complete the sentences below with given words.

[보기]

(집, 자다)

어제 <u>집에서 잤어요.</u>

(1) (공원, 사진을 찍다)
어제
_____

(2) (극장, 영화를 보다)
어제
_____

(3) (도서관, 책을 읽다)
어제
_____

(4) (백화점, 옷을 사다)
어제
_____

(5) (식당, 밥을 먹다)
어제
_____

(6) (집, 숙제하다)
어제
_____

(7) (체육관, 운동하다)

어제

_____

(8) (학교, 영어를 가르치다)

어제

_____

4. Complete the sentences below with given words.

[보기] (책, 읽다)
A: 어제 뭐 했어요?
B: 책을 읽었어요.

(1) (친구, 만나다)

A: 어제 뭐 했어요?

B: _____.

(2) (영화, 보다)

A: 주말에 뭐 했어요?

B: _____.

(3) (한국어, 공부하다)

A: 월요일에 뭐 했어요?

B: _____.

(4) (차, 마시다)

A: 금요일에 뭐 했어요?

B: _____.

(5) (집, 쉬다)

A: 어제 뭐 했어요?

B: _____.

8-2 –(으)ㄹ 거예요
(Future tense)

Now let us learn how to express a future plan or possibility. For that, the verb ending –(으)ㄹ 거예요 is added. If a verb stem ends with a final consonant, we add -을 거예요. If a verb stem does not end with a final consonant, -ㄹ 거예요 can be added after the verb stem. If the final consonant of the end of a verb stem is ㄷ, it is changed to ㄹ and then 거예요 is added. If the final consonant of the end of a verb stem is ㄹ, only 거예요 is added after the verb stem.

Verb stem ending with a final consonant	+ -을 거예요	읽다 → 읽을 거예요 먹다 → 먹을 거예요
Verb stem ending without a final consonant	+ -ㄹ 거예요	만나다 → 만날 거예요 여행하다 → 여행할 거예요
The final consonant is ㄷ	+ (ㄷ→ㄹ) 거예요	듣다 → 들을 거예요 걷다 → 걸을 거예요
The final consonant is ㄹ	+ 거예요	살다 → 살 거예요 팔다 → 팔 거예요

In formal settings, you can say either –(으)ㄹ 것입니다 or –(으)ㄹ 겁니다.

두 시에 회의를 **할 것입니다.** 한 시 오십 분까지 오십시오.
(= We will have a meeting at two o'clock. Please come here by 1:50 pm.)

EXERCISES 8-2

1. Listen to the audio file and fill in the blanks with what you hear.

(1) 학교에 _____.

(2) 한 시에 회의를 _____.

(3) 이 책을 _____.

(4) 바지를 _____.

(5) 한국을 _____.

(6) 영화를 _____.

(7) 음악을 _____.

(8) 햄버거를 _____.

(9) 신발을 _____.

(10) 한국어를 _____.

2. Conjugate the verbs below with -(으)ㄹ 거예요 endings.

> [보기] (친구, 만나다) 내일 친구를 만날 거예요.

(1) 오다 → _____

(2) 주다 → _____

(3) 쉬다 → _____

(4) 마시다 → _____

(5) 만들다 → _____

(6) 공부하다 → _____

(7) 요리하다 → _____

(8) 듣다 → _____

3. Complete the sentences below with given words.

(1) (한국어, 공부하다) → 내일 _____

(2) (뉴스, 듣다) → 내일 _____

(3) (책, 읽다) → 내일 _____

(4) (선물, 사다) → 내일 _____

(5) (영화, 보다) → 내일 _____

(6) (한국 음식, 만들다) → 내일 _____

(7) (서울, 가다) → 내일 _____

(8) (시험, 치다) → 내일 _____

4. Choose the right verbs and fill in the blanks with appropriate endings among -아요/어요, -았어요/었어요, and –(으)ㄹ 거예요. The verbs can used more than once.

가다 공부하다 사다 산책하다 쉬다 오다

저는 작년에 한국에 (1) _____. 저는 미국에서 요리사였어요. 지금은 한국대학교에서 한국어를 (2) _____. 한국어 공부는 재미있지만 주말에는 조금 심심해요. 주말에는 보통 기숙사에서 (3) _____. 하지만 다음 주에는 친구들하고 서울에 (4) _____. 백화점에서 옷하고 신발을 (5) _____. 그리고 한강 공원에서 (6) _____. 서울 여행이 정말 기대돼요.

8-3 -고 있어요
(Present progressive)

How can you talk about an action in progress in Korean? You can use the -고 있다 ending. You can simply add -고 있다 after a verb stem. There is no exception when making the present progressive, so it can be one of the easiest conjugations you can make in Korean. However, you should keep in mind that the -고 있다 ending can be added only after a verb, not after an adjective.

A verb stem ending with a final consonant	읽다 + **-고 있다** → 읽고 있다
A verb stem ending without a final consonant	자다 + **-고 있다** → 자고 있다

유민 씨는 지금 자**고 있어요.** (= Yumin is sleeping now.)
지금 뭐 해요? – 책을 읽**고 있어요.** (= What are you doing now? – I'm reading a book.)
히엔은 지금 뭐 하**고 있어요?** – 방에서 공부하**고 있어요.**
(= What is Hien doing now? – She is studying in the room.)

-고 있다 can be used for repeating or continuing actions that last for a certain period of time.

요즘 수영을 배우**고 있어요.** (= I am learning how to swim these days.)
마리코는 요즘 책을 쓰**고 있어요.** (= Mariko is writing a book these days.)
동생은 학교에 다니**고 있어요.** (= My younger sister/brother is attending the school these days.)

In order to show respect to the subject of action, you can say -고 계시다 instead of -고 있다.

할아버지는 지금 라디오를 듣**고 계세요.** (= Grandpa is listening to the radio now.)
선생님은 지금 일하**고 계세요.** (= The teacher is working now.)

EXERCISES 8-3

1. Listen to the audio file and fill in the blanks with what you hear.

(1) 저는 _____.

(2) 소희는 책을 _____.

(3) 우리는 _____.

(4) 저는 수영을 _____.

(5) 아기는 _____.

(6) 동생은 _____.

(7) 제인은 물을 _____.

(8) 우리는 _____.

(9) 떡볶이를 _____.

(10) 부엌에서 _____.

2. Conjugate the verbs below with -고 있어요 ending.

(1) 만들다 → _____

(2) 노래하다 → _____

(3) 운동하다 → _____

(4) 산책하다 → _____

(5) 자전거를 타다 → _____

(6) 축구 하다 → _____

(7) 기타를 치다 → _____

(8) 보다 → _____

3. Complete the sentences below with given words.

[보기] (책, 읽다) 지금 뭐 해요? 책을 읽고 있어요.

(1) (문자, 보내다) 지금 뭐 해요? _____.

(2) (영화, 보다) 지금 뭐 해요? _____.

(3) (회사, 가다) 지금 뭐 해요? _____.

(4) (모자, 사다) 지금 뭐 해요? _____.

(5) (사진, 찍다) 지금 뭐 해요? _____.

(6) (아르바이트, 하다) 지금 뭐 해요? _____.

(7) (옷, 입다) 지금 뭐 해요? _____.

(8) (친구, 기다리다) 지금 뭐 해요? _____.

(9) (방, 청소하다) 지금 뭐 해요? _____.

(10) (편지, 쓰다) 지금 뭐 해요? _____.

4. Look at the pictures below and describe an action that the person is doing using -고 있어요.

(1) _____

(2) _____

(3) _____

(4) _____

LESSON 9 수사
(Numbers)

9-1 일, 이, 삼, 사
(Sino-Korean numbers)

There are two systems of numbers in Korean: native Korean numbers and Sino-Korean numbers that originate from Chinese numbers. The situations and contexts in which each system is used are different, so you should learn when to use which. In this lesson, let us learn how to say and write numbers according to Sino-Korean number system.

0	1	2	3	4	5	6	7	8	9	10
영 or 공	일	이	삼	사	오	육	칠	팔	구	십

Then, how can you say 23 in Korean? All you have to know is that number 2 actually means there are two "tens," so it should be read as 이십. Altogether with number 3, it is read as 이십삼.

23 = 20 (이십) + 3 (삼) = 이십삼
45 = 40 (사십) + 5 (오) = 사십오
56 = 50 (오십) + 6 (육) = 오십육

When reading from 11 to 19, it should be 십일 (11), 십이 (12), 십삼 (13), etc. instead of saying 일십일, 일십이, 일십삼. Whenever number 1 is placed at the front, people do not pronounce 일. We just skip saying 일, and jump into saying 십, 백, 천, etc.

11 = 10 (십) + 1 (일) = 십일
15 = 10 (십) + 5 (오) = 십오
18 = 10 (십) + 8 (팔) = 십팔

100	1000	10000
백	천	만

Now you might have grasped the idea of how it works. When you want to read numbers that are more than 100, you can keep the table above in mind. Then, how can you read number 617 in Korean?

617 = 600 (육백) + 10 (십) + 7 (칠) = 육백십칠

There are a number of situations where we should say Sino-Korean numbers and one of them is when we talk about the price of items. The Korean currency is 원 (won), so do not forget to put 원 at the end of the number. Here are some examples.

5,500원 = 5000 (오천) + 500 (오백) = 오천오백원
15,000원 = 10,000 (만) + 5,000 (오천) = 만오천원
24,900원 = 20,000 (이만) + 4,000 (사천) + 900 (구백) = 이만사천구백원

📄 EXERCISES 9-1

🎧 **1.** Listen to the audio file and fill in the blanks with what you hear in Arabic numbers.

(1) _____.   (6) _____.

(2) _____.   (7) _____.

(3) _____.   (8) _____.

(4) _____.   (9) _____.

(5) _____.   (10) _____.

2. Write down how you should read the numbers below in the Sino-Korean number system.

(1) 41 → _____   (6) 335 → _____

(2) 12 → _____   (7) 710 → _____

(3) 56 → _____   (8) 524 → _____

(4) 72 → _____   (9) 239 → _____

(5) 68 → _____   (10) 107 → _____

3. Below are the prices marked in Arabic numbers. Write down how you should read them.

(1) 5,700원 → _____   (6) 12,700원 → _____

(2) 3,490원 → _____   (7) 26,500원 → _____

(3) 8,500원 → _____   (8) 33,050원 → _____

(4) 7,040원 → _____   (9) 19,000원 → _____

(5) 1,250원 → _____   (10) 50,250원 → _____

4. The example below is how you should read telephone numbers in Korean. Fill in the blanks with appropriate Sino-Korean numbers.

> [보기]
> 010-2491-3268 → 공일공(의) 이사구일(의) 삼이육팔

(1) 010-3071-8288 → __일공(의)_____공____일(의) 팔_____팔____

(2) 010-8520-8841 → 공_____(의) 팔_____공(의) 팔팔____

(3) 010-7769-6633 → 공_____공(의)_____칠_____(의)_____삼삼

(4) 010-4294-3172 → _____(의)___이_____(의) 삼_칠____

(5) 02-700-6923 → 공__(의) 칠_____(의)_____이삼

(6) 031-6751-8039 → 공_____(의) 육_____일(의)_____공삼___

(7) 054-8092-7120 → 공_____(의) 팔공_____이(의)_____공

(8) 043-342-5503 → 공_삼(의)_____사_____(의)_____삼

(9) 062-5176-7552 → _____이(의) 오_____육(의)_____오_____

9-2 하나, 둘, 셋, 넷
(Native Korean numbers)

  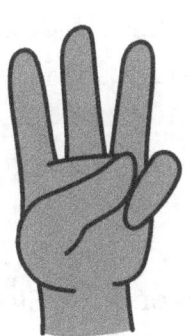 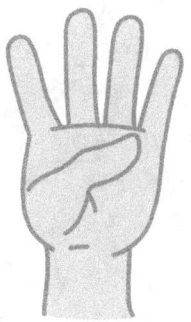 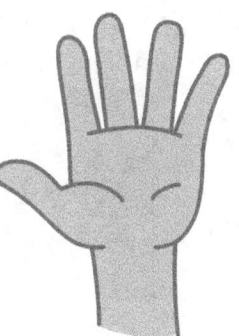

In this lesson, we will study native Korean number system. As mentioned in the previous lesson, the situations in which the native Korean number system is used can vary. However, it is mostly used for counting the number of items, or talking about the age in casual conversations, etc. The table below shows how to read numbers according to the native Korean number system.

1	2	3	4	5	6	7	8	9	10
하나 or 한	둘 or 두	셋 or 세	넷 or 네	다섯	여섯	일곱	여덟	아홉	열

As you can see above, 하나, 둘, 셋, and 넷 can also be read as 한, 두, 세, and 네. When you add the counting unit after the native Korean numbers, they become 한, 두, 세, and 네. When you do not have to add any counting units after them, you can just read them as 하나, 둘, 셋, and 넷.

비빔밥 **한** 그릇 (= One bowl of bibimbap. / 그릇 is a counting word meaning "bowl.")
= 비빔밥 **하나** (= One bibimbap)
오렌지 **두** 개 (= Two oranges. / 개 is a counting word for items.)
= 오렌지 **둘** (= Two oranges)

Then, how can you say 11, 12, 13… according to the native Korean number system? It is 열하나 (11), 열둘(12), 열셋(13)…

For numbers 20 and above, you can use the numbers in the table below.

20	30	40	50	60	70	80	90	100
스물 or 스무	서른	마흔	쉰	예순	일흔	여든	아흔	백

Like 하나, 둘, 셋, and 넷, 스물 can also be read as 스무 when a counting word is attached right after the number. Other than that, you can read 20 as 스물.

스무 살 (= Twenty years old. / 살 is a counting word for age.)
스물 한 살 (= Twenty-one years old)

For numbers more than one hundred, people use Sino-Korean numbers. The native Korean numbers are mostly used for numbers under 100.

EXERCISES 9-2

1. Listen to the audio file and fill in the blanks with what you hear in Arabic numbers.

(1) _____.   (6) _____.
(2) _____.   (7) _____.
(3) _____.   (8) _____.
(4) _____.   (9) _____.
(5) _____.   (10) _____.

2. Write down how you should read the numbers below in the native Korean number system.

(1) 27 → _____   (6) 62 → _____
(2) 40 → _____   (7) 74 → _____
(3) 16 → _____   (8) 51 → _____
(4) 39 → _____   (9) 95 → _____
(5) 83 → _____   (10) 23 → _____

3. Below are the ages marked in Arabic numbers. Write down how you should read them.

(1) 36살 → _____   (5) 29살 → _____
(2) 70살 → _____   (6) 42살 → _____
(3) 81살 → _____   (7) 67살 → _____
(4) 13살 → _____   (8) 54살 → _____

4. Read the following Arabic numbers in an appropriate way between Sino-Korean numbers and the native Korean numbers.

(1) 2개 → _____

(2) 18살 → _____

(3) 02-720-3748 → _____

(4) 29층 → _____

(5) 37살 → _____

(6) 305호 → _____

(7) 45개 → _____

(8) 010-971-4286 → _____

9-3 개, 잔, 병, 명, 마리
(Counters)

When counting objects, animals, or people, many kinds of unit nouns ("counters") are used. 개, 잔, 병 are counters for objects; 명 is for counting people; and 마리 is for counting animals. As you learned in the previous lesson, the counting nouns are used with native Korean numbers.

Let us practice those words that are among the most frequently used counters in everyday conversations.

1. 개

개 is one of the most common counters for objects.

사과 세 개 (= Three apples)
모자 두 개 (= Two hats)
빵 한 개 (= A loaf of bread)

2. 잔

The word, 잔, means a cup or a glass. Therefore, for things that are counted by cups or glasses, you can add 잔 after native Korean numbers.

커피 세 잔 (= Three cups of coffee)
주스 네 잔 (= Four glasses of juice)
물 한 잔 (= A glass of water)

3. 병

병 means a bottle, so when you count objects that are contained in plastic or glass bottles, you can add 병 as a counting word.

콜라 두 병 (= Two bottles of cola)
맥주 세 병 (= Three bottles of beer)
주스 한 병 (= A bottle of juice)

4. 명

명 is a counting word for people. You can also use 분 in order to show respect.

학생 한 명 (= One student)
친구 다섯 명 (= Five friends)
선생님 세 분 (= Three teachers)

5. 마리

For counting animals, people use 마리 after native Korean numbers, like below.

강아지 한 마리 (= One puppy)
닭 두 마리 (= Two chickens)
소 세 마리 (= Three cows)

개, 잔, 병, 명, and 마리 are just some examples of counters in Korean. There are many different counting words, depending on the kinds of objects. You do not have to worry too much, and you just need to learn them one by one as you expand your vocabulary.

EXERCISES 9-3

1. Listen to the audio file and fill in the blanks with what you hear.

(1) 커피_____잔

(2) 참외_____개

(3) 물고기_____마리

(4) 콜라_____병

(5) 학생_____명

(6) 강아지 한_____

(7) 주스 네_____

(8) 딸기 열_____

(9) 물 일곱_____

(10) 남자 여덟_____

2. Choose the right counter from the box below and fill in the blanks.

> 개 잔 병 명 분 마리

(1) 빵 두_____

(2) 부모님 두_____

(3) 맥주 세_____

(4) 여자 네_____

(5) 커피 여덟_____

(6) 돼지 스무_____

3. Look at the pictures below and write down how many of them there are using native Korean numbers and appropriate counters.

(1) (2) (3) (4)

(5) (6) (7) (8) (9)

LESSON 10 시간
(Time)

10-1 요일
(Days of the week)

In this lesson, we will learn how to call each day of the week and how to ask about it. It is as easy as ABC.

Monday	Tuesday	Wednesday	Thursday	Friday	Saturday	Sunday
월요일	화요일	수요일	목요일	금요일	토요일	일요일

As a simpler way of saying them, people take out 요일, and just say 월, 화, 수, 목, etc.

The weekdays (from Monday to Friday) are also called 평일, and the weekend is called 주말. Some people refer it as 휴일 or 공휴일 because they are holidays.

When you want to ask what day it is, you can use the expression, 무슨 요일.

> A: 오늘이 **무슨 요일**이에요? (= What day is it today?)
> B: (오늘은) **금요일**이에요. (= It is Friday today.)

Remember that using 몇 요일 to ask for the days of the week is incorrect.

> 시험이 **무슨 요일**이에요? (O) (= What day do you have the exam?)
> 시험이 몇 요일이에요? (X)

EXERCISES 10-1

1. Listen to the audio file and fill in the blanks with what you hear.

(1) _____에 약속이 있어요.

(2) _____에 운동해요?

(3) 시험이_____이에요.

(4) _____에도 학교에 가요.

(5) 어제는_____이었어요.

(6) 오늘은_____이에요.

(7) _____에 어디에 갔어요?

(8) _____에 학교에 안 가요.

(9) _____저녁에 뭐 해요?

(10) 콘서트는_____이에요.

2. Listen carefully to the audio file and mark T if the statement is true, and mark F if the statement is false.

(1) 오늘은 목요일이에요. ( )

(2) 어제는 목요일이었어요. ( )

(3) 오늘은 일요일이에요. ( )

(4) 화요일에 시험이 없어요. ( )

(5) 오늘은 수요일이 아니에요. ( )

(6) 오늘은 금요일이에요. ( )

(7) 수요일 저녁에 한국어 숙제를 해요. ( )

(8) 토요일에 안 바빠요. ( )

(9) 주말에 집에 가요. ( )

(10) 내일은 평일이에요.( )

3. Fill in the blanks with appropriate expressions about the days of the week. Each blank should be filled with one character.

오늘은 5월 6일 금요일이에요. 어제는 5월 5일 (1)_____요일이었어요. 5월 5일은 어린이날이에요. 우리 가족은 어린이날에 집에 있었어요. 우리는 내일 5월 7일 (2)_____요일에 놀이공원에 가요. 5월 7일하고 8일은 (3)_____이에요. (4)_____요일하고 일요일에는 학교에 안 가요.

4. Look at the picture below and fill in the blanks with appropriate expressions.

	Mon	Tue	Wed	Thu	Fri	Sat	Sun
		1	2	3	4	5	6
	7	8	9	10	11	⑫ 오늘	13
	14	15	16	17	18	19	20
	21	22	23	24	25	26	27
	28	29	30	31			

(1) A: 오늘은_____?

　　B: 수요일이에요.

(2) A: 내일은_____?

　　B: 목요일이에요.

(3) A: 어제는 월요일이었어요?

　　B: 아니요, 어제는_____.

(4) A: 내일은 주말이에요?

　　B: 아니요, 내일은_____.

(5) A: 21일은_____?

　　B: 아니요, 평일이에요.

10-2 날짜
(Date)

We have just learned how to talk about the days of the week. So, how can you talk about the date and the month in Korean?

When expressing a date, the month comes before the day. In Korean, months are named by ordinal numbers. Sino-Korean numbers are used together with 월 to name the months, and with 일 to name the days.

    1월 19일 = 일 월 십구 일
    5월 25일 = 오 월 이십오 일
    11월 7일 = 십일 월 칠 일

Pay attention to the change of spelling for "6월" and "10월" which are spelled "유월" and "시월," respectively, for ease of pronunciation.

    6월 6일 = 유월 육 일 (O) / 육월 육 일 (X)
    10월 10일 = 시월 십 일 (O) / 십월 십 일 (X)

When asking for the dates, you can use the expression, 며칠. Be careful not to write it as 몇 일, because it is wrong.

A: 오늘이 **며칠**이에요? (= What date is it today?)
B: 6월 10일이에요. (= It is June 10.)
A: 시험이 **며칠**이에요? (= What date do you have the exam?)
B: 12월 31일이에요. (= It is on December 31.)

While "며칠" is limited to asking for the date, "언제" is more broadly used to ask for the range of time, including the date, day of the week, time, etc.

생일이 **며칠**이에요? (= What date is your birthday?)
= 생일이 언제예요? (= When is your birthday?)

📋 EXERCISES 10-2

1. Listen to the audio file and fill in the blanks in Arabic numbers.

(1) _____월_____일   (6) _____월_____일

(2) _____월_____일   (7) _____월_____일

(3) _____월_____일   (8) _____월_____일

(4) _____월_____일   (9) _____월_____일

(5) _____월_____일   (10) _____월_____일

2. Read the dates below with the appropriate Korean number systems.

(1) 6월 13일 → _____   (6) 5월 9일 → _____

(2) 1월 28일 → _____   (7) 3월 30일 → _____

(3) 7월 25일 → _____   (8) 6월 10일 → _____

(4) 11월 11일 → _____   (9) 2월 28일 → _____

(5) 10월 8일 → _____   (10) 4월 29일 → _____

3. Fill in the blanks below with the appropriate expressions about time.

   (1) A: 오늘이 _____?

   B: 칠 월 이십 일이에요.

   (2) A: 생일이 _____?

   B: 이 월이에요.

   (3) A: 시험이 _____?

   B: 토요일이에요.

   (4) A: 결혼이 _____?

   B: 사 월 이십삼 일이에요.

   (5) A: 유월 육 일이 _____?

   B: 월요일이에요.

4. Look at the picture below and mark T if the statement is right, and mark F if the statement is wrong.

   (1) 시월 이십오 일은 월요일이에요.(　)

   (2) 시월 구 일은 평일이에요.(　)

   (3) 이것은 시월 달력이에요.(　)

   (4) 시월 사 일은 화요일이에요.(　)

   (5) 시월 십육 일은 주말이에요.(　)

   (6) 시월 이 일은 토요일이에요.(　)

10-3 한 시, 두 시, 세 시, 네 시
(Telling time)

Now it is time to learn how to talk about time. You have already learned a lot about numbers and counting words, so you will be able to tell time very quickly.

To name the hours, you can use 시 after native Korean numbers, and you can add 분 after Sino-Korean numbers.

    1:20 = 한 시 이십 분
    2:45 = 두 시 사십오 분
    4:52 = 네 시 오십이 분

Instead of saying 삼십 분 for "half an hour," you can say 반, like below.

    3:30 = 세 시 반 = 세 시 삼십 분
    5:30 = 다섯 시 반 = 다섯 시 삼십 분
    12:30 = 열두 시 반 = 열두 시 삼십 분

How can you ask for time then? You can use 몇 시 and 몇 분, like below.

    A: 지금 **몇 시 몇 분**이에요? (= What time is it now?)
    B: 열 시 십오 분이에요. (= It is ten-fifteen.)

Instead of saying 몇 시 몇 분, you can also use this expression.

    지금 시간이 어떻게 돼요? = 지금 몇 시 몇 분이에요?

Some of you might already know that '-이/가 어떻게 돼요?' is a kind of a magic expression to ask for almost anything. It is true for asking for time as well.

EXERCISES 10-3

1. Listen to the audio file and fill in the blanks with what you hear.

(1) _____시 이십삼 분

(2) _____시 삼십 분

(3) _____시 십오 분

(4) _____시 오 분

(5) _____시 사십육 분

(6) 일곱 시____분

(7) 여덟 시_____분

(8) 두 시_____분

(9) 네 시_____분

(10) 다섯 시_____분

2. Write down how to read the time in Korean.

(1) 7:19 → _____

(2) 9:22 → _____

(3) 1:50 → _____

(4) 12:34 → _____

(5) 10:09 → _____

(6) 8:30 → _____

(7) 6:25 → _____

(8) 2:47 → _____

(9) 4:15 → _____

(10) 3:05 → _____

3. Fill in the blanks with appropriate expressions about time.

[보기] A: 지금 몇 시 몇 분이에요?　　　　B: 일곱 시 반이에요.

(1) A: 오늘은_____이에요?　　　　　　B: 월요일이에요.

(2) A: 지금_____이에요?　　　　　　B: 5월이에요.

(3) A: 오늘은_____이에요?　　　　B: 5월 9일이에요.

(4) A: 지금_____예요?　　　　　　　　B: 아홉 시예요.

(5) A: 시험이_____예요?　　　　　　　B: 2월 19일이에요.

LESSON 11 조사 3
(Particles 3)

11-1 -하고, -(이)랑, -와/과
(And, with)

In the previous lessons, we learned how powerful the particles are in Korean sentences. The word orders can be very flexible in Korean sentences because of the functions of the particles. Where a word is located does not matter much, since the particles mark its function in a sentence. In this lesson, let us learn the particles to link two nouns; -하고, -(이)랑, and -와/과. Their English equivalent is "and." -하고 and –(이)랑 are mostly used in spoken language, whereas -와/과 is used in written language more often.

1. -하고

-하고 attaches to nouns regardless of whether there is a final consonant at the end of nouns.

컴퓨터**하고** 책상 (= A computer and a desk)
커피**하고** 녹차 (= Coffee and green tea)
남동생**하고** 여동생 (= A younger brother and a younger sister)
학생**하고** 선생님 (= A student and a teacher)

2. –(이)랑

-(이)랑 is also used in spoken language very often, like -하고. Depending on the final consonant of nouns, you should decide which one to use between -랑 and -이랑.

A noun ending with a vowel	컴퓨터 + -랑 → 컴퓨터랑 커피 + -랑 → 커피랑
A noun ending with a consonant	남동생 + -이랑 → 남동생이랑 학생 + -이랑 → 학생이랑

3. -와/과

-와/과 can be used in the same way as –(이)랑. You should check out whether a preceding noun has a final consonant or not.

A noun ending with a vowel	컴퓨터 + -와 → 컴퓨터와 커피 + -와 → 커피와
A noun ending with a consonant	남동생 + -과 → 남동생과 학생 + -과 → 학생과

-하고, -(이)랑, and -와/과 have the same function as "and" in English. In addition, they can also be used like the English preposition "with" to indicate a person is the subject with whom one is doing something. They are often followed by the adverb 같이 to emphasize the meaning.

선생님**하고 같이** 한국어 공부했어요. (= We studied Korean with the teacher.)
친구**랑 같이** 공원에서 산책했어요. (= I took a walk at the park with my friend.)
부모님**과 같이** 식당에 갔어요. (= I went to the restaurant with my parents.)

📝 EXERCISES 11-1

🎧 **1.** Listen to the audio file and fill in the blanks with what you hear.

(1) 강아지_____고양이

(2) 남동생_____여동생

(3) 부모님_____

(4) 선생님_____같이

(5) 어머니_____아들

(6) 책_____공책

(7) 친구_____같이

(8) 커피_____녹차

(9) 컴퓨터_____책상

(10) 학생_____선생님

2. Fill in the blanks with an appropriate particle between -랑 and -이랑.

(1) 나_____내 동생   (5) 가방_____모자   (9) 라디오____텔레비전
(2) 책상_____의자   (6) 학생____선생님   (10) 학교_____도서관
(3) 커피_____디저트   (7) 친구____나
(4) 밥_____반찬   (8) 어머니____아버지

3. Fill in the blanks with an appropriate particle between -와 and -과.

(1) 이름____전화번호   (5) 강아지_____고양이   (9) 연필____지우개
(2) 남자_____여자   (6) 옷_____신발   (10) 볼펜____공책
(3) 휴대폰____지갑   (7) 침대____이불
(4) 백화점____시장   (8) 모자____안경

4. Look at the pictures below and fill in the blanks with appropriate particles between -랑 and -이랑.

(1)

_____주세요.

(2)

_____주세요.

(3)

_____주세요.

(4)

_____주세요.

11-2 -한테, -한테서
(To someone, from someone)

We have learned some particles so far, but not all the particles in Korean have only one function. Particles can have multiple meanings and functions, according to the context. One of the examples of this is -한테, which we will learn in this lesson.

1. -한테 (To someone, from someone)

It can mean both "to someone" and "from someone" in a sentence. The meaning can be decided by what kind of verbs are used in the sentence. Let us learn more about it from example sentences.

> 그녀는 나**한테** 선물을 줬어. (= She gave me a present.)
> 그녀는 나**한테** 선물을 받았어. (= She received a present from me.)

In the first example sentence above, -한테 is used to mean "to someone," and we can see that from the meaning of the verb 주다. Along with 주다, -한테 marks the indirect object of the verb. In the second example sentence, the verb 받다 makes the meaning of -한테 "from someone."

The same thing goes with -에게. Depending on the verb used in a sentence, it can mean either "to someone" or "from someone."

2. -한테서 (From someone)

It means "from someone" in a sentence. Let us find out how it is used from the example sentences below.

> 나는 그녀**한테서** 선물을 받았어. (= I received a present from her.)
> 그는 클레어**한테서** 소식을 들었어. (= He heard about the news from Claire.)

Here you can see that the meaning of -한테서 is a lot simpler. You can replace -한테서 with -에게서 in the example sentences above.

📑 EXERCISES 11-2

 1. Listen to the audio file and fill in the blanks with what you hear.

(1) 언니_____받았어요.　　(6) 형_____질문했어요.

(2) 친구_____줬어요.　　(7) 저 사람_____물어봐요.

(3) 김유진 씨_____보냈어요.　　(8) 아버지_____받았어요.

(4) 누구_____들었어요?　　(9) 그분_____들었어요.

(5) 친구_____얻었어요.　　(10) 김지우 씨_____보냈어요.

2. Circle the right particles according to the context.

(1) 친구가 나 (에게 / 한테서 / 에게서) 비밀을 말했어요.

(2) 선생님 (에게 / 에게서 / 한테) 선물을 받았어요.

(3) 동생 (한테 / 한테서 / 에게서) 케이크를 만들어 줬어요.

(4) 친구들 (에게 / 에게서 / 한테서) 한국 음식을 요리해 줬어요.

(5) 남편 (한테 / 에게 / 한테서) 소식을 들었어요.

(6) 저 사람 (에게 / 에게서 / 한테서) 물어봐요.

(7) 우리 (에게서 / 한테 / 한테서) 말해주세요.

(8) 남자 친구 (한테 / 한테서 / 에게서) 전화했어요.

3. Fix a grammatical error in each sentence below. Some sentences may not have any errors.

(1) 두산 씨, 저한테서 이메일 보냈어요?　　(5) 제임스 씨에게서 이 책을 줬어요.

(2) 우리는 내일 서울에게 가요.　　(6) 그분은 지금 아내한테서 가요.

(3) 강원도한테서 편지가 왔어요.　　(7) 수업 끝나고 기숙사에게 가요.

(4) 이건 아이들한테서 주세요.

11-3 -도
(Too, also)

-도 is used to express "too" or "also." It attaches after nouns regardless of whether there is a final consonant or not.

No final consonant in the preceding noun	저 + **도** → 저도
A final consonant in the preceding noun	물 + **도** → 물도

유진 씨는 한국어를 배워요. 저도 한국어를 배워요. (= Yujin learns Korean. I learn Korean, too.)
메뉴 주세요. 물**도** 좀 주세요. (= Please give me the menu. Please give me water, as well.)

Remember that -도' can replace particles such as "은/는," "을/를," but cannot be used with them together.

저는도 학생이에요. (X)
→ **저도** 학생이에요. (O) (= I am also a student.)
커피를도 마셨어요. (X)
→ **커피도** 마셨어요. (O) (= I also drank coffee.)

When the noun attached to "-도" functions as something other than the subject or object, "-도" can be used with other particles.

어제 공원에 갔어요. 커피숍에도 갔어요. (= I went to the park. I went to the café, too.)
회사에서 일했어요. 집에서도 일해요. (= I worked at the office. I also work at home.)

📖 EXERCISES 11-3

 1. Listen to the audio file and fill in the blanks with what you hear.

(1) _____ 한국 음식을 좋아해요.　　(6) _____ 가방이 있어요.

(2) _____ 학생이에요.　　(7) _____ 마시고 _____ 먹어요.

(3) _____ 먹어요.　　(8) _____ 하고 _____ 읽어요.

(4) _____ 미국 사람이에요.　　(9) 이 가게에는 _____ 있어요.

(5) 이번 방학에 _____ 갈 거예요.　　(10) 이것은 예뻐요. _____ 예뻐요.

2. Fill in the blanks using the particle -도 and the given words.

> [보기] A: 흐엉 씨는 어제 영화 봤어요.　　B: 저도 어제 영화 봤어요. (저)

(1) A: 저는 커피를 정말 좋아해요.　　B: _____. (우리 언니)

(2) A: 공원에는 한국 사람이 있어요.　　B: _____. (중국 사람)

(3) A: 저는 차가 있어요.　　B: _____. (집)

(4) A: 이번 방학에 제주도에 가요.　　B: _____. (부산)

(5) A: 서울에 눈이 많이 왔어요.　　B: _____. (뉴욕)

(6) A: 불고기가 맛있어요.　　B: _____. (비빔밥)

(7) A: 앤디는 미국 사람이에요.　　B: _____. (스티븐)

(8) A: 태국에는 망고가 있어요.　　B: _____. (베트남)

(9) A: 가방에 우산이 있어요.　　B: _____. (휴지)

(10) A: 아침에 밥을 먹었어요.　　B: _____. (라면)

LESSON 12 명령문
(Imperative Sentence)

12-1 –(으)세요
(Imperative)

When you want to make requests, suggestions, or commands in an informal setting, you can use the –(으)세요 ending. It can be added to verb stems, like in the table below.

Verb stem ending with a verb	Verb stem ending with a consonant
오다 + **-세요** → 오세요	읽다 + **-으세요** → 읽으세요

어서 **오세요**. (= Welcome.)
여기 **앉으세요**. (= Please sit here.)
물 **주세요**. (= Please give me some water.)
책을 **읽으세요**. (= Please read books.)

For verb stems ending either with ㄷ or with ㄹ, you can follow the rules below.

Verb stem ending with ㄷ	Verb stem ending with ㄹ
듣다 + -으세요 → (듣→들) + -으세요 → 들으세요.	풀다 + -세요 → (풀→푸) + -세요 → 푸세요

녹음을 잘 **들으세요**. (= Please listen carefully to the recording.)
많이 **걸으세요**. (= Please walk a lot.)
다음 문제를 **푸세요**. (= Please solve the following question.)

Adding 좀 makes a request more polite.

물 **좀** 주세요. (= Please give me some water.)
책을 **좀** 읽으세요. (= Please read books.)

In a formal setting, you can use the –(으)십시오 ending.

어서 **오십시오**. (= Welcome.)
여기 **앉으십시오**. (= Please sit here.)
많이 **걸으십시오**. (= Please walk a lot.)
90쪽을 **보십시오**. (= Please look at page 90.)
다음 문제를 **푸십시오**. (= Please solve the following question.)

📑 EXERCISES 12-1

 1. Listen carefully to the audio files and fill in the blanks with what you hear.

(1) 책을_____.
(2) 많이_____.
(3) 다음 문제를_____.
(4) 여기_____.
(5) 녹음을 잘_____.
(6) 90쪽을_____.
(7) 이름을_____.
(8) 손을_____.

2. Fill in the blanks with appropriate expressions using the V-(으)세요 ending.

> [보기] 오다 → 오세요

(1) 말하다 → _____   (6) 식사하다 → _____

(2) 받다 → _____   (7) 가다 → _____

(3) 듣다 → _____   (8) 앉다 → _____

(4) 주다 → _____   (9) 읽다 → _____

(5) 만들다 → _____   (10) 쓰다 → _____

3. Translate the English sentences below into Korean using the –(으)세요 ending.

(1) Please come to school by 9 tomorrow. →_____

(2) Please get up from the bed. →_____

(3) Please solve the questions. →_____

(4) Please listen carefully to your teacher. →_____

(5) Please walk a lot. →_____

(6) Please watch this movie. →_____

(7) Please go home now. →_____

(8) Please write down the phone number. →_____

(9) Please study Korean. →_____

12-2 -아/어/해 주세요
(Please do it for me)

Instead of using the –(으)세요 ending as an imperative, you can use -아/어/해 주세요 to sound more polite. -아/어/해 주세요 is used when asking for something from the listener, since the literal meaning of "주다" is "to give."

-아/어/해 주세요 is added to verb stems, like in the table below.

Vowels ㅏ, ㅗ	Vowels ㅓ, ㅜ, ㅣ …	하다
닫다 + -아 주세요 → 닫아 주세요 사다 + -아 주세요 → 사 주세요	가르치다 + -어 주세요 → 가르쳐 주세요 쓰다 + -어 주세요 → 써 주세요	노래하다 → 노래해 주세요 말하다 → 말해 주세요

창문 좀 **닫아 주세요**. (= Please close the window for me.)
점심 **사 주세요**. (= Please buy lunch for me.)
기타는 어떻게 쳐요? **가르쳐 주세요**. (= How can I play the guitar? Please teach it to me.)
여기에 **써 주세요**. (= Please write it down here for me.)
우리 앞에서 **노래해 주세요**. (= Please sing a song in front of us.)
저한테도 **말해 주세요**. (= Please tell me about it, too.)

One of the most common phrase using -아/어/해 주세요 is 도와주세요, which means "please help me." It derives from the infinitive, 돕다, and with the -아/어/해 주세요 ending, it is changed into 도와주세요. In everyday conversations, we do not normally hear someone saying 도우세요, since it is unnatural. Here, you are asking for help from the listener, it is fairly understandable to say 도와주세요 instead of just using an imperative.

When you want to ask a question with the intent to offer assistance, you can say -아/어/해줄까요? To answer that, you can say -아/어/해 주세요.

문 닫아 줄까요? – 네, 닫아 주세요. (= Would you like me to close the door? – Yes, please close it for me.)
도와줄까요? – 네, 도와주세요. (= Would you like me to help you? – Yes, please help me.)

When the subject is higher in social status than the speaker, you can use -아/어/해 주시다 ending.

그분은 우리를 잘 **도와주세요**. (= He helps us a lot.)
어머니께서 이 시계를 **사 주셨어요**. (= Mom bought me this watch.)

📄 EXERCISES 12-2

🎧 **1. Listen carefully to the audio files and fill in the blanks with appropriate expressions.**

(1) 창문 좀_____.
(2) 점심_____.
(3) 책을_____.
(4) 여기에_____.
(5) 지금_____.
(6) 저한테도_____.
(7) 문을_____.
(8) 여기에_____.
(9) 어머니가 신발을_____.
(10) 우리를_____.

2. Fill in the blanks with appropriate expressions, using the -아/어 주세요 ending.

[보기] 말하다 → 말해 주세요

(1) 앉다 →_____
(2) 닫다 →_____
(3) 끄다 →_____
(4) 포장하다 →_____
(5) 알리다 →_____
(6) 돕다 →_____
(7) 들다 →_____
(8) 빌리다 →_____
(9) 가르치다 →_____
(10) 만들다 →_____

3. Choose an appropriate expression from the box below and fill in the blanks using the -아/어 주세요 ending.

> 닫다 빌리다 앉다 가르치다 돕다 알리다 들다 찾다

(1) 날씨가 추워요. 창문 좀_____.

(2) 우산이 없어요. 우산 좀_____.

(3) 수업 시간이에요. 자리에_____.

(4) 저는 운전을 잘 못해요. 운전을_____.

(5) 한국어 공부가 너무 어려워요. 좀_____.

(6) 선생님 전화번호를 몰라요. 좀_____.

(7) 가방이 무거워요. 가방 좀_____.

(8) 지갑이 없어요. 지갑 좀_____.

12-3 -지 마세요
(Don't do it)

만지지 마세요!

In order to express the prohibition of a certain action, you can use the -지 마세요 ending. 말다 is a verb meaning "to quit doing," "to not do," or "to stop doing." Therefore, it altogether transmits the meaning of "Please don't do it" or "Please stop it" in a polite way.

-지 마세요 can be added after verb stems like in the table below.

Verb stem ending with a final consonant	Verb stem ending without a final consonant
가다 + -지 마세요 → 가지 마세요	먹다 + -지 마세요 → 먹지 마세요

거기에 가**지 마세요.** 위험해요. (= Please do not go there. It is dangerous.)
차가운 음식을 너무 많이 먹**지 마세요.** (= Please don't eat too much cold food.)
다 잘될 거예요. 걱정하**지 마세요.** (= Everything will be fine. Please do not worry.)
지민 씨한테 말하**지 마세요.** (= Please do not tell Jimin.)
만지**지 마세요.** (= Please do not touch.)

In a more formal setting, you can say -지 마십시오.

계단에서 뛰**지 마십시오.** (= Please do not run on the stairs.)
촬영하**지 마십시오.** (= Please do not film.)
휴대폰을 사용하**지 마십시오.** (= Please do not use your cell phone.)
들어오**지 마십시오.** (= Please do not enter.)

📄 EXERCISES 12-3

 1. Listen carefully to the audio files and fill in the blanks.

(1) _____.   (6) _____.

(2) _____.   (7) _____.

(3) _____.   (8) _____.

(4) _____.   (9) _____.

(5) _____.   (10) _____.

2. Fill in the blanks in the table below.

Verb	-(으)세요	-아/어 주세요	-지 마세요
[보기] 가다	가세요	가 주세요	가지 마세요
(1) 공부하다			
(2) 말하다			
(3) 쓰다			
(4) 읽다			
(5) 듣다			

3. Look at the pictures below and write down appropriate expressions using the given words.

[보기]
여기 / 담배를 피우다
→ 여기에서 담배를 피우지 마세요.

(1)  _____

극장 / 전화하다

(4)  _____

박물관 / 사진을 찍다

(2)  _____

저기 / 수영하다

(5)  _____

영화관 / 떠들다

(3)  _____

도서관 / 음식을 먹다

Korean Grammar Made Easy | *Lesson 12*

LESSON 13 청유문
(Request sentence)

13-1 -아/어/해요
(Let's)

A request sentence is used to suggest someone do something. The easiest way to make a request sentence in Korean is to add "-아/어/해요" to the verb stem. In the Lesson 5, we learned that we use the "-아/어/해요" ending to create a basic present tense sentence. You can use the same grammar to make a request sentence as well.

Note that here the subject must be in the form of "we," which includes both speaker and listener. Only the verbs can be used in a request sentence. You cannot make a request sentence using the adjectives.

우리 내일 **공부해요.** (= Let's study together tomorrow.)
수진 씨, 우리 저녁을 같이 **먹어요.** (= Sujin, let's have dinner together.)
우리 콘서트에 같이 **가요.** (= Let's go to a concert together.)
같이 쇼핑 **해요.** (= Let's go shopping together.)
내일 영화를 같이 **봐요.** (= Let's go to watch the movie together tomorrow.)

📄 EXERCISES 13-1

🎧 1. Listen carefully to the audio files and fill in the blanks.

(1) 내일 같이_____.   (4) 여기에 같이_____.

(2) 떡볶이를_____.   (5) 같이_____.

(3) 오늘 집에 같이_____. (6) 영화를 같이_____.

2. Fill in the blanks with the correct -아/어/해요 form of the verbs.

[보기] 자다 → 자요

(1) 가다 → _____   (6) 배우다 → _____

(2) 보다 → _____   (7) 오다 → _____

(3) 마시다 → _____ (8) 읽다 → _____

(4) 공부하다 → _____ (9) 놀다 → _____

(5) 만들다 → _____ (10) 입다 → _____

3. Choose an appropriate expression from the box below and fill in the blanks using -아/어/해요 ending.

공부하다 먹다 만들다 마시다 가다 보다

(1) 수업이 끝났어요. 같이 집에_____

(2) 맥주를_____

(3) 제가 피자를 만들었어요. 같이_____

(4) 다음 주에 시험이니까 같이 도서관에서_____

(5) 눈이 많이 왔어요! 눈사람을_____

(6) 내일 영화를 같이_____

13-2 -자
(Casual way of saying "Let's")

When you are speaking to someone who is the same age or younger than you, or someone who has relatively lower social status than you, "-자" can be used to make a request sentence. The same rule applies here, that you can only use verbs, not the adjectives, when making the request sentence. Unlike the "-아/어/해요" ending that we learned previously, which can be used as a declarative, request, exclamation, question sentences, "-자" can only be used in request sentence.

Therefore, you can omit the subject from the sentence.

Conjugation rule is simple: **add "-자"** to all kinds of verb stems.

하다 (to do) → 하 + 자 → 하자
입다 (to wear) → 입 + 자 → 입자
마시다 (to drink) → 마시 + 자 → 마시자
달리다 (to run) → 달리 + 자 → 달리자
끄다 (to turn off) → 끄 + 자 → 끄자
듣다 (to hear) → 듣 + 자 → 듣자
걷다 (to walk) → 걷 + 자 → 걷자

내일 서울에 **가자.** (= Let's go to Seoul tomorrow.)
오늘 점심으로 피자를 **먹자.** (= Let's have pizza for lunch today.)
네가 좋아하는 음악을 **듣자.** (= Let's listen to the music that you like.)

📄 EXERCISES 13-2

 1. Listen carefully to the audio files and fill in the blanks.

(1) 음악을 같이_____.

(2) 햄버거를_____.

(3) 콘서트에 같이_____.

(4) 이제 텔레비전을_____.

(5) 와인을_____.

(6) 공원을_____.

2. Fill in the blanks with appropriate expressions using correct -자 form of the verbs.

> [보기]   옷을 같이 사요 → 옷을 같이 사자.

(1) 시장에 같이 가요. → 시장에 같이_____.

(2) 내일 영화를 같이 봐요. → 내일 영화를 같이_____.

(3) 운동장을 같이 달려요. → 운동장을 같이_____.

(4) 이 책을 같이 읽어요. → 이 책을 같이_____.

(5) 오늘은 맥주를 마셔요. → 오늘은 맥주를_____.

3. Look at the pictures below and write down appropriate expressions using the given words in below, using -자 grammar.

> 공부하다 읽다 만들다 가다 자다

(1)  한국 여행을 같이_____.

(2)  도서관에서 같이_____.

(3)  벌써 밤 11시야. 늦었어. 이제_____.

(4) 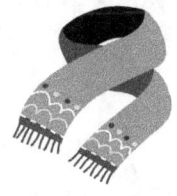 털실로 목도리를_____.

(5)  오늘 신문을 같이_____.

LESSON 14 감탄문
(Exclamatory sentence)

14-1 –(는)군/구나/군요
(Exclamatory endings 1)

An exclamatory ending is used to make a sentence that expresses the speaker's admiration of what he or she has newly learned or felt. By adding the ending "-(는)군/구나/군요" to a verb or adjective, you can make an exclamation sentence. It is often combined with adverbs '정말, 잘, 매우', that indicate the degree of exclamation.

-**(는)군** is abbreviation of "–(는)구나."
-**(는)구나** is used to talk to a someone younger than you, or when someone is talking to himself.
-**(는)군요** is used when the listener is older or higher in status than you, by simply adding "-요" to "-(는)군."

Depending on if it's a verb or adjective that has to be conjugated, decide whether to use 는 or not.

When it's attached to a **verb, use "-는군/는구나/는군요."**

Verb	-는군	-는구나	-는군요
하다 (to do)	하는군	하는구나	하는군요
먹다 (to eat)	먹는군	먹는구나	먹는군요
입다 (to wear)	입는군	입는구나	입는군요
마시다 (to drink)	마시는군	마시는구나	마시는군요

마이클 씨는 떡볶이를 잘 **먹는군.** (= Michael is good at eating tteokbokki!)
네 동생은 그림을 잘 **그리는구나.** (= Your brother is good at drawing!)
지은 씨는 정말 노래를 **잘하는군요.** (= Jieun is good at singing!)

When it's attached to an **adjective, use "-군/구나/군요."**

Adjective	군	-구나	-군요
춥다 (to be cold)	춥군	춥구나	춥군요
예쁘다 (to be beautiful)	예쁘군	예쁘구나	예쁘군요
작다 (to be small)	작군	작구나	작군요
착하다 (to be kind)	착하군	착하구나	착하군요

오늘 날씨가 정말 **춥군.** (= The weather is really cold today!)
네 조카는 정말 **예쁘구나**. (= Your niece is really pretty!)
민정 씨는 키가 아주 **작군요.** (= Minjung is very short!)

Note that the first-person subject cannot be used because "-(는)군/구나/군요" indicates a newly learned fact.

나는 목소리가 **작구나.** (= I have a small voice!) (X)
너는 목소리가 **작구나.** (= You have a small voice!) (O)

Korean Grammar Made Easy | Lesson 14

EXERCISES 14-1

1. Listen carefully to the audio files and fill in the blanks.

(1) 그림을 잘_____.

(2) 너는 정말_____.

(3) 날씨가 아주_____.

(4) 강아지가 정말_____.

(5) 노래를 정말 잘_____.

(6) 꽃이_____.

(7) 정말 맛있게 잘_____.

(8) 정원이 아주_____.

(9) 오늘은 하늘이_____.

(10) 키가 아주_____.

2. Fill in the blanks with appropriate expressions with the given words below, using -(는)구나.

| 힘들다 크다 아름답다 비싸다 친절하다 공부하다 |

(1) 그 목걸이는 가격이 너무_____.

(2) 너는 웃는 모습이 정말_____.

(3) 아이들이 도서관에서 열심히_____.

(4) 거실이 아주_____.

(5) 시험 준비는 정말_____.

(6) 그 사람은 굉장히_____.

3. Rewrite the sentences after changing them into exclamatory sentences using -(는)군요.

(1) 주영 씨는 떡볶이를 잘 먹어요.
_____

(2) 정원의 꽃이 정말 예뻐요.
_____

(3) 제니 씨는 옷을 잘 입어요.
_____

(4) 고양이가 정말 귀여워요.
_____

(5) 그 사람은 글을 아주 잘 써요.
_____

(6) 이번 겨울은 너무 추워요.
_____

14-2 -네(요)
(Exclamatory endings 2)

Similar to "-(는)군/구나/군요" endings, "-네(요)" sentences represent the fact that the speaker has experienced and learned something new. The difference between the two endings is explained below.

-(는)군/구나/군요	It can be used when the speaker speaks in admiration of the facts he or she has experienced or learned from others.
-네(요)	It can be used only when speaking in admiration of the facts learned through the speaker's direct experience.

Because it often represents surprise and admiration, it's frequently used in conjunction with adverbs indicating degree, such as 아주, 정말, 매우, 무척, 많이'.

Conjugation rule: **add "-네(요)"** to all kinds of verb stems.

Verb/Adjective	-네	-네요
오다 (to come)	오네	오네요
예쁘다 (to be beautiful)	예쁘네	예쁘네요
하다 (to do)	하네	하네요
작다 (to be small)	작네	작네요
귀엽다 (to be cute)	귀엽네	귀엽네요

너는 글을 아주 잘 **쓰네.** (= You write very well!)
오늘 날씨가 정말 **덥네요.** (= The weather is really hot today!)
강아지가 무척 **귀엽네요.** (= The dog is very cute!)

Note that the first-person subject cannot be used because "-네(요)" indicates a newly learned fact.

나는 키가 **작네.** (= I'm short!) **(X)**
너는 키가 **작네.** (= You are short!) **(O)**

EXERCISES 14-2

 1. Listen carefully to the audio files and fill in the blanks.

(1) 바다가 정말_____. (5) 사람이 너무_____.

(2) 저기 민수 씨가_____. (6) 요리를_____.

(3) 노래가 정말_____. (7) 아기가 정말_____.

(4) 그림이 너무_____. (8) 오늘은 날씨가_____.

2. Mark if the sentence is grammatically correct or wrong by writing O or X.

(1) 그 옷은 정말 예쁘네요. ( )

(2) 저는 너무 귀엽네요. ( )

(3) 나는 정말 오네. ( )

(4) 시장의 물건은 가격이 싸네요. ( )

(5) 나는 아주 착하네. ( )

(6) 이 집은 부엌이 크네요. ( )

3. Translate the English sentences below into Korean using the –네요 ending.

(1) The weather is really hot today! →_____

(2) He is very tall! →_____

(3) The dog is very cute! →_____

(4) This house has a big kitchen! →_____

(5) That flower is very pretty! →_____

(6) She is very kind! →_____

LESSON 15 불규칙
(Irregulars)

15-1 ㅂ 불규칙
(Irregulars ㅂ)

You should be aware when conjugating a verb or adjective stems that end in batchim "ㅂ." Not all of them, but many of them, conjugate irregularly.

Below are some examples of "ㅂ" irregular verbs.

"ㅂ" irregular verbs / adjectives
춥다 (to be cold)
덥다 (to be hot)
무겁다 (to be heavy)
가볍다 (to be light)
귀엽다 (to be cute)
아름답다 (to be beautiful)
어렵다 (to be difficult)

Rule 1. When a verb/adjective stem that ends in "ㅂ" is followed by an ending that begins with a vowel, **drop "ㅂ" and add "우."**

"ㅂ" irregular verbs/adjectives	Grammar	Conjugation	Result
춥다 (to be cold)	-아/어요	추 + 우 + 어요	추워요
	-(으)ㄹ 거예요	추 + 우 + ㄹ 거예요	추울 거예요
덥다 (to be hot)	-아/어요	더 + 우 + 어요	더워요
	-(으)ㄹ 거예요	더 + 우 + ㄹ 거예요	더울 거예요
무겁다 (to be heavy)	-아/어요	무거 + 우 + 어요	무거워요
	-(으)ㄹ 거예요	무거 + 우 + ㄹ 거예요	무거울 거예요
가볍다 (to be light)	-아/어요	가벼 + 우 + 어요	가벼워요
	-(으)ㄹ 거예요	가벼 + 우 + ㄹ 거예요	가벼울 거예요
귀엽다 (to be cute)	-아/어요	귀여 + 우 + 어요	귀여워요
	-(으)ㄹ 거예요	귀여 + 우 + ㄹ 거예요	귀여울 거예요
아름답다 (to be beautiful)	-아/어요	아름다 + 우 + 어요	아름다워요
	-(으)ㄹ 거예요	아름다 + 우 + ㄹ 거예요	아름다울 거예요
맵다 (to be spicy)	-아/어요	매 + 우 + 어요	매워요
	-(으)ㄹ 거예요	매 + 우 + ㄹ 거예요	매울 거예요
어렵다 (to be difficult)	-아/어요	어려 + 우 + 어요	어려워요
	-(으)ㄹ 거예요	어려 + 우 + ㄹ 거예요	어려울 거예요

Rule 2. There are only two words that **"ㅂ" changes to "오,"** when it's attached to **endings that start with 아/어/여.**

"ㅂ" irregular verbs/adjectives	Grammar	Conjugation	Result
돕다 (to help)	-아/어요	도 + 오 + 아요	도와요
곱다 (to be pretty)	-아/어요	고 + 오 + 아요	고와요

EXERCISES 15-1

1. Listen carefully to the audio files and fill in the blanks.

(1) 날씨가 _____.

(2) 가방이 _____.

(3) 그는 다른 사람을 잘 _____.

(4) 문제가 너무 _____.

(5) 그 노트북은 _____.

(6) 김치찌개는 조금 _____.

(7) 아이들은 _____.

(8) 그 꽃은 정말 _____.

2. Fill in the blanks in the table below.

Verb	-아/어요	-(으)ㄹ 거예요
[보기] 맵다	매워요	매울 거예요
(1) 어렵다		
(2) 덥다		
(3) 춥다		
(4) 돕다		
(5) 아름답다		
(6) 귀엽다		
(7) 가볍다		
(8) 곱다		
(9) 무겁다		

15-2 ㄹ 불규칙
(Irregulars ㄹ)

"ㄹ irregular verbs have the most number of cases. Note that all verbs and adjectives that end in "ㄹ" are irregular.

Rule 1. When a verb/adjective stem that ends in "ㄹ" is followed by an ending that begins with ㄴ,ㅂ,ㅅ, **drop "ㄹ."**

"ㄹ" irregular verbs / adjectives	Grammar	Conjugation	Result
울다 (to cry)	-네요	우 + 네요	우네요
	-ㅂ니다	우 + ㅂ니다	웁니다
	-세요	우 + 세요	우세요
살다 (to live)	-네요	사 + 네요	사네요
	-ㅂ니다	사 + ㅂ니다	삽니다
	-세요	사 + 세요	사세요
만들다 (to make)	-네요	만드 + 네요	만드네요
	-ㅂ니다	만드 + ㅂ니다	만듭니다
	-세요	만드 + 세요	만드세요
열다 (to open)	-네요	여 + 네요	여네요
	-ㅂ니다	여 + ㅂ니다	엽니다
	-세요	여 + 세요	여세요

Rule 2. When verb/adjective stem that ends in "ㄹ" is followed by an ending that begins with 으, you need to do the following steps:

First, **drop 으 from the ending.**
Second, **decide whether or not to drop ㄹ from the verb stem.**

① 살다 + (으)면 = 살면
② 살다 + (으)니까 = 사니까

As you can see in above example, ㄹ is dropped only in case of ②. This is due to the first rule, which is "When a verb/adjective stem that ends in "ㄹ" is followed by an ending that begins with ㄴ,ㅂ,ㅅ, drop 'ㄹ'". After dropping 으 from (으)니까, remains 니까 from the ending which starts with ㄴ. Therefore, "ㄹ" needs to be removed.

"ㄹ" irregular verbs / adjectives	Grammar	Conjugation	Result
울다 (to cry)	-(으)면	울 + 면	울면
	-(으)니까	우 + 니까	우니까
	-(으)세요	우 + 세요	우세요
살다 (to live)	-(으)면	살 + 면	살면
	-(으)니까	사 + 니까	사니까
	-(으)세요	사 + 세요	사세요
만들다 (to make)	-(으)면	만들 + 면	만들면
	-(으)니까	만드 + 니까	만드니까
	-(으)세요	만드 + 세요	만드세요
열다 (to open)	-(으)면	열 + 면	열면
	-(으)니까	여 + 니까	여니까
	-(으)세요	여 + 세요	여세요

Rule 3. When a verb/adjective stem that ends in "ㄹ" is followed by an ending that begins with (으)ㄹ, **drop (으)ㄹ from the ending.**

"ㄹ" irregular verbs / adjectives	Grammar	Conjugation	Result
울다 (to cry)	-(으)ㄹ 거예요	울 + 거예요	울 거예요
	-(으)ㄹ 수 있어요	울 + 수 있어요	울 수 있어요
	-(으)ㄹ 것 같아요	울 + 것 같아요	울 것 같아요
살다 (to live)	-(으)ㄹ 거예요	살 + 거예요	살 거예요
	-(으)ㄹ 수 있어요	살 + 수 있어요	살 수 있어요
	-(으)ㄹ 것 같아요	살 + 것 같아요	살 것 같아요
만들다 (to make)	-(으)ㄹ 거예요	만들 + 거예요	만들 거예요
	-(으)ㄹ 수 있어요	만들 + 수 있어요	만들 수 있어요
	-(으)ㄹ 것 같아요	만들 + 것 같아요	만들 것 같아요
열다 (to open)	-(으)ㄹ 거예요	열 + 거예요	열 거예요
	-(으)ㄹ 수 있어요	열 + 수 있어요	열 수 있어요
	-(으)ㄹ 것 같아요	열 + 것 같아요	열 것 같아요

EXERCISES 15-2

1. Listen carefully to the audio files and fill in the blanks.

(1) 창문을 _____니까 방이 시원해요.

(2) 레고를 _____ 수 있어요.

(3) 화장실에서 혼자 _____ 거예요.

(4) 집이 ___면 힘들어요.

(5) 혼자 ___니까 심심해요.

(6) _____면 전화해요.

2. Fill in the blanks in the table below.

Verb	-(으)면	-(으)니까	-(으)ㄹ 거예요
[보기] 맵다	울면	우니까	울 거예요
(1) 열다			
(2) 살다			
(3) 놀다			
(4) 만들다			
(5) 멀다			
(6) 힘들다			
(7) 길다			
(8) 들다			
(9) 팔다			

15-3 ㄷ 불규칙
(Irregulars ㄷ)

Most of the verbs or adjectives that ends with "ㄷ" are regular. However, there are some irregular verbs that need to be memorized.

Below are "ㄷ" irregular verbs.

"ㄷ" irregular verbs / adjectives
걷다 (to walk)
듣다 (to listen)
묻다 (to ask)
깨닫다 (to realize)
싣다 (to load)

Rule 1. When the irregular "ㄷ" verb is **followed by a consonant, it conjugates as a regular verb.**

"ㄷ" irregular verbs/adjectives	Grammar	Conjugation	Result
걷다 (to walk)	-(스)ㅂ니다	걷 + 습니다	걷습니다
	-자	걷 + 자	걷자
듣다 (to listen)	-(스)ㅂ니다	듣 + 습니다	듣습니다
	-자	듣 + 자	듣자
묻다 (to ask)	-(스)ㅂ니다	묻 + 습니다	묻습니다
	-자	묻 + 자	묻자

Rule 2. When the irregular "ㄷ" verb is **followed by a vowel, replace "ㄷ" with "ㄹ"** and follow the same conjugation rules for verbs with batchim.

"ㄷ" irregular verbs/adjectives	Grammar	Conjugation	Result
걷다 (to walk)	-아/어요	걸 + 어요	걸어요
	-(으)면	걸 + 으면	걸으면
듣다 (to listen)	-아/어요	들 + 어요	들어요
	-(으)면	들 + 으면	들으면
묻다 (to ask)	-아/어요	물 + 어요	물어요
	-(으)면	물 + 으면	물으면

EXERCISES 15-3

 1. Listen carefully to the audio files and fill in the blanks.

(1) 저는 매일 아침 공원을 ____습니다.

(2) 자동차에 이삿짐을 ____어요.

(3) 학생들은 수업을 열심히 ____습니다.

(4) 모르는 문제는 선생님께 ____습니다.

(5) 길을 ____으면 많은 사람을 만나요.

(6) 매일 저녁 케이팝을 ____어요.

2. Fill in the blanks in the table below.

Verb	-(스)ㅂ니다	-아/어요
[보기] 듣다	듣습니다	들어요
(1) 깨닫다		
(2) 걷다		
(3) 묻다		
(4) 싣다		

3. Choose the correct variant.

(1) 저는 매일 아침 이 길을 (걸어요 / 걷습니다).

(2) 자동차에 짐을 많이 (실으면 / 싣으면) 운전하기 힘들어요.

(3) 모르는 문제는 꼭 선생님께 (묻습니다 / 묻어요).

(4) 좋아하는 노래를 (듣으면 / 들으면) 행복해요.

(5) 열쇠를 안 가져온 사실을 (깨닫았어요 / 깨달았어요).

15-4 ㅅ 불규칙
(Irregulars ㅅ)

Most of the verbs or adjectives that end in "ㅅ" are regular verbs. There are only few irregular "ㅅ" verbs.

"ㅅ" irregular verbs / adjectives
붓다 (to pour)
짓다 (to build)
낫다 (to be better / to get well)
긋다 (to draw)
젓다 (to stir)
잇다 (to connect)

Rule 1. When the irregular "ㅅ" verb is **followed by a consonant, it conjugates as a regular verb.**

"ㅅ" irregular verbs/adjectives	Grammar	Conjugation	Result
붓다 (to pour)	-(스)ㅂ니다	붓 + 습니다	붓습니다
	-자	붓 + 자	붓자
짓다 (to build)	-(스)ㅂ니다	짓 + 습니다	짓습니다
	-자	짓 + 자	짓자
잇다 (to connect)	-(스)ㅂ니다	잇 + 습니다	잇습니다
	-자	잇 + 자	잇자

Rule 2. When the irregular "ㅅ" verb is **followed by a vowel, "ㅅ" is dropped.**

"ㅅ" irregular verbs/adjectives	Grammar	Conjugation	Result
붓다 (to pour)	-아/어요	부 + 어요	부어요
	-(으)면	부 + 으면	부으면
짓다 (to build)	-아/어요	지 + 어요	지어요
	-(으)면	지 + 으면	지으면
잇다 (to connect)	-아/어요	이 + 어요	이어요
	-(으)면	이 + 으면	이으면

EXERCISES 15-4

1. Listen carefully to the audio files and fill in the blanks.

(1) 여기에 물감을 ____자.

(2) 이 점과 저 점을 ____으면 돼요.

(3) 집을 ____으면 강아지를 키울 거예요.

(4) 오늘부터 건물을 ____습니다.

(5) 병에 물을 ____어요.

2. Fill in the blanks in the table below.

Verb	-(스)ㅂ니다	-아/어요
[보기] 붓다	붓습니다	부어요
(1) 낫다		
(2) 짓다		
(3) 잇다		
(4) 젓다		
(5) 긋다		

3. Choose the correct variant.

(1) 설탕을 넣고 잘 (젓으면 / 저으면) 됩니다.

(2) 여기에 물을 (붓습니다 / 붓어요).

(3) 이 점들을 (이으면 / 잇으면) 별자리예요.

(4) 감기에 걸렸을 때는 푹 쉬면 금방 (낫아요 / 나아요).

(5) 책상에 선을 (긋습니다 / 그습니다).

(6) 이곳에 집을 (짓으면 / 지으면) 정말 멋질 것 같아요.

LESSON 16 부사
(Adverbs)

16-1 조금, 정말, 진짜, 아주, 별로, 전혀
(A bit, really, very, not really, not at all)

Like other languages, Korean has various adverbs. Adverbs are used to describe and embellish adjectives, verbs, other adverbs, or a whole sentence. Let's take a look at some of the adverbs to describe the degree of something.

Adverbs of degree	Meaning
조금	a bit
정말 / 진짜	really
아주	very
별로	not really
전혀	not at all

Usually, adverbs do not have a fixed position within the sentences and can be placed relatively freely. However, adverbs of degree tend to be placed before a verb or an adjective.

저는 물은 **조금** 마시고 주스를 많이 마셔요. (= I drink a bit of water and a lot of juice.)
그 영화는 **정말** 지루해요! (= That movie is really boring!)
우리 집은 여기서 **아주** 가까워요. (= My house is very close to here.)
저는 커피를 **별로** 좋아하지 않아요. (= I don't really like coffee.)
제이슨 씨는 요리에는 **전혀** 관심이 없습니다. (= Jason is not interested in cooking at all.)

EXERCISES 16-1

 1. Listen carefully to the audio files and fill in the blanks.

(1) 우리 가족은_____화목해요.

(2) 저는 커피를_____좋아하지 않아요.

(3) 학교는 집에서_____멀어요.

(4) 수지는 삼겹살을_____좋아해요.

(5)_____시험에 합격했어? 축하해!

(6) 저는 운동에는_____관심이 없어요.

2. Rewrite the sentence in Korean, using the adverbs given.

(1) 저는 한국 드라마를 좋아해요. (정말) → _____

(2) 그는 맥주를 마시지 않아요. (전혀) → _____.

(3) 민수는 노래를 잘해요. (아주) → _____.

(4) 저는 겨울을 안 좋아해요. (별로) → _____.

(5) 저는 한국어를 할 줄 알아요. (조금) → _____.

(6) 제 동생은 오렌지를 좋아해요. (진짜)→ _____.

3. Choose the correct adverb considering the context.

(1) 우리는 컴퓨터 게임을 (전혀 / 아주) 좋아해요.

(2) 저는 여름을 (진짜 / 별로) 좋아해요.

(3) 그는 매운 음식을 (전혀 / 조금) 먹지 않습니다.

(4) 오늘은 하늘이 (별로 / 정말) 맑네요.

16-2 너무
(Too, very)

Among the adverbs that indicate degree or condition, there is an adverb that needs to be used with care, which is '"너무". This adverb can be translated in English as "too," as if when we talk about something is in a state far beyond a certain degree or limit. It's a word that can be used in a negative nuance, so you should be careful as to when to use it.

Adverbs of degree	Meaning
너무	too / very

그 컴퓨터는 **너무** 비싸요! (= That computer is too expensive!)
내 방은 **너무** 넓어요. (= My room is too big.)
규진아, 너는 혼자 여행을 가기에는 **너무** 어려. (= Gyujin, you are too young to go on a trip alone.)
오랜만이에요! **너무** 반갑네요! (= Long time no see! It's so nice to see you!)
오늘 날씨가 좋아서 **너무** 기분이 좋아요. (= I'm so happy because the weather is nice today.)

EXERCISES 16-2

 1. Listen carefully to the audio and write the sentences in the correct order.

(1) 비싸요 / 옷은 / 그 / 너무 → _____.

(2) 너무 / 오늘은 / 기분이 / 좋아요 → _____.

(3) 돈이 / 저는 / 너무 / 없어요 / 어려서 / 아직 → _____.

(4) 거실에는 / 소파는 / 이 / 커요 / 너무 / 제 → _____.

(5) 웃겨요 / 너무 / 사람은 / 그 → _____.

(6) 많이 / 너무 / 먹었어요 / 밥을 → _____.

(7) 너무 / 바다에 / 신나요 / 가면 → _____.

(8) 병원에 / 너무 / 갔어요 / 배가 / 아파서 → _____.

2. Rewrite the sentence in Korean, using the adverb 너무.

(1) 우유를 마시면 배가 아파요. → _____.

(2) 책을 많이 사서 돈이 없어요. → _____.

(3) 현상 씨는 노래를 잘해요. → _____.

(4) 저는 햄버거를 좋아해요. → _____.

(5) 날씨가 추워요. → _____.

(6) 그 의사는 불친절해요. → _____.

16-3 잘, 못
(To be good at, to be poor at)

The two other commonly used adverbs are "잘" and "못." They are used in front of verbs to make expressions at which they are good or bad. They are commonly attached before the following verbs. In order to express "to be poor at," attach 잘 before 못 + verb. Note that when 잘 or 못 comes with 하다 verb, there should be no space between this adverb and the verb.

Verb	잘	못
하다 (to do)	잘하다 (to be good at)	잘 못하다 (to be poor at)
먹다 (to eat)	잘 먹다 (to eat well)	잘 못 먹다 (to not eat well)
만들다 (to make)	잘 만들다 (to make well)	잘 못 만들다 (to not make well)
되다 (to become)	잘 되다 (to become well)	잘 못 되다 (to not become well)

저는 요리를 **잘해요.** (= I'm good at cooking.)
제 남동생은 축구를 **잘 못해요.** (= My brother is not good at soccer.)
존 씨는 한국 음식을 **잘 먹어요.** (= John is good at eating Korean food.)
저는 인형을 **잘 못 만들어요.** (= I'm not good at making dolls.)

EXERCISES 16-3

 1. Listen carefully to the audio files and fill in the blanks.

(1) 호영 씨는 춤을 _____.

(2) 제 동생은 자전거를 _____.

(3) 저는 태국 음식을 _____.

(4) 그는 노래를 _____.

(5) 제 친구는 그림을 _____.

(6) 저는 글을 _____.

 2. Listen carefully to the audio file and mark T if the statement is true and mark F if the statement is false.

(1) 데니 씨는 노래를 잘 못 해요. (   )

(2) 저는 한국 음식을 잘 만들어요. (   )

(3) 제 동생은 스케이트를 잘 못 타요. (   )

(4) 민지는 달리기를 잘해요. (   )

(5) 그는 매운 음식을 잘 먹어요. (   )

(6) 유카 씨는 무서운 영화를 잘 못 봐요. (   )

(7) 저는 옷을 잘 못 입어요. (   )

3. Look at the pictures and fill in the blanks with the appropriate word using 잘 or 못.

[보기]
A: 마이클 씨는 농구를 잘해요?
B: 네, 저는 농구를 <u>잘해요</u>.

(1)
A: 남자친구가 요리를 잘해요?
B: 아니요, 요리를 _____.

(3)
A: 그 사람은 노래를 잘해요?
B: 네, 노래를 _____.

(2)
A: 그들은 술을 잘 마셔요?
B: 네, 술을 _____.

(4)
A: 매운 음식을 잘 먹어요?
B: 아니요, 매운 음식을 _____.

16-4 아직, 벌써
(Still, already)

Adverbs representing time are often used in Korean just like in English. In this lesson, we will talk about adverbs that express the feeling of time.

아직 indicates that it takes more time for something to happen, to be in a state, or to be done. It also refers to a condition or something that is not over and continues.

On the other hand, 벌써 is a word that indicates something happens faster than one's expectation.

Adverbs of degree	Meaning
아직	still / yet
벌써	already

아기가 **아직** 자고 있어요. (= The baby is still sleeping.)
영화가 완성되려면 **아직** 멀었어요. (= There's still a long way to go before the movie is completed.)
음식이 **벌써** 다 준비되었나요?(= Is the food already done?)
벌써 가세요?(= Are you leaving already?)

📄 EXERCISES 16-4

1. Listen carefully to the audio files and fill in the blanks.

(1) 시험이_____끝났어요?

(2) 그 드라마는_____안 끝났어요.

(3) 아기가_____울고 있어요.

(4)_____일어났어요?

(5) 저는_____연습을 더 해야 해요.

(6) 우리는_____준비 다 했어.

(7) 표가_____다 팔렸어요.

(8) 사무실에_____사람이 있어요.

2. Choose the correct adverb, considering the context.

(1) 저는 (아직 / 벌써) 옷을 다 입었어요.

(2) (아직 / 벌써) 숙제를 다 했어요?

(3) 우리는 (벌써 / 아직) 어려서 부모님과 같이 학교에 가요.

(4) 동생은 (벌써 / 아직) 학교에 갔어요.

(5) (아직 / 벌써) 밥을 안 먹었어요?

(6) 그는 (벌써 / 아직) 안 왔어요.

3. Read the English translation and fill in the blank using 아직 or 벌써.

(1) 영화는 (   ) 끝났어요. The movie is already over.

(2) 우리는 (   ) 준비 중이에요. We're still preparing.

(3) 저는 (   ) 사무실에 있어요. I'm still in the office.

(4) 그는 (   ) 집에 갔어요. He's already gone home.

(5) 유정이는 (   ) 자는 중이에요. Yoojung is still sleeping.

(6) (   ) 점심을 먹었어요? Have you had lunch already?

(7) 미카 씨는 (   ) 책을 읽고 있어요. Mika is still reading.

LESSON 17 접속부사
(Conjunctive adverbs)

17-1 그리고, 그래서
(And, and then, therefore, so)

Conjunctive adverbs have the function of meaningfully combining the first and last sentences. There are many conjunctive adverbs in the Korean language. They work as adverbs that modify the latter phrase by connecting the meaning of the previous phrase or sentence to the latter speech or sentence. The more your Korean level grows, the importance of knowing when and how to use these adverbs also takes on an important role. It's essential for better writing or conversation because its proper use is positively necessary to connect the sentences or phrases.

First, let's take a look at two conjunctive adverbs: 그리고 and 그래서.

1. 그리고 (and / and then)

(1) A conjunctive adverb used to connect words, phrases, clauses, sentences, etc., in parallel. **(and)**

저는 떡볶이, 치킨, **그리고** 불고기를 좋아해요. (= I like tteokbokki, fried chicken, and bulgogi.)
우리 동네에는 초등학교, 중학교, 고등학교, **그리고** 대학교가 있어요. (= There is an elementary school, a middle school, a high school, and a university in my neighborhood.)
이 김밥은 싸요. **그리고** 맛있어요. (= This kimbap is cheap and it's delicious.)

(2) A conjunctive adverb used to connect the two contents that occurred in a chronological order. **(and then)**

오늘 2시에 영어 수업이 있어요. **그리고** 4시에는 수학 수업이 있어요. (= There is an English class at two o'clock today. And then there is a math class at four o'clock.)
아빠가 청소를 끝냈어요. **그리고** 요리하기 시작했어요. (= My dad finished cleaning and then he started cooking.)

2. 그래서 (therefore / so)

A conjunctive adverb used when the preceding content becomes the cause, basis, or condition of the later content.

저는 어제 아팠어요. **그래서** 학교에 못 갔어요. (= I was sick yesterday. Therefore, I couldn't go to school.)
날씨가 추워졌어요. **그래서** 코트를 입고 나왔어요. (= It's getting cold. Therefore, I wore a coat.)
지웅 씨는 산을 좋아해요. **그래서** 일요일마다 산에 가요. (= Jiwoong likes mountains. Therefore, he goes to the mountain every Sunday.)

📖 EXERCISES 17-1

1. Listen carefully to the audio files and fill in the blanks.

(1) 우리는 요리를 끝냈어요. _____ 밥을 먹었어요.

(2) 목이 아파요. _____ 병원에 갔어요.

(3) 책상 위에 지우개, 공책, _____ 연필이 있어요.

(4) 저는 학생이에요. _____ 매일 공부를 해요.

(5) 아이들은 초콜릿, 사탕, _____ 과자를 좋아해요.

(6) 1시에 피아노 학원에 가요. _____ 3시까지 연습해요.

2. Read the text and fill in the blank using 그리고 or 그래서.

오늘 1시에 학교에 갔어요. (1)_____ 오후 5시까지 수업을 들었어요. 공부를 너무 많이 했어요. (2)_____ 힘들었어요. 6시에 집에 도착했어요. 엄마가 맛있는 요리를 해주셨어요. 불고기, 파스타, (3)_____ 떡볶이가 있었어요. (4)_____ 맛있게 먹었어요.

3. Fill the blank and make an appropriate sentence using 그리고 or 그래서.

    (1) 오늘은 추워요._____코트를 입었어요.

    (2) 어제는 10시까지 공부를 했어요._____잤어요.

    (3) 숙제를 안 했어요._____선생님께 혼났어요.

    (4) 이 김밥은 싸요._____맛있어요.

    (5) 부엌에는 냉장고, 오븐,_____가스레인지가 있어요.

    (6) 아침 7시에 일어났어요._____세수를 했어요.

    (7) 어제 잠을 못 잤어요._____지금 졸려요.

    (8) 겨울은 추워요._____눈이 와요.

17-2 그렇지만, 그런데
(But, however)

There are conjunctive adverbs that you should use when you write something that contradicts the previous content.

1. 그렇지만 (but, however)

A conjunctive adverb used when the preceding content and the latter content conflict while acknowledging the preceding content. The sentence structure looks like: [admitting what it's said in previous speech] however, [say conflicting claims].

> 네 말도 맞아. **그렇지만** 우리는 다수의 의견에 따라야 해. (= You're right, too. However, we must abide by the majority's opinion.)
> 해외여행을 가는 것은 좋아. **그렇지만** 너는 아직 너무 어리기 때문에 혼자서는 갈 수 없어.
> (= It is good to travel abroad. However, you can't go alone because you're still too young.)

2. 그런데 (but, however)

A conjunctive adverb used to lead content contrary to the preceding content.

> 어제 면접을 봤는데, 합격하면 연락을 준다고 했어요. **그런데** 아직 연락이 없어요.
> (= I had an interview yesterday and they said that they would contact me if I got accepted. But I haven't heard from them yet.)
> 나는 드라마를 별로 안 좋아해. **그런데** '이상한 변호사 우영우'는 재밌게 봤어. (= I don't really like dramas. But I enjoyed watching "Extraordinary Attorney Woo.")

📑 EXERCISES 17-2

1. Listen carefully to the audio files and fill in the blanks.

(1) 일이 지루한 건 알겠어요. _____ 회사에 가야 해요.

(2) 이 옷은 예뻐요. _____ 색깔이 별로예요.

(3) 저는 키가 커요. _____ 제 동생은 키가 작아요.

(4) 공부를 열심히 하는 것은 좋아. _____ 쉬기도 해야 해.

(5) 나도 네가 좋아. _____ 우리 부모님께서 반대하실 거야.

2. Listen carefully to the audio file and mark T if the statement is true, and mark F if the statement is false.

(1) 유미는 친절해요. ( )

(2) 저는 운동을 싫어해요. ( )

(3) 제 동생은 재미가 없어요. ( )

(4) 우리는 지금 여행을 갈 수 있어요. ( )

(5) 저는 '스파이더 맨'을 재밌게 봤어요. ( )

3. Read the text and fill in the blank using 그렇지만 or 그런데.

저는 게임을 좋아해요. 그래서 매일 게임을 해요. (1)_____ 오늘 우리 집 컴퓨터가 고장 났어요. 그래서 저는 PC방에 갔어요. 게임이 정말 재밌었어요. (2)_____ 집에 돌아와서 엄마한테 혼났어요. (3)_____ 저는 내일도 PC방에 갈 거예요.

LESSON 18 희망, 요청
(Wish, request)

18-1 주세요
(Please give me...)

There are various Korean expressions used to talk about wishes or requests. In this lesson, we'll talk about "Noun + 주세요" among them. It's a very useful phrase that can be used in a restaurant by simply saying an article's name and "주세요."

주세요 is a conjugated version of the verb 주다 (to give), in order to express it in a polite manner. It's the easiest way to make a sentence for asking someone to give you something.

Noun + 주세요	
물 주세요. (= Please give me water.)	커피 주세요. (= Please give me coffee.)
메뉴판 주세요. (= Please give me the menu.)	콜라 주세요. (= Please give me a coke.)
불고기 주세요. (= Please give me a bulgogi.)	냅킨 주세요. (= Please give me a napkin.)
피자 주세요. (= Please give me a pizza.)	계산서 주세요. (= Please give me the bill.)

EXERCISES 18-1

 1. Listen carefully to the audio files and fill in the blanks.

(1) 저기요! 메뉴판_____. (4) 물_____.

(2) 커피_____. (5) 계산서_____.

(3) 불고기 버거 두 개_____. (6) 여기 콜라 한 잔_____.

 2. The woman is ordering at the restaurant. Listen carefully and mark T if the statement is true and mark F if the statement is false.

(1) 여자는 파스타를 먹을 거예요. (   ) (3) 여자는 햄버거를 먹을 거예요. (   )

(2) 여자는 콜라를 마실 거예요. (   ) (4) 여자는 물을 마실 거예요. (   )

3. You are ordering at the restaurant. Look at the picture and make the correct sentences by using the "…주세요" pattern.

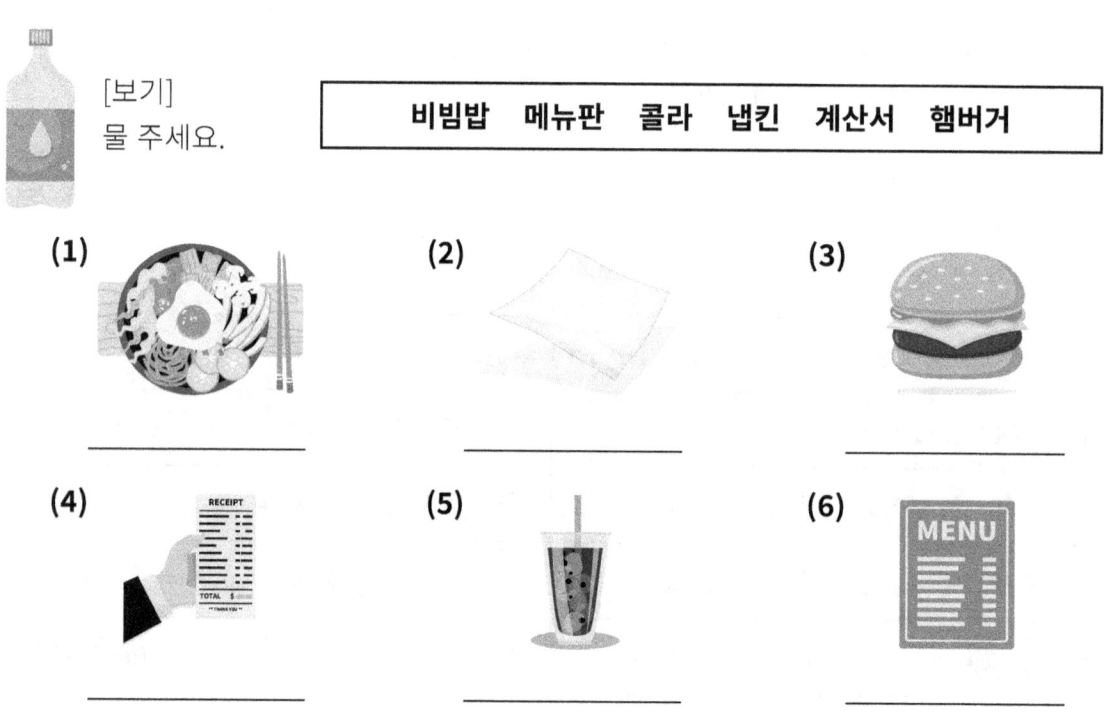

[보기] 물 주세요.

비빔밥   메뉴판   콜라   냅킨   계산서   햄버거

18-2 -고 싶어요
(I want to...)

Another way to express what the speaker wants or wishes to do is by using "-고 싶어요" with a verb. It is usually used to talk about what you want, with topics such as plans and preferences.

Rule: Verb stem + 고 싶어요

Verb	-고 싶어요
자다 (to sleep)	자고 싶어요
걷다 (to walk)	걷고 싶어요
입다 (to wear)	입고 싶어요
가다 (to go)	가고 싶어요
마시다 (to drink)	마시고 싶어요

저는 한국에 **가고 싶어요.** (= I want to go to Korea.)
저는 드레스를 **입고 싶어요.** (= I want to wear a dress.)
저는 자몽 주스를 **마시고 싶어요.** (= I want to drink grapefruit juice.)
저는 뮤지컬을 **보고 싶어요.** (= I want to see a musical.)
저는 공원을 **걷고 싶어요.** (= I want to walk in the park.)

Note 1. It only can be used when the subject is first person.

나는 **자고 싶어요**. (= I want to sleep.) **(O)**
너는 **자고 싶어요.** (= You want to sleep.) **(X)**

Note 2. It cannot be used with an adjective. Only the verbs can be attached.

EXERCISES 18-2

1. Listen carefully to the audio files and fill in the blanks.

(1) 저는 제주도에_____.

(2) 저는 우동을_____.

(3) 저는 춤을_____.

(4) 저는 드레스를_____.

(5) 저는 영화를_____.

(6) 저는 콜라를_____.

(7) 저는 지금_____.

(8) 저는_____.

2. Fill in the blanks with appropriate expressions using -고 싶어요.

[보기] 가다 → 가고 싶어요

(1) 주다 → _____

(2) 만들다 → _____

(3) 앉다 → _____

(4) 쓰다 → _____

(5) 읽다 → _____

(6) 입다 → _____

(7) 마시다 → _____

(8) 가르치다 → _____

(9) 웃다 → _____

(10) 오다 → _____

3. Fill in the blank and complete the sentence with the -고 싶다 form, using the verbs given.

(1) 친구를_____. (만나다)

(2) 영화를_____. (보다)

(3) 저는 노래를_____. (부르다)

(4) 오늘은 오렌지 주스를_____. (마시다)

(5) 공원을_____. (걷다)

(6) 털실로 목도리를_____. (만들다)

18-3 –(으)ㄹ래요?
(Do you want to…?)

The "-(으)ㄹ래요?" ending is generally used when the speaker asks for the listener's thoughts or intentions about doing something. It's a polite way of speaking, but you have to be careful using this with strangers, elders, or people in a higher status position. Even though this has an "-요" ending, which makes a polite speech, it may still seem rude to use in a conversation with the above-mentioned people. Therefore, note that it's mainly used in informal spoken language between people with intimate and close relationships.

In this expression, the speaker is not the subject of action. This pattern can be used to ask questions about what the listener will do in the future. Therefore, you cannot use "I" as the subject. The subject must be second person.

Rule 1. Verb stem that ends in vowel: **add "-ㄹ래요?"**

Verb	Conjugation	Result
가다 (to go)	가 + ㄹ래요?	갈래요?
보다 (to see)	보 + ㄹ래요?	볼래요?
마시다 (to drink)	마시 + ㄹ래요?	마실래요?
하다 (to do)	하 + ㄹ래요?	할래요?
주다 (to give)	주 + ㄹ래요?	줄래요?

Rule 2. Verb stem that ends in consonant: **add "-을래요?"**

Verb	Conjugation	Result
먹다 (to eat)	먹 + 을래요?	먹을래요?
입다 (to wear)	입 + 을래요?	입을래요?
앉다 (to sit)	앉 + 을래요?	앉을래요?
읽다 (to read)	읽 + 을래요?	읽을래요?
잡다 (to catch)	잡 + 을래요?	잡을래요?

Rule 3. Verb stem that ends in ㄹ: **drop ㄹ from the verb stem and add "-ㄹ래요? "**

Verb	Conjugation	Result
울다 (to cry)	우 + ㄹ래요?	울래요?
살다 (to live)	사 + ㄹ래요?	살래요?
만들다 (to make)	만드 + ㄹ래요?	만들래요?
놀다 (to play)	노 + ㄹ래요?	놀래요?

수진 씨, 여기 **앉을래요?** (= Soojin, do you want to sit here?)
제가 비빔밥을 만들었어요. 제니 씨도 **먹을래요?** (= I made bibimbap. Jennie, do you want some?)
우리 내일 같이 영화를 **볼래요?** (= Do you want to watch a movie together tomorrow?)
내년에 같이 유럽 여행을 **갈래요?** (= Do you want to go on a trip to Europe together next year?)

📄 EXERCISES 18-3

 1. Listen carefully to the audio files and fill in the blanks.

(1) 여기_____?

(2) 같이 요리를_____?

(3) 우리 유럽에_____?

(4) 같이_____?

(5) 이 옷_____?

(6) 휴지 좀_____?

(7) 같이 영화를_____?

2. Rewrite the sentences after changing them into sentences using the –(으)ㄹ래요? form.

> [보기]   영화를 보다 → 영화를 볼래요?

(1) 집에 와요. → _____

(2) 책을 읽어요. → _____

(3) 물을 마셔요. → _____

(4) 손을 잡아요. → _____

(5) 같이 울어요. → _____

(6) 한국어를 가르쳐요. → _____

(7) 인형을 만들어요. → _____

(8) 밥을 먹어요. → _____

(9) 영국에서 살아요. → _____

(10) 학교에 가요. → _____

3. Fix a grammatical error in each sentence below. Write the wrong expression on the left side of the blank in parentheses, and rewrite it with the correct version on the right side. Some sentences may not have any errors.

> [보기]   공원에 가을래요?   (가을래요 → 갈래요)

(1) 이 소파에 앉래요?   (_____ → _____)

(2) 연극을 보러 갈래요?   (_____ → _____)

(3) 이 집에서 같이 사을래요?   (_____ → _____)

(4) 이 떡볶이 먹를래요?   (_____ → _____)

(5) 커피를 같이 마시을래요?   (_____ → _____)

(6) 소금을 좀 줄래요?   (_____ → _____)

(7) 놀이터에서 같이 노을래요? (_____ → _____)

LESSON 19 가능, 의무
(Possibility, Obligation)

19-1 –(으)ㄹ 수 있어요/없어요
(Can, cannot)

How would you say "I can speak Korean" or "I can swim" in Korean? These are some of the most basic phrases that you might use in a daily conversation. "–(으)ㄹ 수 있다/없다" is an expression of ability. By adding this pattern to a verb, you can make a phrase similar to English "can/cannot" sentences.

It's commonly used in a question-answer sentences.

Verb stem + –(으)ㄹ 수 **있어요** : can
Verb stem + –(으)ㄹ 수 **없어요** : can't

Rule 1. Verb stem that ends in vowel: **add "-ㄹ 수 있어요/없어요"**

Verb	Conjugation	Result
가다 (to go)	가 + ㄹ 수 있어요/없어요	갈 수 있어요/없어요
보다 (to see)	보 + ㄹ 수 있어요/없어요	볼 수 있어요/없어요
마시다 (to drink)	마시 + ㄹ 수 있어요/없어요	마실 수 있어요/없어요
하다 (to do)	하 + ㄹ 수 있어요/없어요	할 수 있어요/없어요
주다 (to give)	주 + ㄹ 수 있어요/없어요	줄 수 있어요/없어요

Rule 2. Verb stem that ends in a consonant: **add "-을 수 있어요/없어요"**

Verb	Conjugation	Result
먹다 (to eat)	먹 + 을 수 있어요/없어요	먹을 수 있어요/없어요
입다 (to wear)	입 + 을 수 있어요/없어요	입을 수 있어요/없어요
앉다 (to sit)	앉 + 을 수 있어요/없어요	앉을 수 있어요/없어요
읽다 (to read)	읽 + 을 수 있어요/없어요	읽을 수 있어요/없어요
잡다 (to catch)	잡 + 을 수 있어요/없어요	잡을 수 있어요/없어요

Rule 3. Verb stem that ends in ㄹ: **drop ㄹ from the verb stem and add "-ㄹ 수 있어요/없어요"**

Verb	Conjugation	Result
울다 (to cry)	우 + ㄹ 수 있어요/없어요	울 수 있어요/없어요
살다 (to live)	사 + ㄹ 수 있어요/없어요	살 수 있어요/없어요
만들다 (to make)	만드 + ㄹ 수 있어요/없어요	만들 수 있어요/없어요
놀다 (to play)	노 + ㄹ 수 있어요/없어요	놀 수 있어요/없어요

저는 매운 음식을 **먹을 수 있어요.** (= I can eat spicy food.)
저는 자전거를 **탈 수 없어요.** (= I can't ride a bicycle.)

다나카 씨, 한국어를 **할 수 있어요?** (= Tanaka, can you speak Korean?)
- 네. 한국어를 조금 **할 수 있어요.** (= Yes. I can speak a little Korean.)

피아노를 **칠 수 있어요?** (= Can you play the piano?)
- 아니요, 피아노를 **칠 수 없어요.** (= No, I can't play the piano.)

📋 EXERCISES 19-1

1. Listen carefully to the audio files and fill in the blanks.

(1) 저는 수영을_____.

(2) 에이코 씨는 땅콩을_____.

(3) 자전거를_____.

(4) 저는 케이크를_____.

(5) 그는 그림을_____.

(6) 저는 버스를_____.

2. Fill in the blanks in the table below.

Verb	-(으)ㄹ 수 있어요	-(으)ㄹ 수 없어요
[보기] 듣다	갈 수 있어요	갈 수 없어요
(1) 하다		
(2) 걷다		
(3) 배우다		
(4) 쓰다		
(5) 듣다		
(6) 짓다		
(7) 놀다		
(8) 잡다		
(9) 마시다		
(10) 만들다		

3. What can you do and what can't you do? Answer the questions about yourself using -(으)ㄹ 수 있어요/없어요.

> [보기]   한국어를 할 수 있어요?   네. 한국어를 할 수 있어요.

(1) 매운 음식을 먹을 수 있어요? _____

(2) 자전거를 탈 수 있어요? _____

(3) 노래를 부를 수 있어요? _____

(4) 아침에 일찍 일어날 수 있어요? _____

(5) 자동차를 운전할 수 있어요? _____

(6) 영어책을 읽을 수 있어요? _____

(7) 세탁기를 고칠 수 있어요? _____

(8) 멕시코 음식을 요리할 수 있어요? _____

19-2 -아/어/해야 돼요/해요
(Have to, should, must)

Attaching "-아/어/해야 돼요/해요" to a verb or an adjective lets you express one's duty or obligation. It is used to talk about obligations or inevitable conditions that must be performed.

Either 돼요 or 해요 can be used as the ending. The difference is that if it ends in 돼요, it sounds more informal and casual compared to 해요. 돼요 is more often used in a colloquial speech.

Rule 1. If the verb stem ends in a letter that includes vowel ㅏ or ㅗ, add "-아야 돼요/해요"

Verb	Conjugation	Result
가다 (to go)	가 + 아야 돼요/해요	가야 돼요/해요
보다 (to see)	보 + 아야 돼요/해요	봐야 돼요/해요
오다 (to come)	오 + 아야 돼요/해요	와야 돼요/해요
자다 (to sleep)	자 + 아야 돼요/해요	자야 돼요/해요
알다 (to know)	알 + 아야 돼요/해요	알아야 돼요/해요
만나다 (to meet)	만나 + 아야 돼요/해요	만나야 돼요/해요

Rule 2. If the verb stem ends in a letter that includes other than vowel ㅏ or ㅗ, add "-어야 돼요/해요"

Verb	Conjugation	Result
마시다 (to drink)	마시 + 어야 돼요/해요	마셔야 돼요/해요
읽다 (to read)	읽 + 어야 돼요/해요	읽어야 돼요/해요
먹다 (to eat)	먹 + 어야 돼요/해요	먹어야 돼요/해요
배우다 (to learn)	배우 + 어야 돼요/해요	배워야 돼요/해요
입다 (to wear)	입 + 어야 돼요/해요	입어야 돼요/해요

Rule 3. If it's a 하다 verb, it changes into "-해야 돼요/해요"

Verb	Result
하다 (to do)	해야 돼요/해요
공부하다 (to study)	공부해야 돼요/해요
청소하다 (to clean)	청소해야 돼요/해요
요리하다 (to cook)	요리해야 돼요/해요

다음 주에 시험이라서 열심히 **공부해야 돼요.** (= I have an exam next week, so I have to study hard.)
오늘은 날씨가 추우니까 따뜻하게 **입어야 해요.** (= It's cold today, so you should dress warmly.)
내일 출장을 **가야 해요.** (= I have to go on a business trip tomorrow.)

📄 EXERCISES 19-2

 1. Listen carefully to the audio files and fill in the blanks.

(1) 비가 올 때는 우산을_____.

(2) 내일 친구를_____.

(3) 동생을 위해 요리를_____.

(4) 손을 매일_____.

(5) 지갑을_____.

(6) 7시까지_____.

(7) 시험에 꼭_____.

(8) 지금 버스를_____.

2. Fill in the blanks with appropriate expressions using -아/어/해야 돼요.

[보기]   가다 → **가야 돼요.**

(1) 주다 → _____

(2) 만들다 → _____

(3) 앉다 → _____

(4) 쓰다 → _____

(5) 읽다 → _____

(6) 입다 → _____

(7) 마시다 → _____

(8) 가르치다 → _____

(9) 공부하다 → _____

(10) 오다 → _____

3. Complete the story with 아/어/해야 돼요 form, using the given words.

준비하다   듣다   먹다   치다   하다   가다

다음 주에 한국어 시험이 있어요. 그래서 오늘은 도서관에 (1)_____.

아침 8시부터 11시까지 한국어 시험을 (2)_____. 그리고 점심을

(3)_____. 점심을 먹고 오후에는 수업이 있어요.

공부를 열심히 (4)_____. 그리고 수업도 열심히

(5)_____. 그래서 시험을 잘 (6)_____.

LESSON 20 가정, 조건
(Assumption, Condition)

20-1 그러면, 그럼
(Then, In that case, If so)

This is one of the most frequently used adverbs when making sentences about assumptions or conditions, and it is often used in everyday conversations by Koreans. It can be used when the following statement is conditional upon the preceding one, or when accepting the preceding statement or building on it to make a new claim. In colloquial language, you will see a lot of cases where it is abbreviated as "그럼."

You can use this when the foregoing is the condition of the latter sentence. It can be translated as **"then / in that case / if so"** in English.

우리 집에 오세요. **그러면** 맛있는 요리를 먹을 수 있어요. (= Come to my house. Then you can eat delicious food.)
일찍 일어나세요. **그러면** 일출을 볼 수 있어요. (= Wake up early. Then you can see the sunrise.)
사실대로 말해요. **그럼** 용서할게요. (= Tell me the truth. Then I'll forgive you.)
운동을 열심히 해요. **그럼** 살이 빠질 거예요. (= Work out hard. Then you'll lose weight.)
돈을 많이 모으세요. **그러면** 차를 살 수 있을 거예요. (= Save a lot of money. Then you'll be able to buy a car.)
매일 웃으세요. **그러면** 행복할 거예요. (= Smile every day. Then you'll be happy.)

EXERCISES 20-1

1. Listen carefully to the audio files and fill in the blanks.

(1) 채소를 많이 드세요. _____ 건강해질 거예요.

(2) 나랑 같이 놀자. _____ 재밌을 거야.

(3) 책을 읽어보세요. _____ 이해할 수 있을 거예요.

(4) 저기에서 오른쪽으로 가세요. _____ 은행이 있어요.

(5) 이 인형을 네 동생에게 줘. _____ 새것을 사 줄게.

(6) 따뜻한 옷을 입으세요. _____ 안 추울 거예요.

2. Mark if the sentence is grammatically correct or wrong by writing O or X.

(1) 공부를 열심히 하세요. 그러면 시험에 합격할 거예요.   ( )

(2) 손을 자주 씻으세요. 그러면 화장실에 가요.   ( )

(3) 오늘 날씨가 좋네요. 그러면 비가 올 거예요.   ( )

(4) 소진 씨는 매일 콜라를 마시는군요. 그러면 이가 상할 거예요. ( )

(5) 연습을 많이 하세요. 그러면 잘할 수 있을 거예요.   ( )

(6) 행복할 거예요. 그러면 이 옷을 사주세요.   ( )

3. Read the conversation and write the numbers of where '그러면' is not used properly.

A: 지은 씨, 내일 뭐 먹을래요?
B: 저는 태국 음식이 먹고 싶어요. 지은 씨는요?
A: 저도 태국 음식을 좋아해요.
B: 좋아요. ①**그러면** 태국 음식을 먹어요. 그런데 지은 씨는 고수를 잘 먹어요?

A: 아니요. ②**그러면** 저는 고수는 별로 안 좋아해요.
B: 지은 씨는 고수를 안 좋아하는군요. ③**그러면** 고수를 빼고 먹어요.
A: 고마워요. 어디서 만날래요?
B: 백화점 앞에서 만나요. ④**그러면** 커피도 마셔요.
A: 알겠어요.

Answer:_____

20-2 만약, -(으)면
(If, in case)

Other expressions that are often used to talk about assumptions and conditions are 만약 and -(으)면. 만약 is a noun. Therefore it can be used independently, while "-(으)면" must be used either with a verb or an adjective.

1. 만약 (in case)

만약 is commonly used as a phrase, 만약을 위해 / 만약에 대비해, etc.

만약을 위해 우산을 샀어요. (= I bought an umbrella just in case.)
만약에 대비해 현금을 가져갈 거예요. (= I'll take cash just in case.)

2. -(으)면 (if)

Rule 1. Verb stem that ends in vowel or in ㄹ: add "**-면**"

Verb	Conjugation	Result
가다 (to go)	가 + 면	가면
예쁘다 (to be pretty)	예쁘 + 면	예쁘면
마시다 (to drink)	마시 + 면	마시면
착하다 (to be kind)	착하 + 면	착하면
주다 (to give)	주 + 면	주면
울다 (to cry)	울 + 면	울면
만들다 (to make)	만들 + 면	만들면
놀다 (to play)	놀 + 면	놀면

Rule 2. Verb stem that ends in a consonant: add "**-으면**"

Verb	Conjugation	Result
먹다 (to eat)	먹 + 으면	먹으면
입다 (to wear)	입 + 으면	입으면
좋다 (to be good)	좋 + 으면	좋으면
읽다 (to read)	읽 + 으면	읽으면
웃다 (to laugh)	웃 + 으면	웃으면

내일 날씨가 **좋으면** 산에 가요. (= Let's go to the mountain if the weather is nice tomorrow.)
일찍 **퇴근하면** 저녁을 같이 먹자. (= Let's have dinner together if I get off work early.)
시험에 **합격하면** 연락할게요. (= I'll call you if I pass the exam.)

It's often used as a set phrase as "만약 -(으)면." By adding 만약 at the beginning of the sentence, it emphasizes the meaning.

저는 7시에 일어날 거예요. **만약** 제가 7시에 일어나지 **않으면** 깨워주세요. (= I'm going to get up at seven. If I don't wake up at seven, please wake me up.)
만약 눈이 많이 **오면** 대중교통을 이용하세요. (= If it snows a lot, use public transportation.)

EXERCISES 20-2

1. Listen carefully to the audio files and fill in the blanks.

(1) 내일 날씨가 _____ 공원에 가요.

(2) _____ 행복할 거예요.

(3) 코트를 _____ 따뜻해요.

(4) _____ 을 위해 우산을 샀어요.

(5) 수업이 일찍 _____ 같이 밥을 먹자.

(6) _____ 비가 많이 _____ 비옷을 입으세요.

2. Fill in the blanks with appropriate expressions, using -(으)면.

[보기]   가다 → <u>가면</u>

(1) 울다 → _____

(2) 가르치다 → _____

(3) 좋다 → _____

(4) 예쁘다 → _____

(5) 입다 → _____

(6) 타다 → _____

(7) 착하다 → _____

(8) 앉다 → _____

(9) 만들다 → _____

(10) 읽다 → _____

3. Choose an appropriate expression from the box below and fill in the blanks using the -(으)면 ending.

되다   일어나다   오다   가다   출발하다   타다

(1) 비가 _____ 우산을 쓰세요.

(2) 택시를 _____ 10분 만에 도착할 거예요.

(3) 부자가 _____ 집을 살 거예요.

(4) 만약 지금 _____ 3시에 도착해요.

(5) 병원에 _____ 감기가 나을 거예요.

(6) 아침에 일찍 _____ 전화하세요.

LESSON 21 기능의 변화
(The conversion of the function)

21-1 -는 것
(Making verbs into nouns)

Korean verbs are sometimes used in the form of nouns in sentences. To do this, you need to change the verbs to nouns.

"것" in itself means "thing." When this is used with a verb in the form of "-는 것," it can be treated as a noun. It's used to enable a non-noun word to be used as a noun.

Rule 1. Verb stem that ends in a consonant or vowel: **add "-는 것"**

Rule 2. Verb stem that ends in ㄹ: **drop ㄹ from the verb stem and add "-는 것"**

Verb	-는 것
오다 (to come)	오는 것
하다 (to do)	하는 것
입다 (to wear)	입는 것
읽다 (to read)	읽는 것
만들다 (to make)	만드는 것
울다 (to cry)	우는 것

저는 책을 **읽는 것**을 좋아해요. (= I like to read books.)
따뜻한 옷을 **입는 것**이 좋을 거예요. (= It would be better to wear warm clothes.)
저는 한국어 **공부하는 것**을 좋아해요. (= I like to study Korean.)
모래성을 **만드는 것**은 재밌어요. (= It's fun to make a sandcastle.)
그는 **우는 것**을 싫어해요. (= He doesn't like to cry.)

EXERCISES 21-1

1. Listen carefully to the audio files and fill in the blanks.

(1) 저는_____을 좋아해요.

(2) 책을 많이_____은 좋은 습관이에요.

(3) 내일은 일찍_____이 좋을 거예요.

(4) 그 강아지는_____을 재미있어해요.

(5) 저는 짠 음식을_____을 싫어해요.

(6) 우리는 드레스를_____을 좋아해요.

2. The man is talking about himself. Listen carefully and mark T if the statement is true and mark F if the statement is false.

(1) 남자는 책을 읽는 것을 좋아해요.(　)　　(3) 남자는 커피를 마시는 것을 좋아해요.(　)

(2) 남자는 영화를 보는 것을 싫어해요.(　)　　(4) 남자는 디저트를 먹는 것을 좋아해요.(　)

3. What do you like or dislike? Answer the questions about yourself using "-는 것." Select either 좋아해요(to like) or 싫어해요 (to dislike) to describe yourself.

> [보기] 연극을 보다 → 저는 연극을 보는 것을 좋아해요/싫어해요.

(1) 바다에 가다 → _____

(2) 편지를 쓰다 → _____

(3) 소파에 앉다 → _____

(4) 요리를 하다 → _____

(5) 셔츠를 입다 → _____

(6) 옷을 사다 → _____

21-2 –(으)ㄴ + 명사
(Making Past / Present Adnominal Phrase)

This is another pattern to allow a non-noun word to be used as a noun. Adding "-(으)ㄴ + noun" to a vowel or adjective converts it into an adnominal phrase and modifies the noun. It's important to understand that this pattern works differently when it's attached to a verb or an adjective.

When it's attached to a **verb,** becomes a past tense

When it's attached to an **adjective,** becomes a present tense

Let's see how it works first in the case of the **verbs.**

If "-(으)ㄴ" is attached to a verb, it makes the preceding statement function as a modifier. It indicates an event or action having occurred in the past, or that has been completed and its state continues.

Rule 1. Verb stem that ends in vowel: **add "-ㄴ"**

Verb	-ㄴ
가다 (to go)	간
공부하다 (to study)	공부한
마시다 (to drink)	마신
타다 (to ride)	탄
보다 (to watch)	본
사다 (to buy)	산

Rule 2. Verb stem that ends in a consonant: **add "-은"**

Verb	-은
읽다 (to read)	읽은
웃다 (to laugh)	웃은
먹다 (to eat)	먹은
씻다 (to wash)	씻은
잡다 (to catch)	잡은
앉다 (to sit)	앉은

어제 **산** 옷은 비싸요. (= The clothes that I bought yesterday are expensive.)
그때 **웃은** 사람은 제 여자친구예요. (= The person who laughed at that moment is my girlfriend.)
어제 그가 **탄** 버스는 30번 버스예요. (= The bus that he took yesterday was bus number 30.)
소영 씨가 **먹은** 과일은 딸기예요. (= The fruit that Soyoung ate was a strawberry.)
제가 오늘 **본** 영화는 타이타닉이에요. (= The movie that I watched today is Titanic.)

Secondly, let's take a look at the cases with the adjectives.
If "-(으)ㄴ" is attached to an adjective, it makes the preceding statement function as a modifier and refers to the present state.

Rule 1. Verb stem that ends in vowel: **add "-ㄴ"**

Verb	-ㄴ
예쁘다 (to be pretty)	예쁜
친절하다 (to be nice)	친절한
빠르다 (to be fast)	빠른
느리다 (to be slow)	느린
크다 (to be big)	큰
싸다 (to be cheap)	싼

Rule 2. Verb stem that ends in consonant: **add "-은"**

Verb	-은
작다 (to be small)	작은
높다 (to be tall)	높은
젊다 (to be young)	젊은
짧다 (to be short)	짧은
넓다 (to be wide)	넓은
맑다 (to be clear)	맑은

정말 **예쁜** 고양이네요. (= What a pretty cat!)
카페에 **젊은** 사람들이 많이 있어요. (= There are many young people in the cafe.)
저는 **큰** 침대가 좋아요. (= I like a big bed.)
제임스 씨는 **친절한** 사람이에요. (= Mr. James is a kind person.)

📄 EXERCISES 21-2

🎧 **1. Listen carefully to the audio files and fill in the blanks.**

(1) 그_____신발은 누구 것이에요?

(2) 제가_____드라마는 '별에서 온 그대'예요.

(3) 저는_____하늘을 좋아해요.

(4) 우리가_____음식은 비빔밥이에요.

(5) 예나 씨가_____목도리는 예뻐요.

(6) 제가 오늘_____책은 <어린 왕자>예요.

(7) 우리는_____집을 사고 싶어요.

2. See the example below and make the sentences using the given words. (Verbs)

> [보기]   어제_____은/ㄴ_____이/가_____.
>
> 　　먹다　　음식　　맛있었어요.
>
> → **어제 먹은 음식이 맛있었어요.**

(1) 어제 _____은/ㄴ_____이/가_____.

가다　　　　　영화관　　　　좋았어요.

→ _____.

(2) 제가 _____은/ㄴ_____은/는_____.

마시다　　　　음료　　　　　콜라예요.

→ _____.

(3) 그 요리사가 _____은/ㄴ_____이/가_____.

씻다　　　　　과일　　　　　딸기예요.

→ _____.

(4) 제가 어제 _____은/ㄴ_____은/는_____.

앗다   의자   초록색 의자예요.

→ _____.

3. See below example and make the sentences using the given words. (Adjectives)

> **[보기]**
>
> _____은/ㄴ_____이/가_____.
>
> **키가 크다   사람   에밀리 씨입니다.**
>
> → **키가 큰 사람이 에밀리 씨입니다.**

(1) 저기 _____은/ㄴ_____이/가_____.

높다   건물   롯데타워예요.

→ _____.

(2) _____은/ㄴ_____이/가_____.

넓다   방   제 방이에요.

→ _____.

(3) 저는 _____은/ㄴ_____을/를_____.

운동을 좋아하다   사람   좋아해요.

→ _____.

(4) _____은/ㄴ_____이/가_____.

머리가 길다   사람   민정 씨예요.

→ _____.

21-3 -는 + 명사
(Making Present Tense Adnominal Phrase)

The adjective ending "-는" can be attached to a verb and makes the preceding statement function as an adnominal phrase. It represents that an event or action is happening in the present. This pattern can only be used with verbs, not with adjectives.

Rule: **Add "-는" to all kind of verb stems.**

Verb	-는
가다 (to go)	가는
공부하다 (to study)	공부하는
마시다 (to drink)	마시는
타다 (to ride)	타는
웃다 (to laugh)	웃는
먹다 (to eat)	먹는
씻다 (to wash)	씻는
잡다 (to catch)	잡는
앉다 (to sit)	앉는

흐엉 씨가 **찾는** 책이 여기에 있어요. (= The book that Huong is looking for is here.)
지금 버스를 **타는** 사람이 지민 씨예요. (= Jimin is on the bus right now.)
도서관에서 **공부하는** 사람이 많아요. (= There are many people studying in the library.)
저는 영화를 **보는** 취미가 있어요. (= I have a hobby of watching movies.)

📑 EXERCISES 21-3

 1. Listen carefully to the audio files and fill in the blanks.

(1) 지금_____사람이 제 친구예요.

(2) 큰 소리로_____사람이 존 씨예요.

(3) 저는 6시에_____비행기를 타요.

(4) 지금 택시를_____남자는 정국 씨예요.

(5) 제가_____책이 도서관에 있어요.

(6) 지금_____비는 내일 그칠 거예요.

2. See the below example and make the sentences using the given words.

```
                    [보기]
    지금_____는_____은/는_____.
       웃다        아이      올리비아예요.
    → 지금 웃는 아이는 올리비아예요.
```

(1) 지금 _____는_____은/는_____.

보다   드라마   한국 드라마예요.

→ _____.

(2) 수정 씨가 _____는_____은/는_____.

부르다   노래   아이유 노래예요.

→ _____.

(3) 우리가 자주 _____는_____이/가_____.

가다   식당   문을 닫았어요.

→ _____.

(4) 제가 지금 _____는_____은/는_____.

먹다   음식   달아요.

→ _____.

3. Mark if the sentence is grammatically correct or wrong by writing O or X.

(1) 어제 오는 손님은 친절했어요.　　　　( )

(2) 제가 지금 먹는 음식은 타코예요.　　　　( )

(3) 안나 씨가 지금 읽는 책은 <빨간 머리 앤>이에요.　( )

(4) 지난 주말에 보는 영화는 재밌었어요.　　( )

(5) 우리가 찾는 반지는 이 백화점에 없어요.　( )

(6) 그는 정말 착하는 사람이에요.　　　　( )

21-4 -기 전에
(Before -ing)

"-기 전에" is an expression indicating that the later action (attached to the verb) takes place before the previous action. It is mainly used to describe the order of the actions.

(Note: "-기" is a noun modifier that converts the verbs or adjectives into nouns. It is often used to explain the subject or content of the entire sentence by nounizing the sentence.)

In this grammar, you can only use the verbs, since it's about describing the order of an action.

Rule: **Add "-기 전에" to all kind of verb stems.**

Verb	-기 전에
가다 (to go)	가기 전에
입다 (to wear)	입기 전에
웃다 (to laugh)	웃기 전에
앉다 (to sit)	앉기 전에
씻다 (to wash)	씻기 전에
먹다 (to eat)	먹기 전에

앉기 전에 의자를 닦으세요. (= Wipe the chair before you sit down.)
휴가를 **가기 전에** 일을 다 끝냈습니다. (= I finished my work before I went on vacation.)
밥을 **먹기 전에** 손을 씻어야 해요. (= You have to wash your hands before you eat.)
저는 매일 밤 잠을 **자기 전에** 세수해요. (= I wash my face before I go to bed every night.)

EXERCISES 21-4

1. Listen carefully to the audio files and fill in the blanks.

(1) 옷을_____씻으세요.

(2) 버스를_____물을 사 올게요.

(3) 자동차를_____운전을 먼저 배우세요.

(4) 도서관이 문을_____가야 해요.

(5) 저는 항상 밥을_____손을 씻어요.

(6) 한국에_____한국어를 배웠어요.

2. Mark if the sentence is grammatically correct or wrong by writing O or X.

(1) 주문하기 전에 가격을 보세요. ( )   (4) 너무 멋있기 전에 말씀하세요. ( )

(2) 방이 넓기 전에 여기 오세요. ( )   (5) 제가 앉기 전에 먼저 앉지 마세요. ( )

(3) 집에 가기 전에 도서관에 가요. ( )   (6) 고기를 빠르기 전에 먹을 거예요. ( )

3. See the below example and make the sentences, using the given words, with "-기 전에".

[보기]   밥을 먹다 / 손을 씻으세요.   → 밥을 먹기 전에 손을 씻으세요.

(1) 학교에 가다 / 숙제하세요.   → _____

(2) 책을 읽다 / 안경을 쓰세요.   → _____

(3) 한국에 살다 / 한국어를 공부하세요. → _____

(4) 침대에 눕다 / 신발을 벗으세요.   → _____

21-5 –(으)ㄴ 다음에, 후에, 뒤에
(After -ing)

It can be used to indicate an action that will occur after a specific action is over. You can use this to list actions in chronological order or to emphasize actions that will occur after a certain point in time.

You can consider this as an opposite version of "-기 전에."

다음에, 후에, 뒤에, which means "after," doesn't have any difference in terms of the meaning. You can choose any of them.

This expression uses the same pattern that we learned in the previous lesson, "-(으)ㄴ," which is from the Lesson 21-2.

Rule 1. Verb stem that ends in vowel: add **"-ㄴ 다음에/후에/뒤에"**

Verb	-ㄴ 다음에/후에/뒤에
가다 (to go)	간 다음에/후에/뒤에
공부하다 (to study)	공부한 다음에/후에/뒤에
마시다 (to drink)	마신 다음에/후에/뒤에
타다 (to ride)	탄 다음에/후에/뒤에
보다 (to watch)	본 다음에/후에/뒤에
사다 (to buy)	산 다음에/후에/뒤에

Rule 2. Verb stem that ends in consonant: add **"-은 다음에 / 후에 / 뒤에 "**

Verb	-은 다음에/후에/뒤에
입다 (to wear)	입은 다음에/후에/뒤에
웃다 (to laugh)	웃은 다음에/후에/뒤에
먹다 (to eat)	먹은 다음에/후에/뒤에
씻다 (to wash)	씻은 다음에/후에/뒤에
잡다 (to catch)	잡은 다음에/후에/뒤에
앉다 (to sit)	앉은 다음에/후에/뒤에

민수는 숙제**한 다음에** 친구를 만났어요. (= Minsu met his friend after doing his homework.)
한국어를 **배운 후에** 한국에 여행을 갈 거예요. (= I will go on a trip to Korea after learning Korean.)
먼저 밥을 **먹은 뒤에** 영화를 봐요. (= Let's watch a movie after eating first.)
비행기를 **탄 후에** 핸드폰을 껐어요. (= I turned off my cell phone after getting on the plane.)
편지를 먼저 **쓴 다음에** 선물을 사세요. (= Buy a gift after writing a letter.)
옷을 **산 다음에** 뭐 할래요? (= What do you want to do after buying clothes?)

EXERCISES 21-5

1. Listen carefully to the audio files and fill in the blanks.

(1) 운동을_____씻을 거예요.

(2) 손을_____밥을 먹으세요.

(3) 커피를 먼저_____영화를 보고 싶어요.

(4) 수영을_____바다에 갈래요.

(5) 저는 매일_____강아지와 산책을 해요.

(6) 편지를_____울었어요.

2. See the below example and make the sentences using the given words with "-(으)ㄴ 다음에"

[보기]

수업이 끝나다 / 도서관에 갈 거예요.

→ <u>수업이 끝난 다음에 도서관에 갈 거예요.</u>

(1) 산책을 하다 / 책을 읽을 거예요.

→ _____

(2) 사진을 찍다 / 그림을 그렸어요.

→ _____

(3) 아침에 일어나다 / 세수하세요.

→ _____

(4) 책을 읽다 / 커피를 마실 거예요.

→ _____

(5) 살을 빼다 / 옷을 살 거예요.

→ _____

(6) 도착하다 / 연락할게요.

→ _____

3. Choose the correct expressions from the box and fill in the blanks to complete the story.

> 운동을 한 다음에 / 일어난 다음에 / 이야기를 한 후에 / 샤워를 한 뒤에
> 끝난 다음에 / 저녁을 먹은 뒤에 / 점심을 먹은 후에 / 본 다음에
> 아침을 먹은 다음에 / 졸업한 뒤에

안녕하세요. 제 이름은 매슈입니다. 미국 사람이에요. 저의 일과를 소개할게요. 저는 매일 아침 7시에 (1)_____ 샤워해요. (2)_____에 간단한 아침을 먹어요. 보통 과일이랑 샐러드를 먹어요. (3)_____ 학교에 가요. 매일 9시부터 12시까지 한국어 수업이 있어요. 수업이 (4)_____ 친구들과 점심을 같이 먹어요. 날씨가 좋으면 (5)_____ 운동장에서 농구해요. 친구들과 함께 농구하는 것은 정말 재미있어요. (6)_____ 도서관에 가서 한국어 공부와 숙제를 해요. 저는 (7)_____ 한국 회사에서 일하고 싶어요. 집에 도착하면 보통 오후 5시예요. (8)_____ 좋아하는 한국 드라마를 봐요. 드라마를 (9)_____ 미국에 있는 가족에게 전화해요. 가족과 (10)_____ 11시 정도 잠자리에 들어요.

21-6 -(으)ㄹ + 명사
(Making Future Tense Adnominal Phrase)

When this pattern comes with a verb, it makes the preceding statement function as a modifier and represents that the action will occur in the future. It is used to describe things that have not yet happened. You can only use this grammar with the verbs.

Rule 1. Verb stem that ends in vowel: **add "-ㄹ"**

Verb	-ㄹ
가다 (to go)	갈
공부하다 (to study)	공부할
마시다 (to drink)	마실
타다 (to ride)	탈
보다 (to watch)	볼
사다 (to buy)	살

Rule 2. Verb stem that ends in consonant: **add "-을"**

Verb	-을
입다 (to wear)	입을
웃다 (to laugh)	웃을
먹다 (to eat)	먹을
씻다 (to wash)	씻을
잡다 (to catch)	잡을
앉다 (to sit)	앉을

냉장고에 **먹을 것**이 많아요. (= There's a lot of things to eat in the refrigerator.)
영화를 같이 **볼 사람**이 없어요. (= I don't have anyone with whom to watch the movie.)
마실 것을 좀 사 오세요. (= Get me something to drink, please.)
내일 **입을 옷**이 없네요. (= I don't have anything to wear tomorrow.)
우리가 **지을 집**은 정말 멋질 거예요. (= The house that we're going to build is going to be awesome.)

EXERCISES 21-6

1. Listen carefully to the audio files and fill in the blanks.

(1) 우리가_____영화는 라이온 킹이에요.

(2) 제가_____흰색 코트는 정말 예뻐요.

(3) 오늘은_____일이 많아요.

(4) 우리가_____역은 서울역이에요.

(5) 식당에_____자리가 없네요.

(6) 내일_____과목은 수학이에요.

2. Rewrite the sentences after changing the verbs into the "-(으)ㄹ" form.

[보기]   우리가 본 영화 → 우리가 볼 영화

(1) 제인 씨가 먹은 음식 →_____

(2) 내가 산 가방 →_____

(3) 학교에 온 사람 →_____

(4) 내가 탄 버스 →_____

(5) 동생이 신은 신발 →_____

(6) 도서관에서 읽은 책 →_____

(7) 내가 연주한 곡 →_____

(8) 우리가 들은 노래 →_____

3. Look at the pictures below and write down appropriate expressions using the given words in below, using –(으)ㄹ grammar.

> 앉다 입다 섞다 짓다 마시다

(1)
그가 _____ 옷은 파란색 셔츠입니다.

(2)
우리가 _____ 우유는 차가워요.

(3)
제가 _____ 집에는 마당이 있어요.

(4)
여기에 _____ 재료는 계란 노른자예요.

(5)
제가 _____ 소파는 회색이에요.

LESSON 22 추측 1
(Supposition 1)

22 –(으)ㄴ/는/(으)ㄹ 것 같아요
(I think…)

This is an expression used to indicate that the statement is a guess. By using this expression, the speaker indicates speculation about something. It can be used for various situations. You can either express a supposition about something for which there is a basis, or uncertain decisions about one's own situation.

It is based on the grammar rules that you learned in the lessons from Chapter 21. You can review the conjugation rules if necessary.

Past: (verb) -(으)/ㄴ 것 같아요

Present: (verb) -는 것 같아요 (adjective) –(으)/ㄴ 것 같아요

Future: (verb/adjective) -(으)/ㄹ 것 같아요

	Past		Present		Future	
	Verb	**Adjective**	**Verb**	**Adjective**	**Verb**	**Adjective**
Grammar	-(으)/ㄴ 것 같아요	N/A	-는 것 같아요	-(으)/ㄴ 것 같아요	-(으)/ㄹ 것 같아요	-(으)/ㄹ 것 같아요
Verb Adjective **오다**	온 것 같아요		오는 것 같아요		올 것 같아요	
하다	한 것 같아요		하는 것 같아요		할 것 같아요	
먹다	먹은 것 같아요		먹는 것 같아요		먹을 것 같아요	
읽다	읽은 것 같아요		읽는 것 같아요		읽을 것 같아요	
예쁘다				예쁜 것 같아요		예쁠 것 같아요
빠르다				빠른 것 같아요		빠를 것 같아요
젊다				젊은 것 같아요		젊을 것 같아요
작다				작은 것 같아요		작을 것 같아요

강아지가 초콜릿을 **먹은 것 같아요.** (= I think the dog ate a chocolate.)
지금 옆집에서 파티**하는 것 같아요.** (= I think my neighbor is having a party now.)
비행기는 정말 **빠른 것 같아요.** (= I think the planes are really fast.)
내일은 비가 **올 것 같아요.** (= It looks like it's going to rain tomorrow.)
그 이불은 제 침대에는 **작을 것 같아요.** (= I think the blanket will be small for my bed.)

EXERCISES 22

1. Listen carefully to the audio files and fill in the blanks.

(1) 제 친구는 이미 집에_____.

(2) 이번 겨울에는 눈이 많이_____.

(3) 택시를 타면_____.

(4) 이 드레스를 입으면 정말_____.

(5) 동생은 방에서_____.

(6) 그 사람은_____.

(7) 그 책은 제가 이미_____.

(8) 이 바지는 저에게_____.

2. Write if the sentence is past, present, or future tense.

[보기]   이 영화는 정말 지루한 것 같아요. (present)

(1) 저는 조금 늦을 것 같아요. (_____)

(2) 버스가 이미 출발한 것 같아요. (_____)

(3) 내일은 바쁠 것 같아요. (_____)

(4) 소민 씨는 요리를 잘하는 것 같아요. (_____)

(5) 누나가 주스를 다 마신 것 같아요. (_____)

(6) 이 신발은 너무 비싼 것 같아요. (_____)

(7) 이렇게 입으면 추울 것 같아요. (_____)

3. Choose the correct tense according to the conversation and complete the sentences with the verbs or adjectives given.

> **[보기]**
> A: 언제 와요? 몇 시에 도착해요?
> B: 10시 30분에 <u>도착할 것 같아요.</u> (도착하다)

(1) A: 이 옷은 얼마예요?

　　B: 300만 원이에요.

　　A: 너무 _____. (비싸다)

(2) A: 내일은 휴일이에요. 무엇을 할 거예요?

　　B: 친구와 공원으로 피크닉을 _____. (가다)

(3) A: 제임스 씨가 어떻게 그 학교에 합격했어요?

　　B: 매일 열심히 _____. (공부하다)

(4) A: 민호 씨, 내일이 민호 씨의 결혼식이네요. 웨딩드레스를 입은 신부를 봤어요?

　　B: 아니요. 아직 못 봤어요. 하지만 정말 _____. (예쁘다)

(5) A: 이것 보세요! 제가 이 퍼즐을 풀었어요.

　　B: 축하해요! 리지 씨는 정말 _____. (똑똑하다)

LESSON 23 연결어미 1
(Linking verbs 1)

23-1 -고
(And)

"-고" is a connective ending and has various usages. In this lesson, we will learn about one of the most commonly used among them.

"-고" can be attached to a verb or adjective, when listing more than two equal facts. It's a linking ending that is used to list and present certain facts regardless of the time order, by attaching "-고" to the verbs, adjectives, and 'nouns + 이다'.

For example, the two facts, "나는 가방을 사요 (I buy a bag)" and "친구는 숙제를 해요 (My friend does homework)," can be expressed in one sentence by connecting the first sentence's verb/adjective with "-고."

나는 가방을 사요. 그리고 친구는 숙제해요. = **나는 가방을 <u>사고</u> 친구는 숙제해요.**

The subject of the first and second clauses may be the same or different.

줄리안은 똑똑해요. 그리고 착해요. = **줄리안은 <u>똑똑하고</u> 착해요.**
그 셔츠는 예뻐요. 그리고 그 가방은 싸요. = **그 셔츠는 <u>예쁘고</u> 그 가방은 싸요.**

The conjugation rule is quite easy. You can simply add "-고" to any kind of verb stem.

Verb	-고
가다 (to go)	가고
웃다 (to laugh)	웃고
예쁘다 (to be pretty)	예쁘고
높다 (to be tall)	높고

저는 밥을 **먹고** 친구는 숙제해요. (= I eat and my friend does homework.)
이것은 연필**이고** 저것은 볼펜이에요. (= This is a pencil and that is a ballpoint pen.)
교실이 **넓고** 깨끗해요. (= The classroom is spacious and clean.)
토미 씨는 주스를 **마시고** 저는 커피를 마셔요. (= Tommy drinks juice and I drink coffee.)
그는 키가 **크고** 잘생겼어요. (= He is tall and handsome.)
그 강아지는 **착하고** 귀여워요. (= The dog is nice and cute.)

📄 EXERCISES 23-1

 1. Listen carefully to the audio files and fill in the blanks.

(1) 우리는 학교에_____엄마는 마트에 가요.

(2) 그 방은_____더러워요.

(3) 유라는 키가_____예뻐요.

(4) 내일은_____비가 올 거예요.

(5) 저는 소파에_____수지 씨는 의자에 앉았어요.

(6) 이 책상은 흰색_____튼튼해요.

(7) 그 식당은 햄버거도_____피자도 팔아요.

2. Combine two separated sentences into a single sentence by using "-고."

[보기]

그 빵은 달아요. 그리고 맛있어요.

→ 그 빵은 달고 맛있어요.

(1) 제 가방은 예뻐요. 그리고 비싸요.

→ _____

(2) 10번 버스는 여의도로 가요. 그리고 31번 버스는 잠실로 가요.

→ _____

(3) 호랑이는 커요. 그리고 무서워요.

→ _____

(4) 저는 옷을 버려요. 그리고 제 동생은 옷을 사요.

→ _____

(5) 날씨가 따뜻해요. 그리고 화창해요.

→ _____

(6) 저는 떡볶이를 먹어요. 그리고 메구미는 우동을 먹어요.

→ _____

(7) 돌고래는 똑똑해요. 그리고 착해요.

→ _____

3. Choose an appropriate expression from the box below and fill in the blanks using "-고" ending.

타다　친절하다　춥다　잘하다　덥다　먹다　귀엽다

(1) 겨울에는 날씨가_____ 눈이 와요.

(2) 어린아이들은_____ 순수해요.

(3) 그 병원은 간호사도_____ 의사도 친절해요.

(4) 저는 지하철을_____ 소영 씨는 버스를 타요.

(5) 여름에는 날씨가_____ 비가 많이 와요.

(6) 그 가수는 노래도_____ 춤도 잘 춰요.

(7) 나는 사과를_____ 그는 딸기를 먹어요.

23-2 -아/어/해서
(Reasons, orders of actions)

"-아/어/해서" is a connective ending that is very frequently used. This grammar has mainly two types of usage.

1. Reason or cause
2. Connect two actions that happen sequentially

Let's take a look at them one by one.

1. Reason or cause

It can be used to indicate that the previous content is the reason or cause of the later content. It is used to talk about a condition and why it happened. It's similar to English "because."

늦잠을 **자서** 수업에 늦었어요. (= I was late for class because I overslept.)
운동을 많이 **해서** 다리가 아파요. (= My legs hurt because I worked out a lot.)
비가 **와서** 우산을 샀어요. (= I bought an umbrella because it rained.)
그 드라마가 너무 **재미있어서** 세 번이나 봤어요. (= I watched that drama three times because it was so fun.)

Note:

1) Request sentences or imperative sentences cannot be used in the latter clause.

2) Connect two actions that happen sequentially.

It can be used to indicate that the first content occurs first and the second content occurs later.

민수는 공항에 **도착해서** 택시를 탔어요. (= Minsu arrived at the airport and took a taxi.)
우리는 비빔밥을 **만들어서** 같이 먹을 거예요. (= We will make bibimbap and eat it together.)
서점에서 책을 **사서** 읽었어요. (= I bought a book at the bookstore and read it.)
어제 친구를 **만나서** 같이 쇼핑했어요. (= I met my friend yesterday and we went shopping together.)

Note:

1) It can be used only with the verbs. When it's combined with the adjective or 이다, it represents the meaning of the first usage (reason or cause).

2) The preceding and later sections are necessarily closely related to each other, indicating that the latter section cannot be made without the action of the previous section.

3) The subject of the first and second clauses must be the same. The subject of the second clause is usually omitted.

CONJUGATION RULE

Last stem vowel ㅏ, ㅗ (O)	+ -아서	알다 → 알아서 가다 → 가서 보다 → 봐서
Last stem vowel ㅏ, ㅗ (X)	+ -어서	먹다 → 먹어서 배우다 → 배워서 마시다 → 마셔서
하다	해서	공부하다 → 공부해서

EXERCISES 23-2

 1. Listen carefully to the audio files and fill in the blanks.

(1) 물이 너무_____혀를 데었어요.

(2) 저는 매일 도서관에_____책을 읽어요.

(3) 날씨가_____공원에_____피크닉을 하고 싶어요.

(4) 수업에_____택시를 탔어요.

(5) 친구들과 함께 한국 음식을_____먹을 거예요.

(6) 은행은 이 길을_____왼쪽으로 가면 있어요.

2. Mark if the sentence is grammatically correct or wrong by writing O or X.

(1) 하루 종일 걸어서 피곤해요. (   )

(2) 빵을 사서 가족이랑 같이 먹을 거예요. (   )

(3) 케이크가 너무 맛있어서 많이 주세요. (   )

(4) 요리해서 텔레비전을 봤어요. (   )

(5) 비행기 표가 너무 비싸서 못 샀어요. (   )

(6) 두꺼운 코트를 입어서 따뜻해요. (   )

(7) 나는 침대에 누워서 린다 씨는 책을 읽어요. (   )

(8) 영화관에 가서 영화를 보고 싶어요. (   )

(9) 눈이 내려서 집에 가세요. (   )

3. Choose an appropriate expression from the box below and fill in the blanks using the "-아/어/해서" ending.

사다 가다 먹다 씻다 좋다 기쁘다 만나다 아프다

(1) 밥을 너무 많이_____배불러요.

(2) 꽃집에_____꽃을 살 거예요.

(3) 날씨가_____기분이 좋아요.

(4) 김밥을_____먹고 싶어요.

(5) 너무_____울었어요.

(6) 머리가_____병원에 갔어요.

(7) 저는 과일을 항상_____먹어요.

(8) 친구를_____같이 운동했어요.

23-3 –(으)면서
(Simultaneous actions)

This is a connective ending used when more than two actions or states happen at the same time. You can use this with either verbs or adjectives.

When combined with a verb, it indicates that two actions occur at the same time. When combined with an adjective, it represents that the two states exist simultaneously.

Rule 1. Verb stem that ends in a vowel or "ㄹ": **add "-면서"**

Verb/Adjective	-면서
가다 (to go)	가면서
공부하다 (to study)	공부하면서
마시다 (to drink)	마시면서
예쁘다 (to be pretty)	예쁘면서
착하다 (to be nice)	착하면서
느리다 (to be slow)	느리면서

Rule 2. Verb stem that ends in a consonant: **add "-으면서"**

Verb/Adjective	-면서
입다 (to wear)	입으면서
웃다 (to laugh)	웃으면서
먹다 (to eat)	먹으면서
작다 (to be small)	작으면서
맛있다 (to be delicious)	맛있으면서
젊다 (to be young)	젊으면서

운전**하면서** 휴대전화을 사용하지 마세요. (= Don't use your cell phone while driving.)
그 사람은 **친절하면서** 재밌어요. (= He is kind and funny.)
이 식당은 **맛있으면서** 가격도 싸요. (= This restaurant is delicious and cheap.)
아이들이 밥을 **먹으면서** 영화를 봐요. (= The children watch movies while eating.)
저는 책을 **읽으면서** 커피를 마시는 것을 좋아해요. (= I like to drink coffee while reading a book.)
나는 **걸으면서** 음악을 듣고 싶어요. (= I want to listen to music while walking.)

📑 EXERCISES 23-3

 1. Listen carefully to the audio files and fill in the blanks.

(1) 그는_____인사를 했어요.

(2) 집에_____아이스크림을 살 거예요.

(3) 음식을_____말하지 마세요.

(4) 주스를_____공부하고 싶어요.

(5) 이 방은_____깨끗해요.

(6) 에밀리 씨는_____예뻐요.

(7) 우리는_____똑똑해요.

2. Choose the correct variant.

   (1) 사람은 잠을 (자으면서 / 자면서) 꿈을 꿔요.

   (2) 물을 (마시으면서 마시면서) 운동을 하지 마세요.

   (3) 나타샤는 (똑똑하면서 / 똑똑면서) 피아노도 잘 쳐요.

   (4) 오늘은 날씨가 (따둣하으면서 / 따뜻하면서) 맑아요.

   (5) 빌리 씨의 생일 선물을 (사면서 / 사으면서) 편지지도 살 거예요.

   (6) 아침을 (먹면서 / 먹으면서) 신문을 봐요.

   (7) 옷을 (입으면서 / 입면서) 텔레비전을 봤어요.

3. Conjugate the verb in parenthesis using the "-(으)면서" and complete the sentence.

> [보기]
> 저는 음악을 (듣다) 책을 읽어요.
> → 저는 음악을 들으면서 책을 읽어요.

(1) 가방은 (예쁘다) 비싸요.

→ _____

(2) 저는 피아노를 (치다) 노래를 부르는 것을 좋아해요.

→ _____

(3) 요리 (하다) 텔레비전을 보지 마세요.

→ _____

(4) 책을 (읽다) 낙서하지 마세요.

→ _____

(5) 아이들은 (웃기다) 귀여워요.

→ _____

23-4 -는/은/ㄴ데
(Explaining or showing a situation, Contrast)

"-는/은/ㄴ데" is mainly for the below two usages:

1. To talk in advance about a situation to follow.

It indicates that the first clause is the background or correlated situation for the facts in the latter clause. It is mainly used to explain the relevant background or situation before describing, asking, or suggesting in the later clause.

저는 요즘 한국어를 **배우는데** 정말 재미있어요. (= I'm learning Korean these days and it's really fun.)
오늘 날씨도 **좋은데** 바다에 가고 싶어요. (= The weather is nice today, so I want to go to the beach.)
명동에 **갔는데** 사람이 아주 많았어요. (= I went to Myeongdong and there were so many people.)

2. To show the contrasting facts

It indicates that a situation or result different from the contents of the previous clause leads to the subsequent clause. It is used to tell two contrasting facts.

이 가방은 **예쁜데** 너무 비싸요. (= This bag is pretty, but it's too expensive.)
저는 **회사원인데** 제 동생은 학생이에요. (= I'm an office worker but my younger brother is a student.)
미도리 씨는 춤은 잘 **추는데** 노래는 잘 못 불러요. (= Midori is good at dancing but not at singing.)

Conjugation Rule for Verbs

Add "**-는데**" to all kind of verb stems

Conjugation Rule for Adjectives:

1) Add "-는데" to a verb stem that ends in vowel or ㄹ (drop the ㄹ)

2) Add "-은데" to a verb stem that ends in consonant

Verb	Adjective	
	Verb stem ends in vowel/ㄹ	Verb stem ends in consonant
-는데	ㄴ데	-은데
가다 → 가는데	비싸다 → 비싼데	맛있다 → 맛있는데
보다 → 보는데	느리다 → 느린데	젊다 → 젊은데
울다 → 우는데	착하다 → 착한데	넓다 → 넓은데
먹다 → 먹는데	크다 → 큰데	좁다 → 좁은데

📝 EXERCISES 23-4

 1. Listen carefully to the audio files and fill in the blanks.

(1) _____창문을 닫으세요.

(2) 유정 씨는 성격은_____일은 잘 못해요.

(3) 이 음식은_____비싸요.

(4) 오늘 놀이공원에_____정말 재밌었어요.

(5) 저는 키가_____제 동생은 키가 작아요.

(6) 책을_____졸렸어요.

2. Fill in the blanks in the table below.

Verb	-는/은/ㄴ데
[보기] 자다	자는데
(1) 맛있다	
(2) 가다	
(3) 예쁘다	
(4) 먹다	
(5) 아름답다	
(6) 착하다	
(7) 입다	
(8) 앉다	
(9) 읽다	
(10) 마시다	

3. Complete the sentences using the given words with the "-는/은/ㄴ데" grammar.

(1) 공부를 열심히_____성적이 안 좋아요. (하다)

(2) 날씨가_____산책 갈래요? (좋다)

(3) 떡볶이는_____너무 매워요. (맛있다)

(4) 제가 머리가_____어느 병원에 가야 해요? (아프다)

(5) 제 남편은 저한테는_____다른 사람한테는 안 친절해요. (친절하다)

(6) 내일 부산에_____기대되네요! (가다)

(7) 과일을_____벌레가 나왔어요. (먹다)

LESSON 24 추측 2
(Supposition 2)

24-1 –(으)ㄹ까요?
(I wonder, Shall we…?)

Now let's look at other expressions related to supposition. You can use this grammar to express two meanings.

1. A question or assumption about something

"-(으)ㄹ까요?" can be used to ask for other people's opinions or thoughts while raising speculations. It is used to speculate about future situations or conditions or to ask the listener's opinion. It is also used to indicate the speaker's guess about the action or condition or to ask about the possibility.

Rule 1. Verb stem that ends in vowel or "ㄹ": **add "-ㄹ까요?"**

Verb / Adjective
Verb stem ends in vowel/ㄹ
ㄹ까요?
가다 → 갈까요?
보다 → 볼까요?
느리다 → 느릴까요?
착하다 → 착할까요?
울다 → 울까요?
만들다 → 만들까요?
사다 → 살까요?
마시다 → 마실까요?

Rule 2. Verb stem that ends in consonant: **add "-을까요?"**

Verb / Adjective
Verb stem ends in consonant
-을까요?
먹다 → 먹을까요?
입다 → 입을까요?
맛있다 → 맛있을까요?
젊다 → 젊을까요?
넓다 → 넓을까요?
좁다 → 좁을까요?
작다 → 작을까요?
귀엽다 → 귀여울까요?

내일 날씨가 **좋을까요?** (= Will the weather be good tomorrow?)
이 치마가 저에게 **클까요?** (= Will this skirt be big for me?)
공항에 사람이 **많을까요?** (= Will there be many people at the airport?)
그 방은 **넓을까요?** (= Will the room be spacious?)
이 신발이 저에게 **작을까요?** (= Will these shoes be small for me?)

2. Ask for the listener's opinion

Another usage is to suggest what to do in the future and ask for opinions or thoughts.

Note:

1) You can only use the verbs.

2) It cannot be used if the subject is a third person. If the subject is a third person, it becomes a question that has the meaning of speculation.

Rule 1. Verb stem that ends in vowel or "ㄹ": **add "-ㄹ까요?"**

Verb / Adjective
Verb stem ends in vowel/ㄹ
ㄹ까요?
가다 → 갈까요?
보다 → 볼까요?
마시다 → 마실까요?
만들다 → 만들까요?
주다 → 줄까요?
사다 → 살까요?

Rule 2. Verb stem that ends in consonant: **add "-을까요?"**

Verb / Adjective
Verb stem ends in consonant
-을까요?
먹다 → 먹을까요?
입다 → 입을까요?
잡다 → 잡을까요?
앉다 → 앉을까요?
읽다 → 읽을까요?

우리 밥을 먹은 다음에 같이 청소**할까요?** (= Shall we clean up together after eating?)
제가 여기에 **앉을까요?** (= Shall I sit here?)
이번 휴가는 하와이로 **갈까요?** (= Shall we go to Hawaii for this vacation?)
이 신발을 **살까요?** (= Shall I buy these shoes?)

📑 EXERCISES 24-1

 1. Listen carefully to the audio files and fill in the blanks.

(1) 날씨도 좋은데 같이 산책하러_____?

(2) 내일 날씨가_____?

(3) 이 책을_____?

(4) 이 영화가_____?

(5) 우리 같이 비빔밥을_____?

(6) 화장실이_____?

(7) 저기서 사진을_____?

2. Write the number of the following sentences by classifying them according to the meaning of the sentence.

⦿ Questioning / Guessing :_____

⦿ Suggesting / Asking for opinion :_____

(1) 우리 같이 트리를 만들까요?

(2) 오늘 밤에 비가 올까요?

(3) 이 옷은 비쌀까요?

(4) 제가 이 의자에 앉을까요?

(5) 그 강아지는 착할까요?

(6) 오늘은 점심으로 라면을 먹을까요?

(7) 이 기차는 느릴까요?

(8) 공부를 열심히 하면 시험에 합격할까요?

3. Rewrite the sentences after changing them the sentences using "-(으)ㄹ까요?."

> [보기]
> 우리 같이 영화를 <u>볼까요?</u> (보다)

(1) 더운데 에어컨을_____? (켜다)

(2) 이 버스를 타면 늦게_____? (도착하다)

(3) 오늘은 콜라를_____? (마시다)

(4) 내일 비가_____? (오다)

(5) 그 집은 마당이_____? (넓다)

(6) 미셸에게 이 책을_____? (주다)

(7) 우리 1시에 회의를_____? (하다)

24-2 –(으)ㄹ 수도 있어요
(Maybe I might…)

"-(으)ㄹ 수도 있어요" can be used to express an assumption about a possibility that something could happen. It could be translated in English as "It might / It could be." You can use this grammar with both verbs and adjectives.

Rule 1. Verb stem that ends in vowel or "ㄹ": **add "-ㄹ 수도 있어요"**

Verb / Adjective	
Verb stem ends in vowel / ㄹ	
ㄹ 수도 있어요	
가다 → 갈 수도 있어요	예쁘다 → 예쁠 수도 있어요
마시다 → 마실 수도 있어요	착하다 → 착할 수도 있어요
만들다 → 만들 수도 있어요	빠르다 → 빠를 수도 있어요

Rule 2. Verb stem that ends in consonant: **add "-을 수도 있어요"**

Verb / Adjective	
Verb stem ends in consonant	
-을 수도 있어요	
먹다 → 먹을 수도 있어요	앉다 → 앉을 수도 있어요
입다 → 입을 수도 있어요	작다 → 작을 수도 있어요
잡다 → 잡을 수도 있어요	넓다 → 넓을 수도 있어요

내일 비가 **올 수도 있어요.** (= It could rain tomorrow.)
페드로 말이 **맞을 수도 있어요.** (= What Pedro said might be right.)
지하철을 타면 더 **빠를 수도 있어요.** (= It might be faster with the subway.)
이 바지는 제인 씨에게 **작을 수도 있어요.** (= These pants could be small for Jane.)
이번 휴가는 제주도로 **갈 수도 있어요.** (= I might go to Jeju Island for this vacation.)

📑 EXERCISES 24-2

   1. Listen carefully to the audio files and fill in the blanks.

(1) 이번 주말에 경기가_____.

(2) 식당에 사람이_____.

(3) 오늘은 일찍_____.

(4) 이 신발은 조금_____.

(5) 시험 문제가_____.

(6) 흙으로 그릇을_____.

(7) 기분이 좋으면 노래를_____.

2. Fill in the blanks with appropriate expressions with the given words below, using "-(으)ㄹ 수도 있어요."

크다   읽다   맵다   시원하다   앉다   가다

(1) 그 옷은 저에게_____.

(2) 점심을 먹고 나서 체육관에_____.

(3) 이 의자에는 3명이_____.

(4) 떡볶이는 외국인에게는 조금_____.

(5) 창문을 열면 더_____.

(6) 오후에 도서관에 가서 책을_____.

3. Rewrite the sentences after changing them to sentences using "-(으)ㄹ 수도 있어요".

[보기]
그 학교는 집에서 <u>멀 수도 있어요</u>. (멀다)

(1) 지금 버스를 타면 늦게_____. (도착하다)

(2) 콜라를 너무 많이 마시면 배가_____. (아프다)

(3) 내일은 날씨가 많이_____. (춥다)

(4) 계속 저를 따라다니면 경찰을_____. (부르다)

(5) 점원에게 가격을 물어보세요. 생각보다_____. (싸다)

(6) 승무원은 이 기차가 몇 시에 도착하는지_____. (알다)

24-3 –(으)ㄹ 리가 없어요...
(It cannot be...)

This pattern is an expression of the speaker's conviction. It indicates that the speaker is convinced that there is no reason or possibility for what the preceding article says. It should be noted that its main use is not to talk about the facts, but rather about the speaker's thoughts. You can use this grammar with the verbs or adjectives.

Rule 1. Verb stem that ends in vowel or "ㄹ": **add "-ㄹ 리가 없어요"**

Verb / Adjective	
Verb stem ends in vowel / ㄹ	
ㄹ 리가 없어요	
가다 → 갈 리가 없어요	예쁘다 → 예쁠 리가 없어요
마시다 → 마실 리가 없어요	착하다 → 착할 리가 없어요
만들다 → 만들 리가 없어요	빠르다 → 빠를 리가 없어요

Rule 2. Verb stem that ends in consonant: **add "-을 리가 없어요"**

Verb / Adjective	
Verb stem ends in consonant	
-을 리가 없어요	
먹다 → 먹을 리가 없어요	앉다 → 앉을 리가 없어요
입다 → 입을 리가 없어요	작다 → 작을 리가 없어요
잡다 → 잡을 리가 없어요	넓다 → 넓을 리가 없어요

소정 씨는 매운 음식을 싫어해요. 떡볶이를 **먹을 리가 없어요.** (= Sojeong hates spicy food. There's no way that she eats tteokbokki.)
버스가 비행기보다 **빠를 리가 없어요.** (= There's no way that the bus can be faster than the plane.)
그는 성실한 사람이에요. **늦을 리가 없어요.** (= He's a punctual man. There's no way that he will be late.)
샐러드만 먹었는데 살이 **쪘을 리가 없어요.** (= I only ate salad. There's no way that I have gained weight.)

📄 EXERCISES 24-3

 1. Listen carefully to the audio files and fill in the blanks.

(1) 이렇게 따뜻하게 입었는데_____.

(2) 그 강아지는 아까 밥을 많이 먹었어요. 벌써 배가_____.

(3) 앙헬은 진지한 사람이에요. 그런 농담에_____.

(4) 제가 약을 먹는 것을_____.

(5) 오늘은 날씨가 아주 맑아요. 비가_____.

(6) 그가 사람들 앞에서 춤을_____.

2. Fill in the blanks in the table below.

Verb	-(으)ㄹ 리가 없어요
[보기] 가다	갈 리가 없어요
(1) 맛있다	
(2) 하다	
(3) 예쁘다	
(4) 먹다	
(5) 아름답다	
(6) 착하다	
(7) 입다	
(8) 앉다	
(9) 읽다	
(10) 마시다	

3. Rewrite the sentences after changing them to sentences using "-(으)ㄹ 수도 있어요".

> [보기]　커피를 잘 마셔요. → <u>커피를 잘 마실 리가 없어요.</u>

(1) 옷을 잘 입어요. →_____

(2) 글을 잘 써요. →_____

(3) 공부를 잘해요. →_____

(4) 잠을 잘 자요. →_____

(5) 물이 시원해요. →_____

(6) 피아노를 잘 쳐요. →_____

(7) 음식을 맛있게 만들어요. →_____

(8) 달리기가 빨라요. →_____

24-4 -쯤, 정도, 약
(Approximately, about)

1.

"-쯤" is a suffix used to indicate approximation. Since it's a suffix, it can't be used alone and must be attached after a noun or noun phrase.

　　3시**쯤** (= Around 3 o'clock)
　　내일**쯤** (= Maybe tomorrow)
　　다음 주**쯤** (= Maybe next week)
　　내일 오전 11시**쯤** 친구와 만날 거예요. (= I'm going to meet my friend around 11am tomorrow.)
　　내년**쯤**에 일본 여행을 가고 싶어요. (= I want to travel to Japan around next year.)
　　내일**쯤**이면 날씨가 좋아질 거예요. (= The weather will get better by tomorrow.)

2.

"정도" means "being approximate." It's a word that can be used with the word that indicates quantity. This word must be attached after a word.

하루 **정도** (= About a day)
2시간 **정도** (= About 2 hours)
세 명 **정도** (= About three people)
바빠서 강아지와 하루에 한 번 **정도**밖에 산책을 못 해요. (= I can only take a walk with my dog once a day because I'm busy.)
내일 오후 다섯 시 **정도**에 만나요. (= Let's meet around 5 pm tomorrow.)

3.

"약" is a determiner which means "about; approximately; around." It's a word used in front of a quantity, indicating that it is close to a certain amount.

약 한 시간 (= About 1 hour)
약 천 명 (= About 1,000 people)
약 다섯 살 (= About 5 years old)
이 식당은 **약** 30년째 영업 중이에요. (= This restaurant has been open for about 30 years.)
우리 회사에는 직원이 **약** 100명이 있어요. (= Our company has about 100 employees.)

Note that this word also can be used with "-쯤" and "정도."

여행 비용은 **약** 백만 **원쯤** 됩니다.
내 방에는 책이 **약** 50권 **정도** 있어요.

EXERCISES 24-4

 1. Listen carefully to the audio files and fill in the blanks.

(1) 옷을 잘 입으면 다섯 살_____는 젊어 보일 수도 있어요.

(2) 다음 주_____에 여행을 갈 거예요.

(3) 그 집을 다 지으려면_____6개월은 더 걸릴 거예요.

(4) 너희 집과 우리 집의 중간_____에서 만나자.

(5) 저는 하루에 한 시간_____운동을 해요.

(6) _____5년_____뒤에 저는 캐나다에서 일을 할 거예요.

2. Mark if "-쯤," "정도," or "약" is used correctly by writing O or X.

(1) 그 영화는 상영 시간이 약 세 시간 정도예요. (   )

(2) 쯤다섯 시에 학교 근처 카페에서 만나요. (   )

(3) 버스에 사람이 열 명 정도 있어요. (   )

(4) 이 식당은 정도 열 시에 문을 열어요. (   )

(5) 이 자동차에는 세 명 정도만 탈 수 있어요. (   )

(6) 두 시간쯤 뒤에 깨워주세요. (   )

(7) 매일 삼십 분 약 걸으면 건강에 좋아요. (   )

(8) 제 월급은 이백만 원 약 입니다. (   )

3. Choose the correct word.

(1) 우리 학교 학생은 (정도 / 약) 천 명입니다.

(2) 오늘은 날씨가 좋아서 해질 때(쯤 / 약) 산책하러 나갈 거예요.

(3) 물을 하루에 8컵 (약 / 정도) 마시는 것이 건강에 좋아요.

(4) 내일 여덟 시(약 / 쯤) 백화점 앞에서 만나요.

(5) 저는 (정도 / 약) 삼 년째 같은 미용실을 다녀요.

(6) 제 신발 사이즈는 240(약 / 정도)예요.

LESSON 25 양보
(Concession)

25-1 -아/어/해도
(Even if, even though)

This is a connective ending that indicates that what is expected of the facts or assumptions mentioned in the previous clause is deviated from the later clause. It's similar to "even if / even though" in English. You can use this with the verbs of adjectives.

CONJUGATION RULE

Last stem vowel ㅏ, ㅗ (O)	+ -아도	알다 → 알아도 가다 → 가도 보다 → 봐도
Last stem vowel ㅏ, ㅗ (X)	+ -어도	먹다 → 먹어도 배우다 → 배워도 마시다 → 마셔도
하다	해도	공부하다 → 공부해도

저는 손은 **작아도** 피아노를 잘 쳐요. (= I can play the piano well even though my hands are small.)
도서관에 **가도** 그 책은 못 찾을 거예요. (= You won't find that book even in the library.)
저는 **슬퍼도** 울지 않아요. (= I don't cry even though I'm sad.)
차가 **막혀도** 6시까지는 꼭 오세요. (= Be sure to come by 6 o'clock even if there is a traffic jam.)
그렇게 **말해도** 소용없어요. (= Even though you say that, it's worthless.)

It is often used with the adverb "아무리 (no matter how)," strongly indicating the meaning of expectation denial.

너무 더워서 아무리 물을 많이 **마셔도** 목이 말라요. (= It's so hot that no matter how much water I drink, I'm thirsty.)
아무리 **바빠도** 운동은 꼭 하세요. (= No matter how busy you are, make sure to exercise.)
아무리 **기뻐도** 지금은 웃으면 안 돼요. (= No matter how happy you are, you can't laugh now.)

EXERCISES 25-1

1. Listen carefully to the audio files and fill in the blanks.

(1) 이 풍경은 매일_____좋아요.

(2) 커피를 많이_____오후에는 항상 졸려요.

(3) 아무리_____성적이 안 올라요.

(4) 잠을 많이_____매일 피곤해요.

(5) 청소_____깨끗해지지 않아요.

(6) 옷을 세 겹_____추워요.

(7) 저는 아무리_____씻고 자요.

2. Fill in the blanks in the table below.

Verb	-아/어/해도
[보기] 가다	가도
(1) 먹다	
(2) 주다	
(3) 마시다	
(4) 춥다	
(5) 보다	
(6) 예쁘다	
(7) 걷다	
(8) 짓다	
(9) 만들다	
(10) 슬프다	

3. Fix a grammatical error in each sentence below. Write the wrong expression on the left side of the blank in parentheses and rewrite it with the correct version on the right side. Some sentences may not have any errors.

> [보기]   이 영화는 아무리 많이 보어도 좋아요. (보어도 → 봐도)

(1) 옷은 사도 사아도 부족해요.   (_____ → _____)

(2) 아무리 건강해어도 아플 수도 있어요. (_____ → _____)

(3) 몇 번을 읽어도 이해가 안 돼요.   (_____ → _____)

(4) 아무리 날씬하도 이 옷은 못 입어요.   (_____ → _____)

(5) 화면 크기가 작어도 괜찮아요.   (_____ → _____)

(6) 배가 고퍼도 아직 밥을 먹지 마세요.   (_____ → _____)

(7) 이 책을 여기에 둬도 괜찮아요?   (_____ → _____)

25-2 그래도
(But still, nevertheless)

"그래도" is a conjunctive adverb indicating that the content of the last sentence is not related to the fact that the previous sentence was conceded. It can be used in terms of "but still," or "nevertheless."

It's a combination of 그렇다(as such) and the grammar -아/어도

그렇다 + 아/어도 = 그래도

나는 **그래도** 그를 사랑해요. (= Even so, I still love him.)
공부를 열심히 했지만 **그래도** 시험에 합격하지 못했어요. (= Even though I studied hard, I didn't pass the exam.)
그래도 그건 네가 잘못했어. (= It's your fault, though.)
저는 공부를 잘하지만 **그래도** 수학은 어려워요. (= Even though I am good at studying, math is still difficult.)
알레르기가 있지만 **그래도** 강아지가 좋아요. (= Even though I'm allergic, I still like dogs.)

📰 EXERCISES 25-2

🎧 **1.** Listen carefully to the audio file and mark T if the statement is true and mark F if the statement is false.

(1) 우리는 화해하지 않았어요. (   )

(2) 10분 정도 늦을 수도 있어요. (   )

(3) 잘 익었어요. 그래서 확인하지 않아도 돼요. (   )

(4) 저는 죄송하지 않아요. (   )

(5) 다시 한번 확인해야 해요. (   )

(6) 날씨가 맑아서 우산을 안 가져가도 돼요. (   )

🎧 **2.** Listen carefully to the audio and write the sentences in the correct order.

(1) 그래도 / 에어컨을 / 더워요 / 아직 / 켰는데

→ _____.

(2) 회사에 / 그래도 / 아파요 / 가야 해요 / 배가

→ _____.

(3) 추워요 / 벌써 / 그래도 / 아직 / 봄이에요

→ _____.

(4) 품질이 / 그래도 / 싸지만 / 좋아요 / 이 옷은

→ _____.

(5) 한 번 더 / 그래도 / 다 / 확인할래요 / 준비는 / 됐어요

→ _____.

(6) 용서할 수 없어요 / 거짓말은 / 그래도

→ _____.

3. You can read four sets of short dialogues below between two people. Choose awkward conversation sets according to the context.

(1) A: 문을 잘 잠갔어요?

B: 네, 열쇠로 잘 잠갔어요.

A: 그래도 다시 한번 확인해 보세요.

B: 네, 알겠어요.

(2) A: 어제 늦게 잤어요?

B: 아니요.

A: 그런데 왜 이렇게 늦게 일어나요?

B: 그래도 늦게 일어났어요.

(3) A: 배가 너무 고파요.

B: 아침으로 뭘 먹었어요?

A: 우유와 시리얼을 먹었어요. 그래도 배가 고프네요.

(4) A: 곧 여름휴가예요. 그래도 이번 휴가에 어디에 가고 싶어요?

B: 글쎄요, 아직 생각해 보지 않았어요.

LESSON 26 한정
(Limitation)

26-1 -만
(Only)

"-만" is a particle indicating that the noun is limited to only something and excludes everything else. This word is placed after the nouns in the sentences. It can be translated into "only" in English. You can use both affirmative and negative words afterward.

교실에서는 한국어**만** 사용해야 해요. (= Only Korean should be used in the classroom.)
저는 두유**만** 먹을 수 있어요. (= I can only drink soy milk.)
일요일에는 하루 종일 잠**만** 잘 거예요. (= I'm going to sleep all day on Sunday.)
고기**만** 먹지 말고 채소도 같이 먹어. (= Don't just eat meat; eat vegetables together.)
매일 단것**만** 먹으면 몸에 안 좋아요. (= It's not good for your health if you eat only sweets every day.)

📑 EXERCISES 26-1

 1. Listen carefully to the audio files and fill in the blanks.

(1) 여기서_____미국 사람이에요.

(2) 저는 날씨가 추워도_____입어요.

(3) 엄마는_____좋아해요.

(4) 책상 위에_____있네요.

(5) 그는 커피에_____넣어서 마셔요.

(6) 오늘_____눈이 올 거예요.

(7) 과자를_____더 먹고 싶어요.

2. Look at the picture and make the correct sentence describing what's in the picture, by using the "-만."

[보기]
Q: 책상 위에 무엇이 있어요?
A: <u>책상 위에 책만 있어요</u>.

화분   고양이   노트북   볼펜

(1)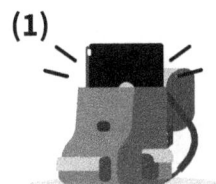
Q: 가방 안에 무엇이 있어요?
A: _____.

(3)
Q: 소파 옆에 무엇이 있어요?
A: _____.

(2)
Q: 의자 아래에 무엇이 있어요?
A: _____.

(4)
Q: 종이 위에 무엇이 있어요?
A: _____.

26-2 -밖에
(Nothing but, only)

"-밖에" is a postpositional particle that indicates the meaning of "except for that" or "other than that." It can be used after a noun, and there must be a negative word or question afterward.

Note:

1) "-밖에" is always used with a negative expression, such as '안, 못, 없다, 모르다, 않다, 못하다'. However, not all expressions of negation can be combined with "-밖에." It cannot be used with '아니다', '-지 말다'.

Examples

우리는 10살밖에 아니에요. (X)
주스를 조금밖에 마시지 마세요. (X)

2)

-밖에	-만
Always use negative words afterward.	Use both affirmative and negative words afterward.
저는 소설책밖에 안 읽어요. (O) 저는 소설책밖에 읽어요. (X)	저는 소설책만 안 읽어요. (O) 저는 소설책만 읽어요. (O)

지금 지갑에 천 원**밖에** 없어요. (= I only have 1,000 won in my wallet.)
그 식당에 손님이 한 명**밖에** 없네요. (= There's only one customer in the restaurant.)
메이 씨는 시간이 없어서 숙제를 조금**밖에** 못 했어요. (=May only did a little homework because she didn't have time.)
저는 과일 중에서 딸기**밖에** 못 먹어요. (= I can only eat strawberries among fruits.)

📑 EXERCISES 26-2

 1. Listen carefully to the audio files and fill in the blanks.

(1) 냉장고에_____없어요.

(2) 동생은 매일_____안 먹어요.

(3) 배가 아파서_____못 먹었어요.

(4) 저는 귤을_____안 먹었어요.

(5) 콘서트 표가_____안 남았어요.

(6) 그 강아지는_____몰라요.

2. Mark if "밖에" is used correctly by writing O or X.

(1) 올해는 생일 선물을 한 개밖에 못 받았어요. ( )

(2) 이 수업에는 학생이 세 명밖에 없어요. ( )

(3) 물을 조금밖에 마시지 마세요. ( )

(4) 어제 2시간밖에 못 잤어요. ( )

(5) 식탁 위에 딸기밖에 있어요. ( )

(6) 시험에 합격한 사람이 두 명밖에 없네요. ( )

(7) 저는 대학생밖에 아니에요. ( )

(8) 페드로는 고기밖에 먹어요.( )

3. Choose an appropriate word from the box below and fill in the blanks using the "-밖에."

포도   조금   비빔밥   한 명   10분   두 켤레

(1) 버스 안에 사람이_____없어요.

(2) 저희 엄마는 과일은_____안 좋아해요.

(3) 저는 신발이_____없어요.

(4) 커피를_____안 마셨어요.

(5) 오늘은 바빠서_____운동을 못 했어요.

(6) 한국 음식은_____안 좋아해요.

LESSON 27 허락
(Permission)

27-1 -아/어/해도 돼요 (It is okay to...)
-(으)면 안 돼요 (You should not...)

사진을 찍어도 돼요.

"-아/어/해도 돼요" is a pattern expressing that a certain act is allowed or accepted. It can be attached to the verbs or adjectives in order to indicate that a statement or an action is allowed. This pattern is mainly used as a question and answer about asking permission about something and answering.

CONJUGATION RULE

Last stem vowel ㅏ, ㅗ (O)	+ -아도 돼요	자다 → 자도 돼요 살다 → 살아도 돼요 보다 → 봐도 돼요
Last stem vowel ㅏ, ㅗ (X)	+ -어도 돼요	먹다 → 먹어도 돼요 주다 → 줘도 돼요 마시다 → 마셔도 돼요
하다	해도 돼요	공부하다 → 공부해도 돼요

In order to indicate a prohibition, "-(으)면 안 돼요" can be used.

CONJUGATION RULE

Verb stem that ends in vowel or in ㄹ	+ -면 안 돼요	가다 → 가면 안 돼요 마시다 → 마시면 안 돼요 울다 → 울면 안 돼요
Verb stem that ends in a consonant	+ -으면 안 돼요	먹다 → 먹으면 안 돼요 읽다 → 읽으면 안 돼요 웃다 → 웃으면 안 돼요

시험이 끝나면 집에 **가도 돼요.** (= It's ok to go home after the exam.)
오늘 친구 집에서 **놀아도 돼요?** (= Is it ok to hang out at my friend's house today?)
니콜 씨, 음악을 **틀어도 돼요?** (= Nicole, is it ok to play some music?)
-지하철에서 음식을 **먹어도 돼요?** -아니요, 지하철에서 음식을 **먹으면 안 돼요.** (= Is it ok to eat food on the subway? No, you should not eat food on the subway.)
도서관에서 **떠들면 안 돼요.** (= You should not talk in the library.)

📋 EXERCISES 27-1

 1. Listen carefully to the audio files and fill in the blanks.

(1) 이 옷을_____?

(2) 자고 싶지만, 지금은_____.

(3) 배가 고프면 식탁 위에 있는 파이를_____.

(4) 수술 전에는 물도_____.

(5) 숙제를 다 했으면 게임을_____.

(6) 부장님 앞에서_____

2. The teacher is talking about rules in the classroom. Listen carefully and mark T if the statement is true and mark F if the statement is false.

(1) 교실에서 음식을 먹어도 돼요. (   )

(2) 교실에서 물을 마셔도 돼요. (   )

(3) 질문이 있으면 선생님에게 물어보면 안 돼요. (   )

(4) 교과서를 친구랑 같이 봐도 돼요. (   )

3. See the picture and write down what you can and shouldn't do in the library, using the given words.

| 도서관에서 해도 돼요 | 도서관에서 하면 안 돼요 |

(1)  책을 빌리다

책을 빌려도 돼요.

(1)  음식 / 먹다

음식을 먹으면 안 돼요.

(2)  숙제를 하다

_____

(2) 전화 통화 / 하다

_____

(3) 책을 읽다

_____

(3)  책에 낙서 / 하다

_____

(4) 글을 쓰다

_____

(4) 이야기하다

_____

27-2 -지 않아도 돼요, 안 -아/어/해도 돼요
(Don't have to...)

Use this expression when you talk about something that isn't mandatory. "-지 않아도 돼요" is commonly used in a written language and "안 -아/어/해도 돼요" is mainly used in a colloquial speech.

지 않아도 돼요   CONJUGATION RULE

Any kind of verb/adjective stem	+ -지 않아도 돼요	가다 → 가지 않아도 돼요 읽다 → 읽지 않아도 돼요

안 -아/어/해도 돼요   CONJUGATION RULE

Last stem vowel ㅏ, ㅗ (O)	+ 안 -아도 돼요	자다 → 안 자도 돼요 살다 → 안 살아도 돼요 보다 → 안 봐도 돼요
Last stem vowel ㅏ, ㅗ (X)	+ 안 -어도 돼요	먹다 → 안 먹어도 돼요 주다 → 안 줘도 돼요 마시다 → 안 마셔도 돼요
하다	안 해도 돼요	하다 → 안 해도 돼요 청소하다 → 청소 안 해도 돼요

오늘은 공휴일이라서 학교에 **가지 않아도 돼요.** (= You don't have to go to school today because it's a holiday.)

배가 너무 불러요. 저녁을 **안 먹어도 돼요.** (= I'm so full. I don't need to eat dinner.)

EXERCISES 27-2

 1. Listen carefully to the audio files and fill in the blanks.

(1) 맛이 없으면_____

(2) 너무 비싸면_____

(3) 비가 많이 오네요. 오늘은 운동을_____

(4) 영화가 재미없으면_____

(5) 목이 안 마르면 물을_____

(6) 너무 일찍_____

2. Fill in the blanks with the correct -지 않아도 돼요 form of the verbs.

[보기] 가다 → 가지 않아도 돼요

(1) 가다 → _____

(2) 보다 → _____

(3) 마시다 → _____

(4) 공부하다 → _____

(5) 만들다 → _____

(6) 배우다 → _____

(7) 오다 → _____

(8) 읽다 → _____

(9) 놀다 → _____

(10) 입다 → _____

3. Fill in the blanks with the correct 안 -아/어/해도 돼요 form of the verbs.

> [보기] 가다 → 안 가도 돼요

(1) 가다 → _____

(2) 보다 → _____

(3) 마시다 → _____

(4) 공부하다 → _____

(5) 만들다 → _____

(6) 배우다 → _____

(7) 오다 → _____

(8) 읽다 → _____

(9) 놀다 → _____

(10) 입다 → _____

LESSON 28 정도의 변화
(The change of degree)

28-1 -(으)면 –(으)ㄹ수록
(The more…, the more…)

This pattern can be used with a verb or adjective to indicate that the degree of state or action becomes stronger.

Conjugation rule 1. Verb stem that ends in vowel or in ㄹ: add "-면 -ㄹ수록"

Verb /Adjective	Conjugation	Result
가다 (to go)	가+면 가+ㄹ수록	가면 갈수록
예쁘다 (to be pretty)	예쁘+면 예쁘+ㄹ수록	예쁘면 예쁠수록
마시다 (to drink)	마시+면 + 마시+ㄹ수록	마시면 마실수록
착하다 (to be kind)	착하+면 착하+ㄹ수록	착하면 착할수록
주다 (to give)	주+면 주+ㄹ수록	주면 줄수록
울다 (to cry)	울+면 울+ㄹ수록	울면 울수록
만들다 (to make)	만들+면 만들+ㄹ수록	만들면 만들수록
놀다 (to play)	놀+면 놀+ㄹ수록	놀면 놀수록

Conjugation rule 2. Verb stem that ends in consonant: **add "-으면 -을수록"**

Verb /Adjective	Conjugation	Result
먹다 (to eat)	먹+으면 먹+을수록	먹으면 먹을수록
입다 (to wear)	입+으면 입+을수록	입으면 입을수록
좋다 (to be good)	좋+으면 좋+을수록	좋으면 좋을수록
읽다 (to read)	읽+으면 읽+을수록	읽으면 읽을수록
웃다 (to laugh)	웃+으면 웃+을수록	웃으면 웃을수록

이 영화는 **보면 볼수록** 감동적이에요. (= The more I watch this movie, the more touching it is.)
가수는 노래를 **잘하면 잘할수록** 좋아요. (= The better a singer sings, the better singer he is.)
친구는 **많으면 많을수록** 행복해요. (= The more friends you have, the happier you are.)
부엌은 **크면 클수록** 편해요. (= The bigger the kitchen is, the more comfortable it is.)
잠은 늦게 **자면** 늦게 **잘수록** 피곤해요. (= The later you sleep, the more tired you get.)

EXERCISES 28-1

1. Listen carefully to the audio files and fill in the blanks.

(1) 날씨가_____옷을 따뜻하게 입으세요.

(2) 이 지갑은_____좋네요.

(3) 공부를 안 하고_____시험 성적은 떨어질 거예요.

(4) 인테리어가_____좋아요.

(5) 이 책은_____이해가 안 돼요.

2. Mark if the sentence is grammatically correct or wrong by writing O or X.

(1) 보면 보을수록 이해가 안 돼요. (   )   (4) 일은 하면 할수록 늘어요. (   )

(2) 웃으면 웃을수록 건강에 좋아요. (   )   (5) 좋으면 좋을수록 불안해요. (   )

(3) 책을 많이 읽면 읽수록 머리가 좋아져요. (   )   (6) 옷은 사으면 살수록 더 사고 싶어요. (   )

3. See the below example and make the sentences using the given words with the "-(으)면 –(으)ㄹ수록".

[보기]   (보다) → 그 그림은 <u>보면 볼수록</u> 예쁘네요.

(1) (울다) →_____눈이 부을 거예요.

(2) (하다) → 한국어 공부는_____어려워요.

(3) (크다) → 저는 모델이라서 키가_____좋아요.

(4) (많다) → 취미가_____행복해요.

(5) (먹다) → 다이어트 중에는 건강하게_____좋아요.

(6) (살다) → 서울은_____좋은 곳인 것 같아요.

28-2 -아/어/해지다
(To become + adjective)

This is another useful pattern when you are talking about the change of degree. It can be attached to the adjectives to indicate that someone or something gradually becomes the state mentioned in the preceding statement. It is often combined with adverbs such as "점점, 차츰, 점차, 차차."

CONJUGATION RULE

Last stem vowel ㅏ, ㅗ (O)	+ -아지다	작다 → 작아지다 높다 → 높아지다 많다 → 많아지다
Last stem vowel ㅏ, ㅗ (X)	+ -어지다	크다 → 커지다 길다 → 길어지다 예쁘다 → 예뻐지다
하다	-해지다	깨끗하다 → 깨끗해지다 행복하다 → 행복해지다

요즘 매일 청소를 해서 집이 **깨끗해졌어요.** (= My house is clean because these days I am cleaning every day.)
전기 요금이 점점 **비싸질 것 같아요.** (= I think the electricity bill will get more expensive.)
지난달보다 가게에 손님이 더 **많아졌네요.** (= There are more customers in the store than last month.)
매일 그렇게 가까이에서 텔레비전을 보면 눈이 **나빠지겠어요.** (= Watching television so closely every day will make your eyesight worse.)

EXERCISES 28-2

1. Listen carefully to the audio files and fill in the blanks.

(1) 강아지는 수술받아서_____.

(2) 날씨가 점점 더_____.

(3) 그 건물은 새로 지어서 예전보다_____.

(4) 사람이 많아서_____.

(5) 학교에 가니까 친구가_____좋아요.

(6) 과일값이 너무_____.

2. Rewrite the sentences after changing them into sentences using "-아/어/해져요."

[보기]   음식이 맛있어요. →   음식이 맛있어져요.

(1) 물이 시원해요. →_____

(2) 손이 예뻐요. →_____

(3) 노래 실력이 좋아요. →_____

(4) 날씨가 더워요. →_____

(5) 아이가 귀여워요. →_____

(6) 방이 넓어요. →_____

(7) 달리기가 빨라요. →_____

(8) 옷이 작아요. →_____

(9) 마음이 따뜻해요. →_____

(10) 웃을 일이 많아요. →_____

28-3 -게 되다
(To gradually get to do, to end up doing)

"-게 되다" is an expression that indicates that a situation is influenced by the outward circumstances to reach a result or changes. Unlike "-아/어/해지다," "-게 되다" is an expression that focuses not on the changing process but on the changed result. It is used with adverbs such as 결국, 마침내, 드디어 that indicates that the phase of the situation has already changed.

It can be attached to any kind of verb or adjective stem.

> 사람은 졸리면 계속 **하품을 하게 돼요.** (= People constantly yawn when they are sleepy.)
> 마침내 사업을 **시작하게 되었어요**. (= I'm finally starting a business.)
> 케이크가 맛있어서 계속 **먹게 되네요**. (= I keep eating the cake because it's delicious.)
> 그들은 결국 **헤어지게 되었어요.** (= They ended up breaking up.)

Note:

There are some adjectives that cannot be used with this pattern. For example, 비싸다 / 따뜻하다 / 멀다 are some of them.

> 집세가 비싸게 되었어요. (X)
> 날씨가 따뜻하게 될 거예요. (X)
> 이사를 해서 학교가 멀게 되었어요. (X)

📄 EXERCISES 28-3

 1. Listen carefully to the audio files and fill in the blanks.

(1) 파스타가 맛있어서 계속_____.

(2) 운동을 매일 해서_____.

(3) 저는 내년부터 외국에서_____.

(4) 드라마가 재미있어서 매일_____.

(5) 자주 연습해서 농구를_____.

(6) 한국인 남자친구가 생겨서 한국어를_____.

(7) 결국 그 식탁은_____.

(8) 너무 많이 먹으면 살이_____.

2. Mark if the sentence is grammatically correct or wrong by writing O or X.

(1) 넘어져서 팔을 다치게 되었어요. (   )

(2) 회사를 옮겨서 집에서 회사까지 멀게 되었어요. (   )

(3) 어제부터 날씨가 따뜻하게 되었어요. (   )

(4) 며칠 동안 머리가 아파서 결국 병원에 가게 되었어요. (   )

(5) 밤에 목욕하면 일찍 자게 돼요. (   )

(6) 고양이를 키우면 청소를 열심히 하게 돼요. (   )

(7) 다음 달부터 버스 요금이 비싸게 돼요. (   )

LESSON 29 비교, 선택 1
(Comparison, choice 1)

29-1 보다 더, 보다 덜
(More than, less than)

We will learn more about the expressions of comparison and selection that are often used in Korean. "보다" is a particle that indicates what a comparison is about by comparing different things. It is attached to a noun to indicate that the previous word is the object of comparison.

저는 옷이 가방**보다** 많아요. (= I have more clothes than bags.)
택시가 버스**보다** 빨라요. (= The taxi is faster than the bus.)
오늘이 어제**보다** 더워요. (= Today is hotter than yesterday.)
제 동생은 저**보다** 키가 커요. (= My brother is taller than me.)

Note:

1) By adding the adverb "더," which means "more," you can emphasize the meaning of the sentence.

유미 씨는 강아지**보다** 고양이를 **더** 좋아해요. (= Yumi likes cats more than dogs.)
저는 파란색**보다** 빨간색이 **더** 잘 어울려요. (= I look better in red than blue.)

2) By adding the adverb "덜," which means "less," you can emphasize the meaning of the sentence.

야구가 축구**보다 덜** 재밌어요. (= Baseball is less fun than soccer.)
저는 제 친구**보다 덜** 먹어요. (= I eat less than my friend.)

📝 EXERCISES 29-1

 1. Listen carefully to the audio files and write down what you hear.

(1) 맛있어요 / 더 / 치킨이 / 피자보다

→ _____.

(2) 연필이 / 싸요 / 볼펜보다

→ _____.

(3) 겨울을 / 좋아해요 / 여름보다

→ _____.

(4) 어려워요 / 한국어보다 / 덜 / 영어가

→ _____.

(5) 건강에 / 우유가 / 콜라보다 / 좋아요

→ _____.

(6) 불어요 / 바람이 / 덜 / 오늘은 / 어제보다

→ _____.

(7) 더 / 반지가 / 목걸이보다 / 비싸요

→ _____.

2. Look at the pictures and write the sentence with the appropriate usage of the "noun1이/가 noun2보다 Verb아/어요."

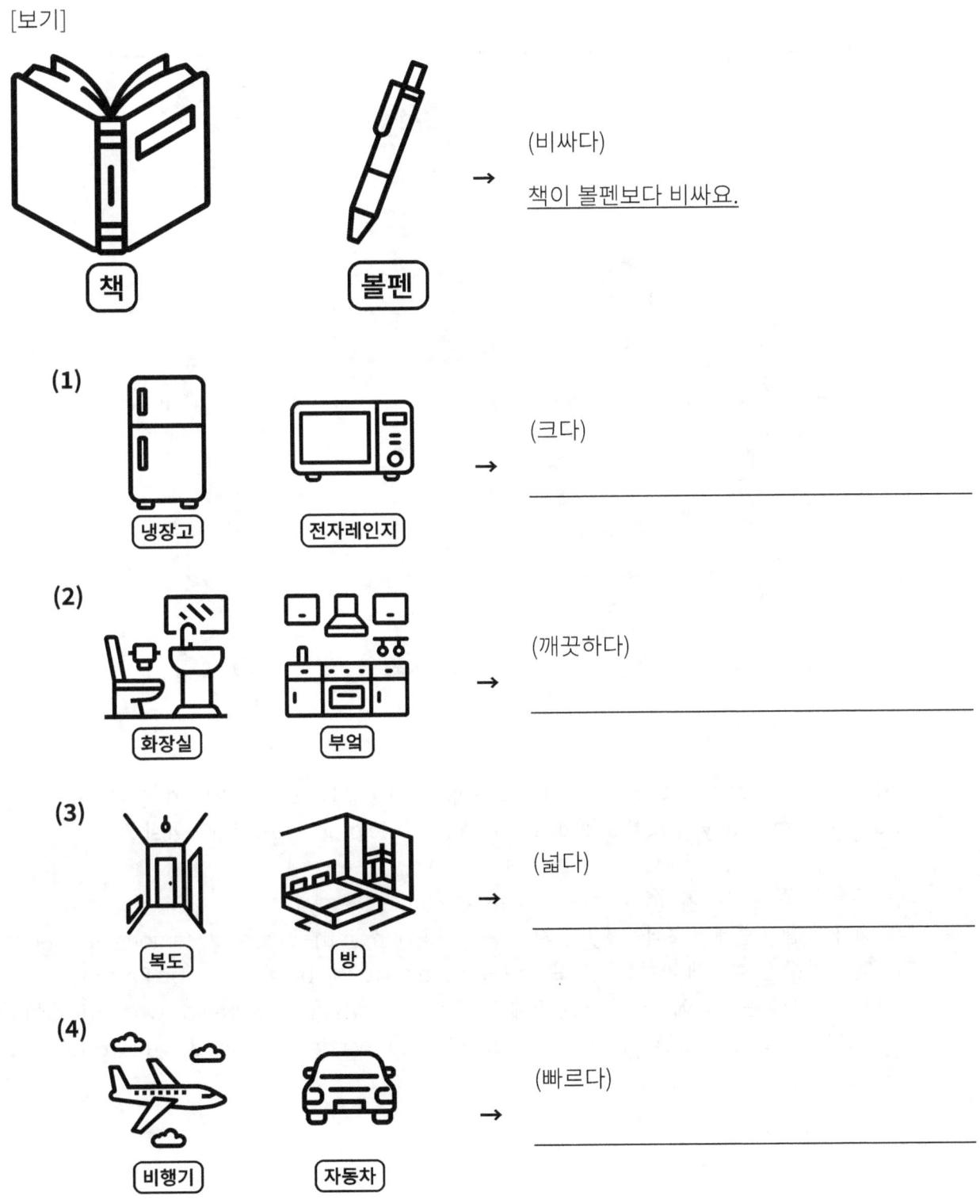

[보기]

(비싸다)
→ 책이 볼펜보다 비싸요.

(1) (크다)
→ _____

(2) (깨끗하다)
→ _____

(3) (넓다)
→ _____

(4) (빠르다)
→ _____

29-2 가장, 제일
(The most)

가장" and "제일" are used for the expression of superlatives. These are adverbs, which modify verbs and adjectives. They have the same meaning as "the most, best" in English.

저는 우리 가족 중에서 **가장** 키가 커요. (= I am the tallest in my family.)
호영이가 제 친구 중에서 노래를 **제일** 잘 불러요. (= Hoyoung is the best singer among my friends.)
지구에서 **가장** 큰 호수에 가보고 싶어요. (= I want to go to the biggest lake on Earth.)
가장 먼저 도착하는 사람에게 선물을 줄 거예요. (= I will give a gift to the person who arrives first.)
이 식당에서 **제일** 맛있는 음식이 뭐예요? (= What is the most delicious food in this restaurant?)

EXERCISES 29-2

1. Listen carefully to the audio files and fill in the blanks.

(1) 여기서_____예쁜 것으로 주세요.

(2) 이 집은 딸기 케이크가_____맛있어요.

(3) 이 시간에는 지하철을 타는 게_____빠를 거예요.

(4) 학교 근처에서_____가격이 싼 식당이 어디예요?

(5) 여름에 태풍이_____많이 와요.

(6) <모던 패밀리>는 제가_____좋아하는 드라마예요.

2. What's your favorite? Answer the questions about yourself using the 가장 or 제일.

> [보기] 무슨 음식을 제일 좋아해요? <u>햄버거를 제일 좋아해요.</u>

(1) 무슨 영화를 가장 좋아해요?_____

(2) 무슨 운동을 제일 자주 해요?_____

(3) 무슨 색깔을 가장 싫어해요?_____

(4) 무슨 동물을 제일 좋아해요?_____

(5) 무슨 노래를 가장 자주 들어요?_____

(6) 무슨 드라마를 제일 좋아해요?_____

(7) 무슨 계절을 가장 싫어해요?_____

(8) 무슨 과일을 제일 많이 먹어요?_____

(9) 무슨 옷을 제일 자주 입어요?_____

(10) 무슨 악기를 제일 좋아해요?_____

3. Look at the pictures and write the sentence using "가장" or "제일."

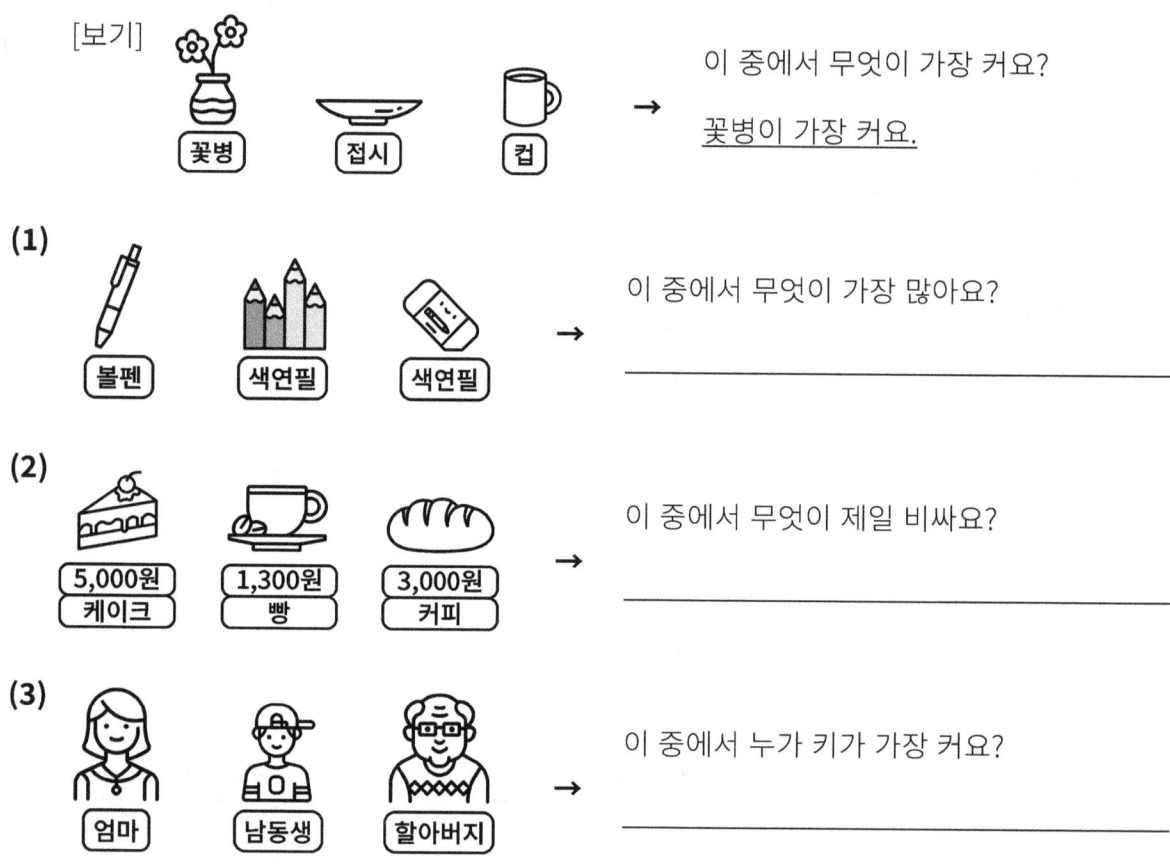

29-3 훨씬
(Much more, much less)

"훨씬" is a comparative emphasis adverb, which indicates that there is a lot of difference between one thing and another. It's an adverb that modifies a verb or an adjective. You can consider it as "much more, much less" in English.

내일부터 날씨가 **훨씬** 추워질 거예요. (= It will be much colder from tomorrow.)
이 집은 예전에 살던 집보다 **훨씬** 커요. (= This house is much bigger than the one in which I used to live.)
소금을 더 넣으면 **훨씬** 맛있을 것 같아요. (= I think it'll taste much better if I add more salt.)
제가 제 여동생보다 나이가 **훨씬** 더 많아요. (= I'm much older than my younger sister.)
이 지갑이 **훨씬** 비싸요. (= This wallet is much more expensive.)

EXERCISES 29-3

 1. Listen carefully and write down the number of the sentences that includes the adverb "훨씬".

_____.

2. Rewrite the sentence in Korean, using the adverb "훨씬."

> [보기]
> 오늘은 어제보다 날씨가 좋아요. → <u>오늘은 어제보다 날씨가 훨씬 좋아요.</u>

(1) 저는 동생보다 노래를 잘해요. →_____

(2) 햄버거보다 피자를 좋아해요. →_____

(3) 파란색이 더 잘 어울려요. →_____

(4) 달리기는 제가 더 빨라요. →_____

(5) 웃으면 기분이 좋아져요. →_____

(6) 발보다 손이 더 더러워요. →_____

(7) 건강하게 먹으면 몸에 좋아요. →_____

(8) 늦게 자면 피부에 안 좋아요. →_____

(9) 11월보다 2월이 더 추워요. →_____

(10) 저는 겨울을 더 좋아해요. →_____

LESSON 30 목적, 의도
(Purpose, intention)

30-1 -기 위해
(In order to)

"-기 위해" is an expression to indicate a purpose or an intention. It indicates that the former action is the object or intention of the subsequent situation or action. This is typically used with verbs.

In order to use this pattern, simply add "-기 위해" to any kind of verb stems.

시험에 **합격하기 위해** 열심히 공부해야 해요. (= I have to study hard to pass the exam.)
세계 여행을 **가기 위해** 돈을 모으고 있어요. (= I'm saving money to travel around the world.)
노래를 잘 **부르기 위해** 매일 연습했어요. (= I practiced every day to sing well.)
학교에 **늦지 않기 위해** 일찍 일어났어요. (= I got up early to avoid being late for school.)
저녁을 **안 먹기 위해** 점심을 많이 먹었어요. (= I ate a lot for lunch so that I wouldn't have dinner.)

Note:

1) The subject of the first and second clauses must be the same, and the subject of the second clause is usually omitted.

저는 요리를 **하기 위해** 친구는 밥을 먹어요. **(X)**
저는 요리를 **하기 위해** (저는) 부엌에 가요. **(O)**

2) You can't use this pattern with the past tense "-었-" and the future tense "-겠-."

저는 어제 영화를 **봤기 위해** 영화관에 갔어요. **(X)**
저는 어제 영화를 **보기 위해** 영화관에 갔어요. **(O)**
저는 내일 선물을 **사겠기 위해** 백화점에 갈 거예요. **(X)**
저는 내일 선물을 **사기 위해** 백화점에 갈 거예요. **(O)**

3) It is not usually combined with the adjectives.

저는 **예쁘기 위해** 머리를 자를 거예요. **(X)**
우리는 **착하기 위해** 좋은 일을 해요. **(X)**

📋 EXERCISES 30-1

🎧 **1.** Listen carefully to the audio files and fill in the blanks.

(1) 일찍_____일찍 자야 해요.

(2) 좋은 사람이_____노력하세요.

(3) 수업에_____빨리 준비하세요.

(4) 수영을_____수영장에 다니고 있어요.

(5) 주말에 친구와_____오늘 숙제를 다 할 거예요.

(6) 에어컨을_____창문을 열었어요.

2. Mark if the sentence is grammatically correct or wrong by writing O or X.

(1) 노래를 부르기 위해 노래방에 가요. ( )

(2) 저는 선물을 사기 위해 그들은 백화점에 갔어요. ( )

(3) 우리는 환경을 보호하기 위해 노력해야 해요. ( )

(4) 자동차를 고치기 위해 정비소에 갈 거예요. ( )

(5) 은영이는 날씬하기 위해 매일 운동을 하고 있어요. ( )

(6) 요리를 했기 위해 고기와 채소를 샀어요. ( )

(7) 저는 일찍 자기 위해 엄마는 자장가를 불렀어요. ( )

(8) 돈을 찾기 위해 은행에 갈 거예요. ( )

(9) 내일 책을 읽겠기 위해 도서관에 갈 거예요. ( )

(10) 졸업 사진을 찍기 위해 예쁜 옷을 샀어요. ( )

3. Match the clauses with lines considering the appropriate context.

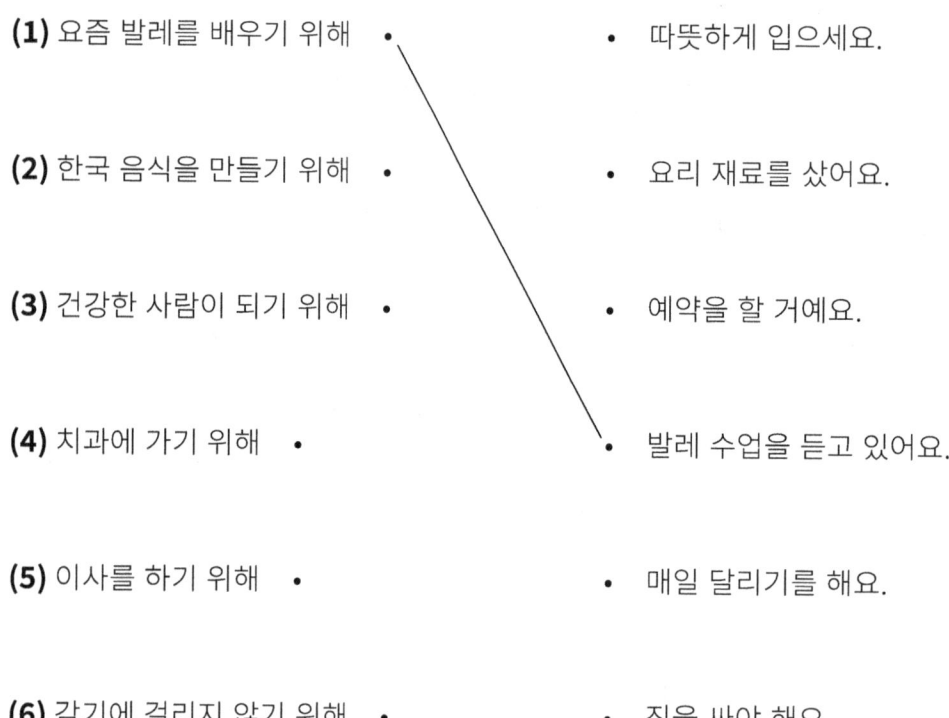

30-2 -(으)려고 하다
(I am planning to…, It is about to…)

"-(으)려고 하다" is an expression to indicate the purpose or the intention of a certain action. It must be used with verbs.

Conjugation rule 1. Verb stem that ends in vowel or in ㄹ: **add "-려고 하다"**

Verb /Adjective	Conjugation	Result
가다 (to go)	가+려고 하다	가려고 하다
마시다 (to drink)	마시+려고 하다	마시려고 하다
울다 (to cry)	울+려고 하다	울려고 하다
만들다 (to make)	만들+려고 하다	만들려고 하다

Conjugation rule 2. Verb stem that ends in consonant: **add "-으려고 하다"**

Verb /Adjective	Conjugation	Result
먹다 (to eat)	먹+으려고 하다	먹으려고 하다
입다 (to wear)	입+으려고 하다	입으려고 하다
읽다 (to read)	읽+으려고 하다	읽으려고 하다
웃다 (to laugh)	웃+으려고 하다	웃으려고 하다

Usage 1: One has the intention or wish to do something.

저는 한국어 선생님이 **되려고 해요.** (= I'm going to be a Korean teacher.)
소정 씨는 영국으로 유학을 **가려고 해요.** (= Sojung is going to study abroad in England.)
도서관에 **가려고 했는데** 오늘 도서관이 문을 닫았어요. (= I was going to go to the library, but it's closed today.)
책을 **사려고 하는데** 같이 갈래? (= I'm going to buy a book, do you want to go with me?)

Usage 2: Something is likely to happen or something is likely to begin. When used in this sense, inanimate objects (not people or animals) are used as subjects.

비가 **오려고 하네요.** (= It's about to rain.)
벌써 날씨가 **더워지려고 해요.** (= It's already getting hot.)

📄 EXERCISES 30-2

  1. Listen carefully to the audio files and fill in the blanks.

(1) 선물을 사러 백화점에_____

(2) 회의가 있어서 일찍_____

(3) 이 모자를_____어때요?

(4) 피아노를_____재밌을 것 같아요.

(5) 내년에 시험을_____

(6) 이제부터 물을 많이_____

(7) 눈이_____것 같아요.

2. Fill in the blanks with appropriate expressions with the given words below, using "-(으)려고 해요."

앉다　마시다　읽다　가다　먹다

(1) 도서관에 가서 책을_____.

(2) 이 소파에_____.

(3) 9시까지 학교에_____.

(4) 한국에 가면 김치찌개를_____.

(5) 운동을 하고 나서 물을_____.

3. Fill in the blanks after changing the given words into the "-(으)려고 해요."

[보기]
밤 10시에는 자려고 해요. (자다)

(1) 약속 장소에 일찍_____(가다)

(2) 지갑을 도둑맞아서 경찰을_____(부르다)

(3) 아이스크림을 너무 많이 먹어서 배가_____(아프다)

(4) 다리가 아파서 의자에 잠깐_____(앉다)

(5) 주말에 창고를_____(청소하다)

(6) 곧 시험이 있어서 오늘은 열심히_____(공부하다)

(7) 병원에 가서 검사를_____(받다)

(8) 너무 컴퓨터를 오래 했는지 머리가_____(아프다)

(9) 마당에 꽃을_____(심다)

(10) 내년에 제주도에 가서 한라산을_____(올라가다)

LESSON 31 띄어쓰기
(Spacing)

31 띄어쓰기 법칙
(Spacing rule)

Rule No.1: Space between words

Each word in a sentence should stand alone. Therefore, you should use spaces between each word. Let's see some examples.

Nouns + Verbs: 책 ✓ 읽어요
Nouns + Nouns: 신발 ✓ 가게
Adjectives + Nouns: 작은 ✓ 냉장고
Verbs + Verbs: 자고 ✓ 싶어요
Noun + Counters: 다섯 ✓ 병, 일곱 ✓ 마리

Name + Title words: 이수정 ✓ 씨, 케이트 ✓ 교수
저는 ✓ 한국 ✓ 사람이에요.
우리는 ✓ 학교에 ✓ 가요.
고양이가 ✓ 문 ✓ 앞에 ✓ 있어요.

Rule No. 2: Particles must be attached to words

Particles take an important role in Korean, since they tell us if a word to which they are linked is the subject, object, etc., of a sentence. Basically, every Korean word should stand alone as we mentioned in rule No.1. However, the particles must be attached to the word that they are modifying.

오늘**은** 날씨**가** 좋네요.
선생님**이** 칠판**에** 글씨를 써요.
저는 학교**에** 가서 책**을** 읽을 거예요.
버스**를** 타고 집**에** 가요.

Rule No.3: No spaces are needed in the middle of proper names

이수정
국립국어원
서울대학교

📄 EXERCISES 31

🎧 **1.** Listen carefully to the audio and write down the sentences with appropriate spacing.

(1) _____
(2) _____
(3) _____
(4) _____
(5) _____
(6) _____
(7) _____

2. Fill in the blanks with appropriate expressions with the given words below, using "-(으)려고 해요."

[보기] 예쁜드레스를사고싶어요 → 예쁜 드레스를 사고 싶어요.

(1) 우리는내일부터학교에가요 → _____
(2) 사과를다섯개주세요 → _____
(3) 저는착한사람이좋아요 → _____
(4) 김보영교수님의수업은몇시예요? → _____
(5) 과일가게에사람이많아요 → _____
(6) 서울대학교에가려고해요 → _____
(7) 무슨색깔을좋아해요? → _____
(8) 영화보고싶어요. → _____
(9) 헨리씨는청소하지않아도돼요 → _____
(10) 그예쁜구두는어디에서샀어요? → _____

LESSON 32 존댓말
(Honorifics)

32-1 반말, 존댓말
(Speech levels)

One of the unique characteristics of the Korean language is that you have to choose the most appropriate endings depending on the speech environment and the relation between the speaker and the listener. It's because age and social status play an important role in the Korean culture. Not using the correct honorific may cause humiliation, and even offend the listener.

There are seven speech levels, from which only four are most used in modern Korea. It's divided based on these two factors: **formality** and **politeness**.

The **formality** refers to the situation they are in, such as a public speech, a TV announcement, a meeting at work, a conversation between parent and child, a chat between friends, etc. We can divide this into a formal and a casual situation.

The **politeness** is related to the relative relations between the speaker and the listener. It's mainly involved with the age or social status. This can be divided into a polite speech and an impolite speech.

Let's take a look at the four speech levels. Each of them shows the different formality and politeness level. Remember, in Korean culture, it is very important to choose the correct speech level based on the situation to show a respect toward the person to whom you are talking.

Speech level	Formal-Polite	Casual-Polite	Formal-Impolite	Casual-Impolite
Name	하십시오체	해요체	해라체	해체
Conjugation	-ㅂ/습니다	-아/어/해요	ㄴ/는다 / -다	-어/아
Usage	- By TV announcers - Between colleagues in a formal setting - When talking to an older person	- Between strangers - When talking to an older person - Between colleagues	- When talking to a younger person - Between close friends or relatives of similar age - Books, newspapers, magazines, etc.	- When talking to a younger person - Between close friends or relatives

해체 is also known as 반말.

하십시오체 and 해요체 are considered as 존댓말.

In the table below, you can see how it's actually used through various verbs and adjectives.

Verb \ Name	하십시오체	해요체	해라체	해체
하다	합니다	해요	한다	해
가다	갑니다	가요	간다	가
살다	삽니다	살아요	산다	살아
입다	입습니다	입어요	입는다	입어
먹다	먹습니다	먹어요	먹는다	먹어

📄 EXERCISES 32-1

 1. Listen carefully to the audio and write down what you hear.

(1) _____

(2) _____

(3) _____

(4) _____

(5) _____

(6) _____

(7) _____

2. Choose which sentence is using the same speech level as in the example sentence.

보기

Example sentence: <u>그 책은 소설책입니다.</u>

① 같이 영화를 봐요.

② 저는 매일 운동을 합니다.

③ 이제 집에 가.

④ 매슈는 서울에 산다.

Answer: ②

---

(1) Example sentence: 저는 고양이를 좋아해요.

① 옷이 너무 비싸요.

② 사람들이 공원에서 걷는다.

③ 선물을 사러 백화점에 갑니다.

④ 이 거울을 사.

    Answer:_____

(2) Example sentence: 내일까지 숙제해 와.

① 사람들은 집에서 시간을 많이 보낸다.

② 그 아이는 매일 9시에 자요.

③ 날씨가 너무 추워.

④ 저는 항상 음식을 빨리 먹습니다.

    Answer:_____

(3) Example sentence: 다음 주에 치과에 갑니다.

① 저녁을 많이 먹었어요.

② 물을 많이 마시면 건강에 좋습니다.

③ 그 아이는 착해.

④ 강아지가 산책한다.

    Answer: _____

32-2 –(으)시-
(Honorific suffix)

By using an honorific suffix -(으)시-, you can show respect to the person mentioned. It can be added to verbs or adjectives.

It doesn't have anything to do with formality or politeness level. This suffix can be used in casual or impolite speech as well, not only in a formal or polite speech.

Formal-Polite 선생님께서 책을 읽**으십**니다.
Formal-Impolite 선생님께서 책을 읽**으신**다.
Casual-Polite 선생님께서 책을 읽**으세**요.
Casual-Impolite 선생님께서 책을 읽**으셔.**

Conjugation rule 1. Verb stem that ends in vowel or in ㄹ: **add "-시-."** If the verb stem ends in ㄹ, drop the ㄹ.

Verb /Adjective	Conjugation	Result
가다 (to go)	가+시+다	가시다
예쁘다 (to be pretty)	예쁘+시+다	예쁘시다
울다 (to cry)	우+시+다	우시다
만들다 (to make)	만드+시+다	만드시다

Conjugation rule 2. Verb stem that ends in consonant: **add "-으시- "**

Verb /Adjective	Conjugation	Result
읽다 (to read)	읽+으시+다	읽으시다
입다 (to wear)	입+으시+다	입으시다
받다 (to receive)	받+으시+다	받으시다
웃다 (to laugh)	웃+으시+다	웃으시다

Note:

1) Some words change their form completely when they're converted into an honorific word.

Vocabulary	Honorific form
먹다 (to eat)	드시다/잡수시다
아프다 (to be ill)	아프시다/편찮으시다
자다 (to sleep)	주무시다
죽다 (to die)	돌아가시다
있다 (to exist)	있으시다/계시다

① "아프시다" is used not to show respect to the subject of the sentence itself, but to show the respect to a certain body part of the subject.

　　Eg. 할머니의 다리가 **아프세요.** (= My grandmother's leg hurts.)

② "있으시다" is an honorific word for a certain object, qualification, character, ability, etc., of someone to whom you want to show respect.

　　Eg. 할아버지는 서재에 책이 많이 **있으십니다.** (= Grandfather has many books in his study.)

2) "주다" (to give) appears in two forms:

① Use "주시다" when showing respect to the person who is "giving."

② Use "드리다" when showing respect to the person who is "receiving."

　　선생님께서 저에게 책을 주**셨**어요. (= The teacher gave me a book.)
　　저는 선생님께 책을 **드렸**어요. (= I gave a book to the teacher.)
　　영수는 선생님께 책을 **드렸**어요. (= Youngsoo gave a book to the teacher.)

3) You can't use the –(으)시- suffix when referring to yourself.

　　저는 23살이세요. **(X)**　　나는 학생이십니다. **(X)**

EXERCISES 32-2

1. Listen carefully to the audio files and fill in the blanks.

(1) 할머니께서 병원에_____.

(2) 운동을_____건강에 좋아요.

(3) 선생님께서 책을_____.

(4) 사장님께서는 키가_____.

(5) 할아버지께서는 작년에_____.

(6) 어머니께서는 비가 오면 항상 다리가_____.

(7) 이것 좀_____.

(8) 아버지는 매일 소파에서_____.

2. Replace the underlined word in the example sentence with an honorific form by using the -(으)시- suffix.

[보기]
선생님은 영화를 <u>봐요.</u>
→ 선생님은 음악을 <u>보세요.</u>

(1) 선생님은 항상 일찍 옵니다.
→ _____

(2) 사장님께서 화가 났어요.
→ _____

(3) 제가 할아버지께 선물을 줄게요.
→ _____

(4) 부장님께서 라면을 먹습니다.
→ _____

(5) 교장 선생님의 말씀이 있었습니다.
→ _____

(6) 친구의 어머니께서 갑자기 죽었어요.
→ _____

(7) 유진 씨는 매일 저에게 꽃을 줍니다.
→ _____

3. Choose the correct variant.

(1) 그 교수님은 매일 달리기를 (하십니다 / 하으십니다).

(2) 노래를 잘 (부르으시네요 / 부르시네요).

(3) 소정 씨가 저에게 선물을 (드렸어요 / 주셨어요).

(4) 선생님께서 책을 (읽으어십니다 / 읽으십니다).

(5) 할머니, 과자를 너무 많이 (드시지 마세요 / 먹으시지 마세요).

(6) 어머니께서 구두를 (신셨어요 / 신으셨어요).

(7) 할아버지께서는 매일 밤 9시에 (주무십니다 / 자십니다).

LESSON 33 추측 3
(Supposition 3)

33-1 -나 보다
(I guess, I assume)

This expression can be used to indicate a supposition of the speaker. It means, "based on a fact or a situation, it seems to be like something." It is used to talk about speculation based on indirect experiences or situations. Therefore, it is used only for objective speculation, not subjective thoughts. "-나 보다" can only be attached to the verbs.

This pattern does not combine with a first-person subject. It can be used only when the subject is a second or third person. The only case in which you can use the first-person as a subject is when the speaker objectifies himself or herself.

저는 학생**인가 봐요.** (X)
우리는 농구를 **하나 봐요.** (X)
제가 성격이 **이상한가 봐요.** (O)

Add -나 보다 to any kind of verb stems. If the verb stem ends in ㄹ, drop the ㄹ.

가다 → 가나 보다   하다 → 하나 보다
입다 → 입나 보다   읽다 → 읽나 보다
놀다 → 노나 보다   만들다 → 만드나 보다

식당에 사람이 많네요. 음식이 **맛있나 봐요.** (= There are a lot of people in the restaurant. I guess the food is good.)
사람들이 우산을 쓰고 다니네요. 밖에 비가 **오나 봐요.** (= People are carrying umbrellas. I guess it's raining outside.)

EXERCISES 33-1

 1. Listen carefully to the audio files and fill in the blanks.

(1) 동생이 좋은 성적을 받은 것을 보니 공부를 열심히_____.

(2) 그 식당은 음식은 맛있는데 인기가 별로 없어. 너무 비싸서_____.

(3) 그 친구는 방학이라서 고향에_____.

(4) 사장님께서 전화를 안 받으십니다. 지금_____.

(5) 너무 많이 먹었더니 배탈이_____.

(6) 강아지가 밥을 안 먹는 걸 보니 어디가_____.

2. Match the clauses with lines considering the appropriate context.

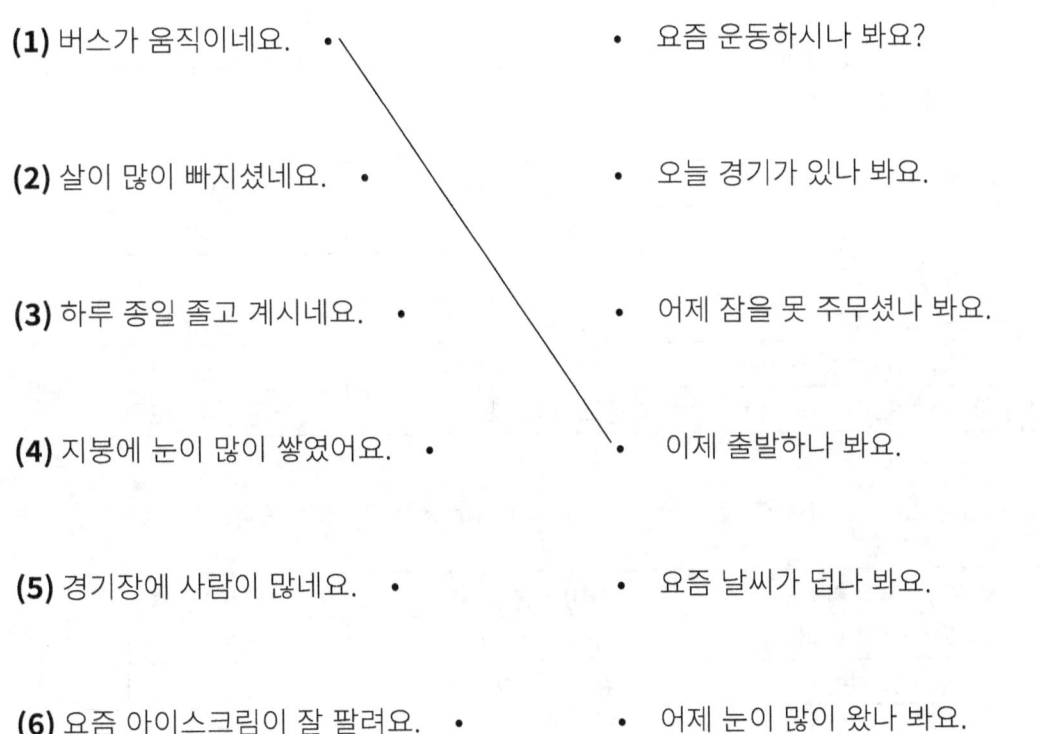

3. Mark if the sentence is grammatically correct or wrong by writing O or X.

(1) 이번 시험이 정말 어려웠나 봐요. (   )
(2) 저는 일찍 일어나나 봐요. (   )
(3) 제이미가 시험에서 1등을 하려고 매일 열심히 공부했나 봐요. (   )
(4) 그 팀이 매번 경기에서 우승을 하는 것을 보니 축구를 잘하나 봐요. (   )
(5) 우리는 매일 숙제를 하나 봐요. (   )
(6) 수정 씨는 예쁘나 봐요. (   )
(7) 동생이 어제 늦게까지 영화를 보더니 늦잠을 자고 있나 봐요. (   )
(8) 그 아이들은 정말 착하나 봐요. (   )

33-2 –(으)ㄴ가 보다
(I guess, I assume)

Unlike "-나 보다," which can only be used with verbs, "-(으)ㄴ가 보다" combines only with adjectives and "이다/아니다."

Conjugation rule 1. Verb stem that ends in vowel or in ㄹ: **add "-ㄴ가 보다." If the verb stem ends in ㄹ, drop the ㄹ.**

Verb /Adjective	Conjugation	Result
예쁘다 (to be pretty)	예쁘+ㄴ가 보다	예쁜가 보다
이다 (to be)	이+ㄴ가 보다	인가 보다
아니다 (to not be)	아닌+ㄴ가 보다	아닌가 보다
깨끗하다 (to be clean)	깨끗하+ㄴ가 보다	깨끗한가 보다
힘들다 (to be strenuous)	힘드+ㄴ가 보다	힘든가 보다

Conjugation rule 2. Verb stem that ends in consonant: **add "-은가 보다."**

Verb /Adjective	Conjugation	Result
작다 (to be small)	작+은가 보다	작은가 보다
깊다 (to be deep)	깊+은가 보다	깊은가 보다
젊다 (to be young)	젊+은가 보다	젊은가 보다
붉다 (to be red)	붉+은가 보다	붉은가 보다

학교에 가는 걸 보니 **학생인가 봐요.** (= Seeing that you are going to the school, I guess you're a student.)

한국어를 못하시는 걸 보니 한국 사람이 **아니신가 봐요.** (= Seeing that you can't speak Korean, I guess you're not a Korean.)

밤새도록 놀 수 있다니, 아직 **젊으신가 봐요.** (= You must be still young to be able to hang out all night.)

📄 EXERCISES 33-2

🎧 **1.** Listen carefully to the audio files and fill in the blanks.

(1) 그 옷은 지호 씨에게 좀_____.

(2) 수학_____?

(3) 수영 금지 팻말이 있는 걸 보니 물이_____.

(4) 영지에게는 영어가_____.

(5) 데비 씨가 요즘 남자친구와 헤어져서_____.

(6) 밖에 날씨가_____.

2. Fill in the blanks with appropriate expressions with the given words in below, using the "-(으)ㄴ가 봐요."

> 좋다 예쁘다 많다 덥다 무겁다 슬프다

(1) 이 가방이 제일 잘 팔리네요. 디자인이_____.

(2) 보영 씨가 시험에 떨어져서_____.

(3) 요즘 우리 가게에 샐러드 주문이 늘었어요. 건강하게 먹는 사람이_____.

(4) 수정 씨는 친구가 많은 걸 보니 성격이_____.

(5) 가방에 책이 많이 있어서_____.

(6) 날씨가_____. 사람들이 땀을 흘리고 있네요.

33-3 -(으)려나 보다
(It seems like..., I assume...)

This expression is a combination of the ending "-려나," which is used to guess, and the auxiliary adjective "보다," which is a word that shows the guesses or recognition of the action or state of the previous word. It can be used to express the guess about something that is mentioned in the preceding statement is likely to happen. You can attach the verbs or the adjectives.

Conjugation rule 1. Verb stem that ends in vowel or in ㄹ: **add "-려나 보다."**

Verb/Adjective	Conjugation	Result
가다 (to go)	가+려나 보다	가려나 보다
공부하다 (to study)	공부하+려나 보다	공부하려나 보다
마시다 (to drink)	마시+려나 보다	마시려나 보다
살다 (to live)	살+려나 보다	살려나 보다

Conjugation rule 2. Verb stem that ends in consonant: **add "-으려나 보다."**

Verb/Adjective	Conjugation	Result
읽다 (to read)	읽+으려나 보다	읽으려나 보다
입다 (to wear)	입+으려나 보다	입으려나 보다
좁다 (to be narrow)	좁+으려나 보다	좁으려나 보다

코트를 입는 걸 보니 이제 **나가려나 봐.** (= Seeing you are wearing a coat, I guess you're going to leave now.)
효리는 도서관에 갔어요. 책을 **읽으려나 봐요.** (= Hyori went to the library. I guess she's going to read a book.)
제니 씨는 한국 귀화 시험을 준비 중이에요. 한국에서 계속 **살려나 봐요.** (= Jenny is preparing for the Korean naturalization test. I guess she's trying to keep living in Korea.)

EXERCISES 33-3

1. Listen carefully to the audio files and fill in the blanks.

(1) 동생이 물을_____.

(2) 드디어 병원에_____?

(3) 그 두 사람이 손을_____.

(4) 할아버지께서 집을_____.

(5) 그 신발을 꺼내는 걸 보니 오늘_____?

(6) 일찍 자는 걸 보니 내일은 일찍_____.

2. Fill in the blanks with appropriate expressions with the given words in below, using the "-(으)려나 봐요."

먹다 오다 일하다 잡다 만들다 그리다

(1) 날씨가 흐리네요. 비가_____.

(2) 밸런타인데이에 줄 초콜릿을_____.

(3) 주호 씨가 자리에 앉은 걸 보니 이제_____.

(4) 연필을 깎는 걸 보니 그림을_____.

(5) 그 낚싯대로 물고기를_____.

(6) 직접 요리를 해서_____.

LESSON 34 비교, 선택 2
(Comparison, choice 2)

34-1 중에서, 사이에서
(Among)

"중" is a noun used to refer to an item out of many items. By adding a particle "에서" after this word, it means "among."

"사이" refers to the distance or space between one object and another, or between one place and another. When it's used with the particle "에서," it means "among," in terms of the comparison or choice between two or more things.

    네 친구 **중에서** 네가 가장 예뻐. (= You are the prettiest among your friends.)
    사과와 포도 **중에서** 무엇을 더 좋아하십니까? (= Which do you prefer, apples or grapes?)
    재즈와 가요 **중에서**는 가요가 더 부르기 편해요. (=Between jazz and pop, it's easier to sing pop.)
    월요일부터 금요일 **사이에서** 오시기에 가장 편한 날을 알려주세요. (= Please let me know the most convenient day for you to come between Monday and Friday.)
    제 친구들 **사이에서**는 제가 가장 키가 큽니다. (= I am the tallest among my friends.)
    이 노래는 한국인들 **사이에서** 유명해요. (= This song is famous among Koreans.)

EXERCISES 34-1

 1. Listen carefully to the audio files and fill in the blanks.

(1) 청국장은 어르신들_____인기가 많아요.

(2) 이_____어느 것이 제일 귀여워요?

(3) 우리_____누가 제일 착한 것 같아요?

(4) 요즘 젊은 사람들_____이 춤이 유행이에요.

(5) 우리 학교 학생_____제가 제일 성적이 좋아요.

2. Read the following questions and answer them based on your thoughts. If possible, try to complete it in a sentence form.

(1) 고양이와 강아지 중에서 어느 동물을 더 좋아해요?
→ _____

(2) 사람들 사이에서 요즘 어떤 노래가 인기가 많아요?
→ _____

(3) 구두와 운동화 중에서 어느 것을 더 자주 신어요?
→ _____

(4) 같은 반 친구 중에서 누가 가장 착해요?
→ _____

(5) 봄에서 겨울 사이에서 무슨 계절을 가장 좋아해요?
→ _____

(6) 매운 음식과 안 매운 음식 중에서 무엇을 더 자주 먹어요?
→ _____

34-2 대신에, -는 대신에
(Instead of, in return)

It's an expression indicating the replacement of one action with another. This pattern is used to indicate that the act is replaced with the verb in the latter section. In colloquial language, it's sometimes used without the "에," in this form: "-는 대신."

"-는 대신에" can be attached to the verb, not adjectives. It can also be used with nouns, as "Noun 대신에."

You can attach "-는 대신에" to any kind of verb stems. If the verb stem ends in ㄹ, drop the ㄹ.

물을 **마시는 대신에** 주스를 마시고 싶어요. (= I want to drink juice instead of water.)
책을 **읽는 대신에** 영화를 봤어요. (= Instead of reading a book, I watched a movie.)
장갑을 **만드는 대신에** 스웨터를 만들고 있어요. (= Instead of making gloves, I'm making sweaters.)
만년필 대신에 볼펜을 샀어요. (= I bought a ballpoint pen instead of a fountain pen.)
엄마 대신에 전화를 받았어요. (= I picked up the phone instead of my mom.)

EXERCISES 34-2

1. Listen carefully to the audio files and fill in the blanks.

(1) 물감_____연필을 주세요.

(2) _____춤을 출게요.

(3) 도서관에_____집에서 책을 읽었어요.

(4) 내일은 늦잠을_____일찍 산책할 거예요.

(5) 빨간색_____파란색으로 할게요.

(6) 오늘은 안경_____ 렌즈를 꼈어요.

2. Listen carefully and mark T if the statement is true and mark F if the statement is false.

(1) 피자를 먹었어요. (   )   (4) 친구에게 전화했어요. (   )

(2) 자전거를 타고 갔어요. (   )   (5) 달리기했어요. (   )

(3) 그림을 그렸어요. (   )   (6) 신문과 소설책을 읽었어요. (   )

3. Fill in the blanks below with appropriate expressions with the given words, using the "대신에" or "-는 대신에."

(1) 저는 드라마_____영화를 볼래요.

(2) 밥을 (먹다)_____잠을 자고 싶어요.

(3) 연극_____뮤지컬을 보러 갈래요?

(4) 비_____눈이 오려나 봐요.

(5) 그렇게 (울다)_____일기를 쓰는 것은 어때요?

(6) 매일 잠만 (자다)_____일이라도 하세요.

34-3 말고, -지 말고 -(으)세요
(Not A but B)

When 말고 is used in a sentence, you'll probably find it in this structure: **"Noun 1 말고 Noun 2."** It can be translated into "Not Noun 1 but Noun 2."

가방 **말고** 신발을 살 거예요. (= I'm going to buy the shoes, not the bags.)
저는 콜라 **말고** 물을 마시고 싶어요. (= I want to drink water instead of Coke.)
그렇게 큰 우산 **말고** 작은 우산은 없어요? (= Don't you have a small umbrella other than that big one?)

Also, the verbs can be used in the same meaning, but in a different structure. If you use this pattern, **"Verb 1 지 말고 Verb 2 (으)세요,"** it means "Not Verb 1, but do Verb 2."

여러분, 시간을 **낭비하지 말고** 열심히 **공부하세요**. (= Everyone, don't waste your time and study hard.)
긴장하지 말고 편하게 **앉으세요.** (= Don't be nervous and sit comfortably.)

EXERCISES 34-3

 1. Listen carefully to the audio files and fill in the blanks.

(1) 노트북_____태블릿은 어때요?

(2) 너무 비싸네요. 이 가게_____저 가게에 가볼까요?

(3) 도서관에서는_____조용히 책을_____.

(4) 동전_____지폐로 주세요.

(5) 그렇게_____가서 잠깐_____.

(6) TV만_____공부도_____.

2. Fill in the blanks with appropriate expressions with the given words below, using the "말고" or "-지 말고 –(으)세요.".

(1) 양치질_____가글을 했어요.

(2) 눈물을 (참다)_____그냥 (울다)_____.

(3) 저는 오이_____양파를 먹을래요.

(4) 다른 사람_____저에게 주세요.

(5) 그 책 (사다)_____도서관에서 (빌리다)_____.

(6) 손_____발이 시려요.

(7) 여기 (오다)_____(가다)_____.

(8) 영화로 (보다)_____책으로 (읽다)_____.

LESSON 35 연결어미 2
(Linking verbs 2)

35-1 -자마자
(As soon as)

"-자마자" is a connective ending that indicates a series of events or actions. It is attached to the verb to represent that the later action or a statement is happening immediately after the action or the statement mentioned in the previous clause.

Note:

1) It is often used with adverbs such as "곧" or "바로" to emphasize that the actions in the preceding and latter sections occur with little difference in time.

교실에 **도착하자마자** 곧 시험이 시작됐어요. (= As soon as I arrived at the classroom, the exam started.)
일어나자마자 바로 세수를 했어요. (= I washed my face as soon as I woke up.)

2) There can be no negative expression in the preceding clause of the sentence that is being connected.

자리에 **앉자마자** 버스가 출발했습니다. **(O)**
자리에 **안 앉자마자** 버스가 출발했습니다. **(X)**
자리에 **앉지 않자마자** 버스가 출발했습니다. **(X)**

집에 **오자마자** 손을 씻었어요. (= I washed my hands as soon as I got home.)
저는 매일 **출근하자마자** 커피를 마십니다. (= I drink coffee as soon as I arrive at work every day.)
알람이 **울리자마자** 일어났어요. (= I woke up as soon as the alarm went off.)

EXERCISES 35-1

 1. Listen carefully to the audio files and fill in the blanks.

(1) 지하철을_____시계를 봤어요.

(2) 시험이_____여행을 갈 거예요.

(3) 그는 경찰을_____도망을 갔어요.

(4) 자리에_____바로 전화가 왔어요.

(5) 집을_____비가 왔어요.

(6) 커피를_____기분이 좋아졌어요.

(7) 편지를_____눈물이 났어요.

2. Fill in the blanks after changing the given words into the "-자마자."

(1) 버스가 (오다)_____타야 돼요.

(2) 영화가 (시작되다)_____울었어요.

(3) 제가 눈물을 (흘리다)_____그녀가 손수건을 건넸어요.

(4) 저는 그 사람이 (만나다)_____마음에 들었어요.

(5) 침대에 (눕다)_____잠들었어요.

(6) 창문을 (열다)_____바람이 세게 불었습니다.

3. Fill in the blanks with appropriate expressions with the given words in below, using the "-자마자."

> 도착하다   부르다   끝나다   사다   받다   마시다

(1) 옷을 _____ 입어봤어요.

(2) 물을 _____ 화장실에 가고 싶어요.

(3) 런던에 _____ 홈스테이 가족과 만날 거예요.

(4) 선물을 _____ 열어봤어요.

(5) 리허설이 _____ 공연이 시작됐어요.

(6) 노래를 _____ 춤을 추고 싶어졌어요.

35-2 -다가.
(While I was doing…, and then…)

This is a connective ending indicating that an act or state is stopped and converted to another act or state. You can use this pattern with verbs or adjectives.

"-다가" can be attached to any kind of verbs. It's allowed to be shortened as "-다."

버스에서 **내리다가** 넘어졌어요. = 버스에서 **내리다** 넘어졌어요.

회사를 1년 동안 **다니다가** 작년에 그만뒀어요. (= I worked at the company for a year and quit last year.)
공원을 **달리다가** 잠깐 쉬고 있어요. (= I'm taking a break while running in the park.)
밥을 **먹다가** 전화를 받았어요. (= I picked up the phone while eating.)
세수**하다가** 셔츠가 젖었어요. (= My shirt got wet while washing my face.)
날씨가 **흐리다가** 좋아졌어요. (= The weather got better after it was cloudy.)
요즘은 아침에는 **따뜻하다가** 저녁에는 추워요. (= These days, it's warm in the morning and cold in the evening.)

📄 EXERCISES 35-2

 1. Listen carefully to the audio files and fill in the blanks.

(1) 춤을_____노래를 불렀어요.

(2) 요리_____손을 다쳤어요.

(3) 잠을_____새벽 2시에 깼어요.

(4) 너무 빨리_____넘어졌어요.

(5) 아이를_____같이 잠들었어요.

(6) 케이크를 매일_____살이 쪘어요.

2. Fill in the blanks after changing the given words into the "-다가."

(1) 지하철을 (기다리다)_____잠들었어요.

(2) 영화를 (보다)_____ 화장실에 갔어요.

(3) 학교에 (가다)_____도서관에 들렀어요.

(4) 옷을 (입다)_____ 찢어졌어요.

(5) 오븐에서 빵을 (꺼내다)_____손을 데었어요.

(6) 콜라를 (마시다)_____트림을 했어요.

(7) 친구와 (이야기하다)_____싸웠어요.

(8) (울다)_____웃었어요.

35-3 -(으)니까
(Since, because, as)

"-(으)니까" is a connective ending indicating a reason or basis of something. It indicates that the preceding clause is the basis for the reason, cause, and judgment for the latter clause. It can be used when the result or judgment is made accordingly in the latter clause due to the reason or cause shown in the previous clause. You can attach the verbs or the adjectives to this pattern.

Conjugation rule 1. Verb stem that ends in a vowel or in ㄹ: **add "-니까."** **If the verb stem ends in ㄹ, drop the ㄹ.**

Verb/Adjective	Conjugation	Result
가다 (to go)	가+니까	가니까
마시다 (to drink)	마시+니까	마시니까
깨끗하다 (to be clean)	깨끗하+니까	깨끗하니까
힘들다 (to be strenuous)	힘드+니까	힘드니까

Conjugation rule 2. Verb stem that ends in consonant: **add "-으니까."**

Verb/Adjective	Conjugation	Result
작다 (to be small)	작+으니까	작으니까
읽다 (to read)	읽+으니까	읽으니까
먹다 (to eat)	먹+으니까	먹으니까

지금 시험을 치고 **있으니까** 조용히 하세요. (= Please be quiet because we're in the middle of a test.)
오늘은 **바쁘니까** 내일 만나요. (= I'm busy today, so let's meet tomorrow.)
이 방은 **깨끗하니까** 저 방을 청소하세요. (= This room is clean, so clean that room.)

EXERCISES 35-3

1. Listen carefully to the audio files and fill in the blanks.

(1) 날씨가_____우산을 가져갈게요.

(2) 물이_____준비 운동을 해야 해요.

(3) 사람이_____조심하세요.

(4) 책을_____졸려요.

(5) 이제 여행을 갈 수_____좋아요.

(6) 그 신발은_____다른 것을 신으세요.

2. Combine two separated sentences into a sentence by using "-(으)니까".

> [보기]　저는 학생이에요. 매일 공부를 해요.
> → 저는 <u>학생이니까</u> 매일 공부를 해요..

(1) 운동을 해요. 살이 빠졌어요.

→ _____

(2) 날씨가 좋아요. 소풍을 갈까요?

→ _____

(3) 키가 작아요. 불편해요.

→ _____

(4) 버스를 타면 늦어요. 택시를 타세요.

→ _____

(5) 추워요. 따뜻한 차를 마시고 싶어요.

→ _____

3. Choose an appropriate expression from the box below and fill in the blanks using the "-(으)니까" ending.

재미있다 주다 어둡다 아프다 앉다 만나다

(1) 화분에 물을 안_____시들었어요.

(2) 친구를_____행복해요.

(3) 머리가_____집에 가서 쉴래요.

(4) 그 영화_____꼭 보세요.

(5) 이 의자에_____편하네요.

(6) 불을 켜세요. 너무_____무서워요..

35-4 -기 때문에
(Because of, because)

"-기 때문에" is an expression that indicates that the preceding statement is the reason or cause for the following incident. It can be attached to verbs or adjectives.

Note:

1) Request sentences or imperative sentences cannot be used in the latter clause.

2) It is awkward to use this expression when it refers to a greeting expressions, such as "반갑다, 고맙다, 감사하다, 미안하다" or a reason for one's feelings or situations. It is natural to use "어서" instead.

시간이 **없기 때문에** 택시를 타야 해요. (= I have to take a taxi because I don't have time.)
저는 **학생이기 때문에** 매일 학교에 갑니다. (= I go to school every day because I am a student.)
매일 운동을 **하기 때문에** 건강해요. (= I'm healthy because I exercise every day.)
그 식당 음식이 맛있고 **싸기 때문에** 자주 가요. (= I frequently eat there because the food is good and affordable)

📑 EXERCISES 35-4

 1. Listen carefully to the audio files and fill in the blanks.

(1) 물을 많이_____피부가 좋아요.

(2) 어제 늦게까지 드라마를_____피곤해요.

(3) 약을_____이제 아프지 않을 거예요.

(4) 저는 한국 문화를_____한국어를 배우고 싶어요.

(5) 바람이 많이_____창문을 닫아야 돼요.

(6) 아이들은 호기심이_____질문을 많이 해요.

(7) 이 강아지는_____물지 않아요.

2. Complete the sentences using the given words with the "-기 때문에" grammar.

(1) 시현 씨는 공부를 열심히 _____ 성적이 좋아요. (하다)

(2) 날씨가 _____ 공원에 사람이 많을 것 같아요. (좋다)

(3) 떡볶이는 _____ 잘 못 먹어요. (맵다)

(4) 머리가 _____ 병원에 가야 돼요. (아프다)

(5) 세호는 _____ 친구가 많아요. (친절하다)

(6) 내일 여행을 _____ 짐을 싸야 돼요. (가다)

(7) 저는 주스를 자주 _____ 냉장고에 주스가 많아요. (마시다)

3. You can read four sets of short dialogues between two people below. Choose the awkward conversation sets.

(1) A: 어떻게 이번 시험에서 1등을 했어?

B: 매일 잠만 잤기 때문에 1등을 할 거야.

(2) A: 감기에 걸리셨나 봐요.

B: 네. 날씨가 갑자기 추워졌기 때문인 것 같네요.

(3) A: 오늘 왜 이렇게 늦게 일어났어요?

B: 어제 늦게까지 일했기 때문에 피곤해요.

(4) A: 어디에 그렇게 급하게 가세요?

B: 곧 버스가 도착하기 때문에 빨리 가세요.

LESSON 36 화법 1
(Speech 1)

36-1 명사 + -(이)라고 하다
(To say that something is + noun)

"-(이)라고 하다" is attached to nouns to indicate that the preceding statement was a quote. This pattern is an indirect quotation. You can use this to quote someone's words indirectly from the speaker's point of view.

Rule 1. If the noun ends in a consonant, attach 이라고 하다.

Rule 2. If the noun ends in a vowel, attach 라고 하다.

선생님께서 오늘이 마지막 **수업이라고** 하셨어요. (= The teacher said that today is the last class.)
그는 직업이 **가수라고** 해요. (= He says that he is a singer.)
제 이름은 **제니퍼라고** 합니다. (= My name is Jennifer.)

📑 EXERCISES 36-1

🎧 1. Listen carefully to the audio files and fill in the blanks.

(1) 도형 씨가 회의가 _____ 했어요.

(2) 여기는 _____ 해요.

(3) 희수와 희정은 _____ 합니다.

(4) 동생은 지금 _____ 해요.

(5) 저는 남편을 _____ 불러요.

(6) 세영 씨의 아들이 _____ 해요.

2. Fill in the blanks by using the "-(이)라고."

(1) 이 요리의 이름은 짜장면_____해요.

(2) 영수 씨는 치과 의사_____해요.

(3) 알베르토 씨가 제일 좋아하는 음식은 파스타_____해요.

(4) 희영 씨가 요즘 자주 보는 영화는 로맨스 영화_____합니다.

(5) 사랑은 서로를 존중하는 것_____합니다.

3. Fill in the blanks and complete the sentences by using the "-(이)라고."

> [보기]
> 선생님: 내일 수업은 10시예요.
> 선생님께서 내일 수업이 <u>10시라고</u> 하셨어요.

(1) 지수: 제가 제일 잘하는 요리는 김치찌개입니다.

지수 씨가 제일 잘하는 요리는_____해요.

(2) 진호: 여기는 경복궁이에요.

진호 씨가 여기는_____했어요.

(3) 민수: 제가 요즘 자주 하는 운동은 농구예요.

민수 씨가 요즘 자주 하는 운동은_____해요.

(4) 효정: 저희 어머니는 영어 선생님이십니다.

효정 씨의 어머니는_____해요.

(5) 유진: 제가 결혼식 때 신을 구두는 이 하얀색 구두예요.

유진 씨가 결혼식 때 신을 구두는_____하네요.

36-2 -(이)라는
(Noun + that is called + noun)

This is an expression that you can use when you are introducing a noun to someone else by its name.

Noun + -(이)라는 + Noun

The first noun should be a more specific term, and the second noun should be a more general term.

Rule 1. If the first noun ends in a consonant, attach 이라는.

Rule 2. If the first noun ends in a vowel, attach 라는.

여기는 **부산이라는 도시**입니다. (= This is a city called Busan.)
저는 **잡채라는 한국 음식**을 좋아해요. (= I like a Korean dish called japchae.)
소희라는 사람이 제 친구예요. (= The person who is called Sohee is my friend.)
추석이라는 한국 명절이 있어요. (= There is a Korean holiday called Chuseok.)

EXERCISES 36-2

1. Listen carefully to the audio files and fill in the blanks.

(1) 이 중에서_____이 제일 그림을 잘 그려요.

(2) 우리는_____를 좋아합니다.

(3) _____은 정말 맛있어요.

(4) _____에 가봤어요?

(5) 저는_____에 다닙니다.

(6) _____를 사용하면 글씨를 예쁘게 쓸 수 있어요.

2. Combine two separated sentences into a sentence by using "-(이)라는 ".

> [보기]   저는 김민수예요. 사람이에요.
> → 저는 김민수라는 사람이에요.

(1) 여기는 해운대예요. 바다예요.

→ _____

(2) 이것은 탄산수입니다. 음료입니다.

→ _____

(3) 오늘은 설이에요. 한국 명절이에요.

→ _____

(4) 이것은 지하철입니다. 교통수단입니다.

→ _____

(5) 이것은 홍차예요. 차예요.

→ _____

36-3 -(ㄴ/는)다
(Narrative present tense)

"-(ㄴ/는)다 " is a sentence ending that can be used as a narrative present tense. It is mainly used for objective writing, such as newspapers and books. In a colloquial speech, it can be used between close friends or if the listener has relatively lower social status than the speaker.

Conjugation Rule for the Verbs:

1) **Add "-ㄴ다"** to a verb stem that ends in a vowel or ㄹ (drop the ㄹ)

2) **Add "-는다"** to a verb stem that ends in a consonant

Conjugation Rule for the Adjectives

Add "-다" to all kinds of verb stems

Verb		Adjective
Verb stem ends in vowel/ㄹ	Verb stem ends in consonant	-다
-ㄴ다	-는다	
보다 → 본다	먹다 → 먹는다	예쁘다 → 예쁘다
마시다 → 마신다	입다 → 입는다	맛있다 → 맛있다
공부하다 → 공부한다	앉다 → 앉는다	넓다 → 넓다
울다 → 운다	웃다 → 웃는다	좁다 → 좁다

여기가 학교가 지어질 장소라고 **한다.** (= This is where the school will be built.)
나는 반바지를 자주 **입는다.** (= I wear shorts often.)
이 식당은 스테이크가 정말 **맛있다.** (= The steak in this restaurant is really good.)

📄 EXERCISES 36-3

🎧 **1.** Listen carefully to the audio files and fill in the blanks.

(1) 아이들이 버스를_____.

(2) 나는 손을 항상 깨끗이_____.

(3) 그는 유명한 가수인데 연기도_____.

(4) 가을에는 산에 단풍이_____.

(5) 어제 청소를 해서 집이_____.

(6) 나는 매일 아침 신문을_____.

(7) 오늘은 날씨가_____.

2. Complete the sentences using the given words with the "-(ㄴ/는)다" grammar.

(1) 시영 씨는 일본어를_____. (가르치다)

(2) 서울역까지는 기차로 2시간이_____. (걸리다)

(3) 운동을 자주 하면 건강에_____. (좋다)

(4) 비가 올 때는 장화를_____. (신다)

(5) 나는 집에서 요리를_____. (만들다)

(6) 내 친구는 항상 큰 소리로_____. (웃다)

(7) 잠을 잘 자지 못하면_____. (피곤하다)

(8) 이가 아파서 부드러운 음식만_____. (먹다)

3. Mark if the sentence is grammatically correct or wrong by writing O or X. If there is an error, correct it to the right version.

> 보기
> 우리는 매일 학교에 간다. (O) _____ → _____
> 딸기는 봄에 가장 맛있는다. (X) <u>맛있는다</u> → <u>맛있다</u>

(1) 열심히 공부하면 합격할 수 있다.   ( ) _____ → _____

(2) 낚싯대로 물고기를 잡는다.   ( ) _____ → _____

(3) 한국에 가려고 한국어를 배우는다.   ( ) _____ → _____

(4) 그 마트에는 항상 사람이 많다.   ( ) _____ → _____

(5) 나는 매일 우유를 마신다.   ( ) _____ → _____

(6) 다음 주 월요일에 병원에 가는다.   ( ) _____ → _____

(7) 이 학교는 커서 유명한다.   ( ) _____ → _____

LESSON 37 축약형
(Word contractions)

37-1 주어 + 주격 조사
(Subject + topic/subject marker)

If the subject marking particle "이/가" is used with the demonstrative pronouns, such as "이것, 그것, 저것," in a sentence, it can also be used as an abbreviation, as shown below. It is commonly used in colloquial speech.

것 + 이 → **게**
이것 + 이 → **이게**
그것 + 이 → **그게**
저것 + 이 → **저게**

마실 게 없어요. = 마실 **게** 없어요. (= There is nothing to drink.)
이것이 뭐예요? = **이게** 뭐예요? (= What is this?)
그것이 제 가방입니다. = **그게** 제 가방입니다. (= That's my bag.)
저것이 민지 씨의 책이에요. = **저게** 민지 씨의 책이에요. (= That's Minji's book.)

EXERCISES 37-1

1. Listen carefully to the audio files and fill in the blanks.

(1) _____제 신발인 것 같아요.

(2) 침대 위에 있는_____제 옷이에요.

(3) 수영 씨,_____뭐죠?

(4) _____교과서라고 합니다.

(5) 더 이야기할_____있어요?

(6) _____이 식당에서 제일 인기 있는 음식이에요.

2. Rewrite the sentence by changing the underlined word into a contracted form.

> 보기
> 이것은 제 컴퓨터입니다. → 이게 제 컴퓨터입니다.

(1) 저는 요리하는 것이 좋아요. → _____.

(2) 냉장고에 먹을 것이 없네요. → _____.

(3) 저것이 어제 산 지갑이에요? → _____.

(4) 일찍 일어나는 것이 중요해요. → _____.

(5) 이것이 저의 장점입니다. → _____.

(6) 이 중에서 그것이 가장 예쁘네요. → _____.

(7) 이것을 사는 것이 좋겠어요. → _____.

37-2 목적어 + 목적격 조사
(Object + object marker)

When an object marking particle "을/를" comes after the pronouns "나, 저, 너, 뭐, 이것, 그것, 저것," they can be contracted as below. It is commonly used in colloquial speech.

나 + 를 → **날**   이것 + 을 → **이걸**
저 + 를 → **절**   그것 + 을 → **그걸**
너 + 를 → **널**   저것 + 을 → **저걸**
뭐 + 를 → **뭘**   여기 + 를 → **여길**
것 + 을 → **걸**   거기 + 를 → **거길**

나를 사랑해 줘. = **날** 사랑해 줘. (= Please love me.)
저를 좋아하세요? = **절** 좋아하세요? (= Do you like me?)
너를 이해하고 싶어. = **널** 이해하고 싶어. (= I want to understand you.)
내일 뭐를 먹고 싶어요? = 내일 **뭘** 먹고 싶어요? (= What do you want to eat tomorrow?)
저는 영화 보는 것을 좋아해요. = 저는 영화 보는 **걸** 좋아해요. (= I like watching movies.)
우리는 이것을 마실 거야. = 우리는 **이걸** 마실 거야. (= We're gonna drink this.)
그것을 저한테 주세요. = **그걸** 저한테 주세요. (= Give it to me.)
영호 씨는 저것을 사려나 봐요. = 영호 씨는 **저걸** 사려나 봐요. (= Youngho must be buying that.)

EXERCISES 37-2

 1. Listen carefully to the audio files and fill in the blanks.

(1) _____전에도 와봤어요.

(2) 저희 부모님께서는_____많이 사랑하십니다.

(3) _____매일 먹어야 해요.

(4) 우리가 8시까지_____가려면 일찍 일어나야 해.

(5) 사람들은_____좋아해요.

(6) 나는_____좋아해._____왜 몰라?

(7) _____보다가 지루해서 잘 것 같아.

2. Rewrite the sentence by changing the underlined word into a contracted form.

> 보기
> 이것을 잘 섞어주세요. → 이걸 잘 섞어주세요.

(1) 저는 청소하는 것을 좋아해요. → _____.

(2) 슬플 때 여기를 자주 왔어요. → _____.

(3) 그것을 보면 항상 행복해요. → _____.

(4) 나를 이해할 수 있어요? → _____.

(5) 우리는 저것을 하고 싶어요. → _____.

(6) 뭐를 제일 잘 드세요? → _____.

(7) 나는 너를 미워해. → _____.

(8) 거기를 빨리 가보고 싶어요. → _____.

LESSON 38 화법 2
(Speech 2)

38-1 동사/형용사 + -(ㄴ/는)다고 하다
(To say that S + verb/adjective)

"-(ㄴ/는)다고 하다" is similar to "noun + (이)라고 하다." You can use this to indicate that the preceding statement was a quote. The difference is that "-(ㄴ/는)다고 하다" is attached to verbs and adjectives.

Conjugation Rule for the Verbs:

1) Add "**-ㄴ다고 하다**" to a verb stem that ends in a vowel or ㄹ (drop the ㄹ)

2) Add "**-는다고 하다**" to a verb stem that ends in a consonant

Conjugation Rule for the Adjectives

Add "**-다고 하다**" to all kind of verb stems

Verb		Adjective
Verb stem ends in vowel/ㄹ -ㄴ다고 하다	Verb stem ends in consonant -는다고 하다	-다고 하다
보다 → 본다고 하다	먹다 → 먹는다고 하다	예쁘다 → 예쁘다고 하다
마시다 → 마신다고 하다	입다 → 입는다고 하다	맛있다 → 맛있다고 하다
공부하다 → 공부한다고 하다	앉다 → 앉는다고 하다	넓다 → 넓다고 하다
울다 → 운다고 하다	웃다 → 웃는다고 하다	좁다 → 좁다고 하다

영수 씨는 내일 **공부한다고 해요.** (= Youngsoo says that he is going to study tomorrow.)
존이 이 양복을 **입는다고 하네요.** (= John says that he is going to wear this suit.)
이 식당은 싸고 **맛있다고 합니다.** (= They say that this restaurant is cheap and delicious.)

📑 EXERCISES 38-1

 1. Listen carefully to the audio files and fill in the blanks.

(1) 제 친구가 여기에_____.

(2) 웨이 씨는 콜라를_____.

(3) 이웃이 제 강아지가_____기분이 좋아요.

(4) 교수님께서 내일은_____.

(5) 내일 이 영화를 같이_____.

(6) 피아니스트가 옆집에_____.

(7) 그 사람은 잘_____.

2. Complete the sentences using the given words with the "-(ㄴ/는)다고 해요" grammar.

(1) 여기에서 부산까지 1시간이_____. (걸리다)

(2) 제 친구는 취미로 목도리를_____. (만들다)

(3) 그 집은 거실이_____. (넓다)

(4) 제 여자친구는 저만 보면_____. (웃다)

(5) 소민 씨는 제가 착하고_____. (다정하다)

(6) 그는 매일 체육관에_____. (가다)

(7) 호세 씨는 매운 음식을 잘_____. (먹다)

38-2 동사 + -(으)라고 하다
(To tell someone to do something)

"-(으)라고 하다" is an expression used for indirectly communicating another person's order, recommendation, etc. It is attached to verbs.

Conjugation rule 1. Verb stem that ends in vowel or in ㄹ: **add "-라고 하다."**

Verb/Adjective	Conjugation	Result
가다 (to go)	가+라고 하다	가라고 하다
공부하다 (to study)	공부하+라고 하다	공부하라고 하다
마시다 (to drink)	마시+라고 하다	마시라고 하다
살다 (to live)	살+라고 하다	살라고 하다

Conjugation rule 2. Verb stem that ends in consonant: **add "-으라고 하다."**

Verb/Adjective	Conjugation	Result
읽다 (to read)	읽+으라고 하다	읽으라고 하다
입다 (to wear)	입+으라고 하다	입으라고 하다
앉다 (to sit)	앉+으라고 하다	앉으라고 하다

선생님이 학생들에게 **앉으라고 했습니다.** (= The teacher told the students to sit down.)
친구가 자기 집에서 같이 **살라고 하네요.** (= My friend told me to live in his house with him.)
엄마가 저에게 방 청소를 **하라고 하셨어요.** (= My mom told me to clean my room.)

EXERCISES 38-2

 1. Listen carefully to the audio files and fill in the blanks.

(1) 얼른 동생에게_____.

(2) 수지 씨에게 추우니까 따뜻한 옷을_____.

(3) 여기에_____.

(4) 그 자료는 마이클 씨한테_____.

(5) 시청에 가려면 30번 버스를_____.

(6) 아이들에게 밥 먹기 전에 손을_____.

(7) 제 이야기가 서툴러도_____.

2. Mark if the sentence is grammatically correct or wrong by writing O or X.

(1) 오늘 눈이 오니까 조심하라고 했어요. (   )

(2) 공사 중이라서 돌아가으라고 하네요. (   )

(3) 그 일은 김 사장님께 부탁하라고 하세요. (   )

(4) 감자를 이 크기로 썰라고 해주세요. (   )

(5) 흰색 옷 대신에 검은색 옷을 입라고 합니다. (   )

(6) 규현이에게 선생님을 만나면 인사하으라고 하세요. (   )

(7) 내일 회의에 꼭 참석하라고 해주세요. (   )

(8) 거기 말고 여기서 책을 읽라고 하세요. (   )

38-3 -았/었/했다고 하다, -(으)ㄹ 거라고 하다
(They said that they had done/would)

While "-(ㄴ/는)다고 하다" indicates the present tense of the quote, "-았/었/했다고 하다" and "-(으)ㄹ 거라고 하다" show that this quote is a past or a future tense. You can use the verbs and adjectives for this pattern.

-았/었/했다고 하다: The quote is past tense

Vowel ㅏ, ㅗ O	+ 았다고 하다	만나다 → 만났다고 하다 보다 → 봤다고 하다
Vowel ㅏ, ㅗ X	+ 었다고 하다	먹다 → 먹었다고 하다 마시다 → 마셨다고 하다
하다	했다고 하다	공부하다 → 공부했다고 하다

(으)ㄹ 거라고 하다: The quote is future tense

Verb stem ending with a final consonant	+ -을 거라고 하다	읽다 → 읽을 거라고 하다 먹다 → 먹을 거라고 하다
Verb stem ending without a final consonant	+ -ㄹ 거라고 하다	만나다 → 만날 거라고 하다 자다 → 잘 거라고 하다
The final consonant ㄷ	+ (ㄷ→ㄹ) 거예요	듣다 → 들을 거라고 하다 걷다 → 걸을 거라고 하다
The final consonant ㄹ	+ 거예요	살다 → 살 거라고 하다 팔다 → 팔 거라고 하다

경호 씨가 어제 수영 씨와 **만났다고 해요.** (= They say that Kyungho met Soo-young yesterday.)
저는 어릴 때 **귀여웠다고 해요.** (= They say I was cute when I was young.)
그는 목이 말라서 물을 많이 **마셨다고 합니다.** (= He said that he drank a lot of water because he was thirsty.)
엄마가 제 방을 어제 **청소했다고 하셨어요.** (= My mom said that she cleaned my room yesterday.)
아이가 이 책을 **읽을 거라고 하네요.** (= The child says that he is going to read this book.)
여동생은 이제 **잘 거라고 해요.** (= My sister says that she's going to sleep now.)
민니 씨는 음악을 **들을 거라고 했어요.** (= Minnie said that she would listen to music.)
친구가 컴퓨터를 **팔 거라고 해요.** (= My friend says that he is going to sell the computer.)

EXERCISES 38-3

 1. Listen carefully to the audio files and fill in the blanks.

(1) 파티가 정말_____.

(2) 꿀벌들이_____.

(3) 버려진 플라스틱으로 이 옷을_____.

(4) 제임스 씨가_____.

(5) 강아지가 뱀을 보자마자_____.

(6) 그 부부는 내년에 아이를_____.

2. Fill in the blanks with the correct -았/었/했다고 해요 form.

> [보기] 가다 → 갔다고 해요

(1) 자다 → _____

(2) 보다 → _____

(3) 마시다 → _____

(4) 공부하다 → _____

(5) 만들다 → _____

(6) 배우다 → _____

(7) 오다 → _____

(8) 읽다 → _____

(9) 놀다 → _____

(10) 입다 → _____

(11) 예쁘다 → _____

(12) 착하다 → _____

(13) 좋다 → _____

(14) 맛있다 → _____

(15) 걷다 → _____

3. Fill in the blanks with the correct –(으)ㄹ 거라고 해요 form.

[보기] 가다 → 갈 거라고 해요

(1) 자다 → _____

(2) 보다 → _____

(3) 마시다 → _____

(4) 공부하다 → _____

(5) 만들다 → _____

(6) 배우다 → _____

(7) 오다 → _____

(8) 읽다 → _____

(9) 놀다 → _____

(10) 입다 → _____

(11) 예쁘다 → _____

(12) 착하다 → _____

(13) 좋다 → _____

(14) 맛있다 → _____

(15) 걷다 → _____

LESSON 39 비교, 선택 3
(Comparison, choice 3)

39-1 -에 비해서 -(으)ㄴ/는 편이다
(Compared to, relatively)

"Noun에 비해서 Verb/Adjective -(으)ㄴ/는 편이다" means "compared to a noun, it's relatively more of a verb/adjective." It's an expression used to indicate that something has a certain tendency or is classified as such, instead of being sure of it, comparing it to the noun.

Adjective		Verb
Verb stem ends in vowel/ㄹ	Verb stem ends in consonant	-는 편이다
-ㄴ 편이다	-은 편이다	
예쁘다 → 예쁜 편이다	좁다 → 좁은 편이다	보다 → 보는 편이다
착하다 → 착한 편이다	젊다 → 젊은 편이다	가다 → 가는 편이다
크다 → 큰 편이다	넓다 → 넓은 편이다	먹다 → 먹는 편이다
힘들다 → 힘든 편이다	작다 → 작은 편이다	울다 → 우는 편이다

그는 **혜영 씨에 비해서** 키가 **큰 편입니다.** (= He is tall compared to Hyeyoung.)
저는 **다른 사람들에 비해서** 커피를 더 많이 **마시는 편이에요.** (= I tend to drink more coffee than other people.)
기말시험은 **중간시험에 비해서 어려운 편입니다**. (= The final exam is difficult compared to the midterm exam.)

📄 EXERCISES 39-1

 1. Listen carefully to the audio files and fill in the blanks.

(1) 이 꽃은 _____.

(2) 제 방은 _____.

(3) 저는_____드라마를 _____.

(4) 달리기는 _____.

(5) 이 동네는 _____.

(6) 저는_____ 저녁에 더 기분이 _____.

2. Complete the sentences using the given words with the "-에 비해서 -(으)ㄴ/는 편입니다" grammar.

> 보기
> 가방은   (옷 / 비싸다)
> → 가방은 <u>옷에 비해서 비싼 편입니다.</u>

(1) 유리는 (철 / 약하다)

→ _____

(2) 그 신발은 (저 신발 / 싸다)

→ _____

(3) 우리 강아지는 (고양이 / 사료를 잘 먹다)

→ _____

(4) 화장실은 (부엌 / 작다)

→ _____

(5) 저는 (언니 / 쇼핑을 자주 하다)

→ _____

(6) 오늘은 (어제 / 일찍 일어나다)

→ _____

(7) 어린아이들은 (어른들 / 활동량이 많다)

→ _____

39-2 -(으)ㄹ 수밖에 없다
(To have no other choice but to)

This is an expression indicating that there is no other way or that it is a natural result. It is attached to the verbs or adjectives, to indicate that there is no other way or possibility.

Conjugation rule 1. Verb stem that ends in vowel or in ㄹ: **add "-ㄹ 수밖에 없다." If the verb stem ends in ㄹ, drop the ㄹ.**

Verb /Adjective	Conjugation	Result
가다 (to go)	가+ㄹ 수밖에 없다	갈 수밖에 없다
공부하다 (to study)	공부하+ㄹ 수밖에 없다	공부할 수밖에 없다
마시다 (to drink)	마시+ㄹ 수밖에 없다	마실 수밖에 없다
살다 (to live)	사+ㄹ 수밖에 없다	살 수밖에 없다

Conjugation rule 2. Verb stem that ends in consonant: **add "-을 수밖에 없다."**

Verb /Adjective	Conjugation	Result
읽다 (to read)	읽+을 수밖에 없다	읽을 수밖에 없다
입다 (to wear)	입+을 수밖에 없다	입을 수밖에 없다
앉다 (to sit)	앉+을 수밖에 없다	앉을 수밖에 없다

배가 너무 아파서 병원에 **갈 수밖에 없었어.** (= I had no choice but to go to the hospital because my stomach hurt so much.)
한국에서 오래 살아서 한국에 대해 잘 **알 수밖에 없어요.** (= I've lived in Korea for a long time, so I have no choice but to know Korea well.)
집에 먹을 게 없다고 하니 밖에서 **먹을 수밖에 없겠네요.** (= I guess we have no choice but to eat out because there's nothing to eat at home.)

📑 EXERCISES 39-2

 1. Listen carefully to the audio files and fill in the blanks.

(1) 그렇게 서로가 좋으면 _____.

(2) 문을 열자마자 다시 _____.

(3) 제일 싼 옷을 _____.

(4) 저는 약사라서 약에 대해 잘 _____.

(5) 현금이 없어서 카드로 _____.

(6) 버스가 올 때까지 _____.

2. Complete the sentences using the given words with the "-(으)ㄹ 수밖에 없어요."

(1) 주말에는 백화점에 사람이_____(많다)

(2) 무엇이든 처음 배우면_____(어렵다)

(3) 내일은 시험이 있어서 오늘 열심히_____(공부하다)

(4) 돈이 없어서 라면을_____(먹다)

(5) 어제 늦게 자서_____(피곤하다)

(6) 이 영화는 너무 슬퍼서 보면서_____(울다)

(7) 작년보다 키가 커서 이 옷이_____(작다)

(8) 오늘은 비가 와서 우산을_____(쓰다)

(9) 너무 뜨거워서 천천히_____(마시다)

LESSON 40 종결어미
(Sentence endings)

40-1 -지(요)
(Sentence ending 1)

"-지(요)" is a sentence ending, which can be used when the speaker confirms and says something that the listener thought he/she already knew. You can use this ending to tell facts that both the speaker and the listener already know.

"-지" is a casual-impolite speech and "-지요" is a casual-polite speech. When "-지요" is used in a colloquial speech, it's often used as a shortened form "-죠."

Attach "-지요" to any kind of verb/adjective stem.

이 꽃 봐. 정말 **예쁘지?** (= Look at this flower. It's really pretty, right?)
요즘 날씨가 정말 **춥지요.** (= It's really cold these days.)
출근 시간에는 버스에 사람이 항상 **많지요.** (= There are always a lot of people on the bus during rush hour.)
어제 경기에서 그 선수가 정말 **대단했지.** (= The player was really great in yesterday's game.)

EXERCISES 40-1

 1. Listen carefully to the audio files and fill in the blanks.

(1) 우리는 학생이니까 공부를 열심히_____.

(2) 내일은 시험이 있으니까 일찍_____.

(3) 벌써 12월이니까 추운 게_____.

(4) 이게 새로 나온 모델이니까 더_____.

(5) 제 친구들은 다_____.

(6) 주말이니까 백화점에 사람이_____.

2. Complete the sentences using the given words with the "-지요."

(1) 펠리페 씨는 멕시코 사람이니까 스페인어를_____(잘하다)

(2) 밤이라서 사람들이 다_____(자고 있다)

(3) 봄이니까 날씨가_____(따뜻해지다)

(4) 감기에 걸렸으니까 기침이_____(나오다)

(5) 아이스크림을 너무 많이 먹으니까 배가_____(아프다)

(6) 요리사니까 음식을 항상 많이_____(먹다)

(7) 물을 많이 마시면 화장실에 자주_____(가다)

(8) 공부를 열심히 하면 좋은 성적을_____(받다)

(9) 옷을 너무 많이 사니까 돈이_____(없다)

(10) 매일 운동을 하니까 몸이_____(건강하다)

40-2 -잖아(요)
(Sentence ending 2)

"-잖아(요)" is a sentence ending that can be used to check with or correct the listener on something about a certain situation. This ending is used when the speaker has the intention of confirming a situation to the listener or correcting the situation. It is mainly used in colloquial language.

Attach "-잖아(요)" to any kind of verb/adjective stem.

> 내일 시험이면 열심히 공부해야 **하잖아요.** (= You have to study hard if you have an exam tomorrow.)
> 천천히 먹어요. 급하게 먹으면 배가 **아프잖아요.** (= Eat slowly. If you eat in a hurry, your stomach hurts.)
> 내가 일찍 오라고 **말했잖아.** (= I told you to come early.)
> 우리는 지금은 못 나가요. 밖에 비가 **오잖아요**. (= We can't go out right now. It's raining outside.)

📝 EXERCISES 40-2

 1. Listen carefully to the audio files and fill in the blanks.

(1) 오늘부터 다이어트를 한다고_____.

(2) 내일 비가 온다고_____.

(3) 서두르지 않으면 약속 시간에_____.

(4) 너무 일찍 자면 새벽에_____.

(5) 많이 마시면 화장실에 자주_____.

(6) 조용히 하라고_____.

(7) 한국은 김치가_____.

2. Complete the sentences using the given words with the "-잖아요."

(1) 경기에서 이겼으니까 상을_____(받다)

(2) 한국 사람들은 쌀을 많이_____(먹다)

(3) 우리나라는 사계절이_____(뚜렷하다)

(4) 일찍 일어나면 일출을_____(볼 수 있다)

(5) 내일 여기에서 파티를_____(하다)

(6) 지금은 눈이 많이_____(오다)

(7) 동생은 매일 소파에서_____(자다)

(8) 향수를 뿌리면 좋은 향기가_____(나다)

(9) 날씨가 더워지면 사람들이 샌들을 많이_____(신다)

(10) 비가 오면 사람들이 우산을_____(쓰다)

40-3 -거든(요)
(Sentence ending 3)

"-거든(요)" is a sentence ending that can be used to say the reason or facts about the previous content as if it were natural. It is used when a reason or fact is said for granted. It is mainly used in colloquial speech, and it is used when the listener thinks that he or she may not know what is being said.

Attach "-거든(요)" to any kind of verb/adjectives stem.

커피를 마셔야겠어요. 어제 너무 늦게 자서 **피곤하거든요.** (= I'm going to have some coffee. I'm tired because I slept too late last night.)
성적이 떨어졌어. 요즘 매일 아르바이트하느라 공부를 **못했거든.** (= My grades dropped. I haven't been able to study because I've been working part time every day.)
줄리아는 친구가 많아요. 성격이 **좋거든요**. (= Julia has a lot of friends. She has a good personality.)
우산을 들고 갈 거야. 일기예보에서 오후에 비가 온다고 **했거든**. (= I'll take an umbrella with me. The weather forecast said it's going to rain in the afternoon.)

EXERCISES 40-3

1. Listen carefully to the audio files and fill in the blanks.

(1) 이제 가 봐야겠어요. 너무_____.

(2) 울지 마세요. 저도 눈물이_____.

(3) 택시를 타야 해. 지금 버스를 타면 약속 시간에_____.

(4) 내일 병원에 가야_____.

(5) 이번 방학 때 컴퓨터를_____.

(6) 조금 전에 교수님께 메일을_____.

(7) 나는 커피를 마시면 잠을 못_____.

2. Complete the sentences using the given words with the "-거든요."

(1) 저는 주방이 더러우면_____(화나다)

(2) 집에 가면 강아지가_____(있다)

(3) 아기는 매운 음식을 못_____(먹다)

(4) 앤디 씨가 배가_____(아프다)

(5) 저는 항상 클래식 음악만_____(듣다)

(6) 수영 씨는 손이 정말_____(예쁘다)

(7) 저랑 제 친구들은 항상 뒷마당에서_____(놀다)

(8) 그 사람은 키도 크고 성격도_____(좋다)

(9) 저는 취미로 피아노를_____(치다)

(10) 맛있는 걸 먹으면 항상 그 사람이_____(생각나다)

CONCLUSION

Congratulations on studying this book to the very end! Now you have grasped a basic command of Korean grammar. So far you have learned about the formalities and politeness, and various greeting phrases. Moreover, you can make different sentences and express your thoughts in Korean by the grammar you have learned. Probably you are no longer afraid to to speak in Korean.

Throughout the chapters, we have explored various grammar patterns, sentence structures, verb conjugations, and other essential elements necessary for effective communication in Korean. Each grammar point has been explained in a clear and concise manner, accompanied by numerous examples and exercises to reinforce understanding and application.

It is important to note that mastering Korean grammar is an ongoing process. Use the grammar you learned in various ways. For instance, you can do sentence-writing practices with the grammar you have learned. Maybe you can make some Korean friends and have conversations with them. If you love K-pop, you can watch television shows or Korean movies to see how the grammar you have learned is used. Grammar is generally considered difficult and tedious, but it is an essential part of expressing your thoughts. It is therefore equally important to understand the rules and to know how to use them. It will take a lot of time and effort to use this in a natural way.

You now have basic knowledge of Korean grammar. Easy and simple conversations will no longer be challenging for you. What you have learned from this book will be a valuable addition to your future study on Korea. We hope that this book has been a valuable resource on your journey to learning Korean grammar. Good luck on your language-learning adventure, and may you find joy and success in mastering the beautiful Korean language!

ANSWER KEY

Exercises 1-1

1.

(1) 하
(2) 가
(3) 십
(4) 녕
(5) 십
(6) 계
(7) 십
(8) 세

2.

(1) 존댓말
(2) 반말
(3) 존댓말
(4) 존댓말
(5) 존댓말

3.

(1) 안녕히 가세요.
(2) 안녕히 계세요.
(3) 안녕히 가세요.

Exercises 1-2

1.

(1) 워요.
(2) 에요.
(3) 합니다.
(4) 해요.
(5) 합니다.
(6) 에요.
(7) 아요.
(8) 요.
(9) 요.
(10) 해요.

2.

(1) 괜찮아요. / 아니에요. / 괜찮습니다. / 아닙니다.
(2) 천만에요. / 아니에요. / 별 말씀을요. / 아닙니다.
(3) 천만에. / 아니야.
(4) 괜찮아요. / 아니에요. / 괜찮습니다. / 아닙니다.
(5) 괜찮아요. / 아니에요. / 괜찮습니다. / 아닙니다.

3.

(1) 천만에요. / 아니에요. / 별 말씀을요. / 아닙니다.
(2) 괜찮아. / 아니야.
(3) 천만에. / 아니야.
(4) 고마워요. / 감사해요. / 고맙습니다. / 감사합니다.
(5) 미안해요. / 죄송해요. / 미안합니다. / 죄송합니다.

Exercises 2-1

1.

(1) 이 사람
(2) 그 여자
(3) 그거
(4) 저것
(5) 여기
(6) 이것
(7) 저 컴퓨터
(8) 거기

2.

(1) 이것(이거)
(2) 그것(그거)
(3) 이것(이거)
(4) 저것(저거)

3.

(1) 이것은
(2) 그것은
(3) 이거
(4) 그거
(5) 저것
(6) 이것
(7) 그것
(8) 이것

4.

(1) 저곳은 → 저것은
(2) 저곳은 → 저분은
(3) 그기는 → 거기는
(4) 그분은 → 그것은
(5) 이기는 → 여기는
(6) 그 사람은 → 그것은
(7) 거기는 → 그 사람은

Exercises 2-2

1.

(1) 저
(2) 우리
(3) 그녀
(4) 여러분
(5) 나
(6) 저
(7) 그들
(8) 그
(9) 너희
(10) 우리

2.

(1) 너
(2) 우리
(3) 그들
(4) 나

3.

(1) 그들은 → 저희는
(2) 우리는 → 저는
(3) 당신은 → 저는
(4) 너는 → 저는

4.

(1) 저희들
(2) 저희들
(3) 그분들
(4) 저희들
(5) 그분들
(6) 저희들

Exercises 3-1

1.

(1) 는
(2) 는
(3) 은
(4) 가
(5) 는
(6) 는
(7) 가
(8) 가
(9) 이
(10) 가

2.

(1) 저
(2) 내일
(3) 나
(4) 한국
(5) 횡성
(6) 한국인들
(7) 우리 강아지
(8) 저
(9) 우리
(10) 날씨

3.

(1) 눈
(2) 사고
(3) 소리
(4) 우산
(5) 유민 씨
(6) 그녀
(7) 박 선생님
(8) 그
(9) 두산이
(10) 사람

4.

(1) 은
(2) 은
(3) 는
(4) 은
(5) 는
(6) 는
(7) 는
(8) 은
(9) 는

(10) 은

5.

(1) 이
(2) 이
(3) 이
(4) 가
(5) 가
(6) 이
(7) 이
(8) 가
(9) 가
(10) 이

Exercises 3-2

1.

(1) 을
(2) 를
(3) 를
(4) 을
(5) 을
(6) 를
(7) 를
(8) 를
(9) 를
(10) 을

2.

(1) 옷
(2) 방
(3) 샤워
(4) 산책
(5) 전화번호

(6) 질문
(7) 산
(8) 차
(9) 책
(10) 커피

3.

(1) 을
(2) 를
(3) 을
(4) 를
(5) 을
(6) 을
(7) 을
(8) 을
(9) 을
(10) 를

4.

(1) 가, 을
(2) 가
(3) 이, 를
(4) 을
(5) 을
(6) 가, 를
(7) 를
(8) 가, 를
(9) 가, 을
(10) 을

Exercises 4-1

1.

(1) 예요

(2) 이에요
(3) 예요
(4) 이에요
(5) 이에요
(6) 이에요
(7) 예요
(8) 예요
(9) 이에요
(10) 예요

2.

(1) 이에요
(2) 이에요
(3) 예요
(4) 예요
(5) 이에요
(6) 예요
(7) 예요
(8) 이에요
(9) 예요
(10) 이에요

3.

(1) 저것은 책상이에요.
(2) 이것은 시계예요.
(3) 이것은 모자예요.
(4) 저것은 가방이에요.

Exercises 4-2

1.

(1) 아니에요
(2) 아닙니다
(3) 이에요

(4) 아닙니다
(5) 아니에요
(6) 이에요
(7) 입니까
(8) 이에요
(9) 아니에요
(10) 아닙니다

2.

(1) 이 아니에요
(2) 가 아니에요
(3) 이 아니에요
(4) 가 아니에요
(5) 이 아니에요
(6) 이 아니에요
(7) 이 아니에요
(8) 가 아니에요
(9) 가 아니에요
(10) 가 아니에요

3.

(1) 입니다
(2) 입니다
(3) 가 아닙니다
(4) 입니다
(5) 입니다
(6) 입니다
(7) 이 아닙니다
(8) 입니다

4.

(1) 일본 사람이 아니에요.
(2) 잡지가 아니에요.
(3) 커피가 아니에요.

(4) 회사원이 아니에요.

Exercises 5-1

1.

(1) 있어요
(2) 없어요
(3) 있어요
(4) 있어요
(5) 없어요
(6) 있어요
(7) 없어요
(8) 있어요
(9) 있어요
(10) 없어요

2.

(1) 이에요
(2) 있어요
(3) 있어요
(4) 있어요
(5) 이에요
(6) 있어요
(7) 이에요
(8) 이에요

3.

(1) 가 없어요
(2) 이 없어요
(3) 가 있어요
(4) 이 없어요

Exercises 5-2

1.

(1) 먹어요
(2) 읽어요
(3) 마셔요
(4) 사랑해요
(5) 배워요
(6) 다녀요
(7) 살아요
(8) 열어요
(9) 와요
(10) 만나요

2.

(1) 사요
(2) 봐요
(3) 읽어요
(4) 가르쳐요
(5) 앉아요
(6) 배워요
(7) 자요
(8) 먹어요
(9) 알아요
(10) 있어요

3.

(1) ④
(2) ②
(3) ④

4.

(1) 만나요

(2) 봐요
(3) 먹어요
(4) 해요
(5) 읽어요
(6) 마셔요

Exercises 5-3

1.

(1) 걸어요
(2) 들어요
(3) 공부해요
(4) 웃어요
(5) 놀아요
(6) 써요
(7) 살아요
(8) 봐요
(9) 달려요
(10) 먹어요

2.

(1) 말해요
(2) 닫아요
(3) 써요
(4) 이야기해요
(5) 줘요
(6) 만들어요
(7) 공부해요
(8) 가르쳐요
(9) 배워요
(10) 서요

3.

(1) 봐요

(2) 먹어요
(3) 마셔요
(4) 쉬어요
(5) 운동해요
(6) 읽어요
(7) 배워요
(8) 공부해요

4.

(1) 배워요
(2) 들어요
(3) 쉬어요
(4) 가요
(5) 찍어요
(6) 먹어요
(7) 써요
(8) 사요

Exercises 5-4

1.

(1) 안 착해요
(2) 안 봐요
(3) 안 해요
(4) 안 와요
(5) 안 먹어요
(6) 심심하지 않아요
(7) 비싸지 않아요
(8) 안 좋아해요
(9) 안 예뻐요
(10) 청소하지 않아요

2.

(1) 저는 한국 음식을 안 좋아해요.

(2) 커피를 자주 안 마셔요.
(3) 정국이는 디저트를 안 먹어요.
(4) 그녀는 안 예뻐요.
(5) 유민 씨는 주스를 안 마셔요.
(6) 그는 저녁에 공부 안 해요.
(7) 두산 씨는 영어를 안 배워요.
(8) 극장에서 영화를 안 봐요.
(9) 지금 우리는 안 심심해요.
(10) 우리는 매일 운동을 안 해요.

3.

(1) 저는 한국 음식을 좋아하지 않아요.
(2) 커피를 자주 마시지 않아요.
(3) 정국이는 디저트를 먹지 않아요.
(4) 그녀는 예쁘지 않아요.
(5) 유민 씨는 주스를 마시지 않아요.
(6) 그는 저녁에 공부하지 않아요.
(7) 두산 씨는 영어를 배우지 않아요.
(8) 극장에서 영화를 보지 않아요.
(9) 지금 우리는 심심하지 않아요.
(10) 우리는 매일 운동을 하지 않아요.

4.

(1) 안 있어요 → 없어요
(2) 피곤 안 해요 → 안 피곤해요
(3) 안 운동하지 않아요 → 운동하지 않아요 / 운동 안 해요
(4) 안 전화해요 → 전화 안 해요
(5) 안 알아요 → 몰라요
(6) 안 일해요 → 일 안 해요

(7) 안 이에요 → 아니에요
(8) 안아요 → 않아요
(9) 시원 안 해요 → 안 시원해요
(10) 안 알아요 → 몰라요

Exercises 6-1

1.

(1) 에
(2) 에서
(3) 에
(4) 에
(5) 에서
(6) 에서
(7) 에
(8) 에서
(9) 에서
(10) 에서

2.

(1) 에
(2) 에
(3) 에서
(4) 에서
(5) 에
(6) 에서
(7) 에
(8) 에
(9) 에서
(10) 에서

3.

(1) ④
(2) ①
(3) ④
(4) ③
(5) ③

4.

(1) 에서, 을
(2) 에서, 을
(3) 에
(4) 에서

Exercises 6-2

1.

(1) 위에
(2) 뒤에
(3) 앞에
(4) 가운데에
(5) 왼쪽에
(6) 밑에
(7) 밖에
(8) 오른쪽에
(9) 옆에
(10) 하고, 사이에

2.

(1) 버스 앞에
(2) 버스 위에
(3) 버스 뒤에
(4) 버스 밑에

3.

(1) F
(2) T
(3) F
(4) T
(5) T
(6) T
(7) F
(8) F

4.

(1) 침대 위에 있어요
(2) 상자 뒤에 있어요
(3) 병원 옆에 있어요
(4) 찌엔 씨하고 김시훈 씨 사이
(5) 에 있어요
(6) 탁자 아래에 있어요
(7) 가방 안에 있어요

Exercises 6-3

1.

(1) 에서, 까지
(2) 부터, 까지
(3) 부터, 까지
(4) 에서, 까지
(5) 에서, 까지
(6) 부터, 까지
(7) 에서, 까지
(8) 부터, 까지
(9) 부터, 까지
(10) 부터, 까지

2.

(1) ②
(2) ①
(3) ②

(4) ④

3.

(1) 부터
(2) 까지
(3) 부터
(4) 까지
(5) 까지
(6) 부터
(7) 까지
(8) 부터
(9) 까지
(10) 까지

4.

(1) 을
(2) 부터, 까지
(3) 는, 에서
(4) 은, 에
(5) 를

Exercises 6-4

1.

(1) 으로
(2) 로
(3) 으로
(4) 으로
(5) 로
(6) 으로
(7) 로
(8) 로
(9) 로
(10) 로

2.

(1) 으로
(2) 으로
(3) 로
(4) 로
(5) 으로
(6) 로
(7) 으로
(8) 로
(9) 로
(10) 으로

3.

(1) 로
(2) 로
(3) 으로
(4) 로
(5) 으로

4.

(1) 왼쪽으로 가요.
(2) 지우개로 지워요.
(3) 숟가락으로 먹어요.
(4) 지도로 찾아요.

Exercises 7-1

1.

(1) 어디로
(2) 어딨어요
(3) 어디를
(4) 어디에서
(5) 어디가
(6) 어디에서
(7) 어디부터
(8) 어디까지
(9) 어디로
(10) 어디에

2.

(1) 어디에서
(2) 어디에
(3) 어디까지
(4) 어디가
(5) 어디로
(6) 어디에서
(7) 어디에서
(8) 어디까지
(9) 어디가
(10) 어디를

3.

(1) ②
(2) ③
(3) ②
(4) ①
(5) ④

Exercises 7-2

1.

(1) 언제
(2) 언제예요
(3) 무슨 요일에
(4) 언제부터
(5) 며칠에
(6) 몇 시에

(7) 며칠이에요
(8) 언제까지
(9) 언제
(10) 지금

2.

(1) 언제
(2) 무슨 요일에
(3) 언제가
(4) 언제부터
(5) 몇 시까지
(6) 언제
(7) 몇 시에
(8) 몇 월에
(9) 며칠이
(10) 언제부터

3.

(1) 언제가 시험이에요?
(2) 언제부터 방학이에요?
(3) 언제 집에 왔어요?
(4) 언제까지 여기에 있어요?

Exercises 7-3

1.

(1) 누가
(2) 누구랑
(3) 누구예요
(4) 누구
(5) 누구하고
(6) 누구를
(7) 누가
(8) 누구예요

(9) 누가
(10) 누구랑

2.

(1) 누가
(2) 누구랑
(3) 누가 / 누구랑
(4) 누가 / 누구랑
(5) 누구한테 / 누구랑
(6) 누구
(7) 누구하고 / 누구랑
(8) 누구랑 / 누가

3.

(1) 어제 누구하고 있었어요?
(2) 누구를 알아요?
(3) 누가 노래해요?
(4) 저 사람은 누구예요?

Exercises 7-4

1.

(1) 왜
(2) 어떻게
(3) 얼마예요
(4) 얼마나
(5) 왜
(6) 어때요
(7) 얼마나
(8) 얼마예요
(9) 어떻게
(10) 얼마나

2.

(1) 언제
(2) 어디
(3) 누구
(4) 어떻게
(5) 뭐
(6) 왜

3.

(1) 어떻게
(2) 얼마나
(3) 얼마예요?

Exercises 8-1

1.

(1) 봤어요
(2) 공부했어요
(3) 만났어요
(4) 없었어요
(5) 이었어요
(6) 맛있었어요
(7) 했어요
(8) 마셨어요
(9) 많았어요
(10) 왔어요

2.

(1) 가르쳤어요
(2) 줬어요
(3) 마셨어요
(4) 배웠어요
(5) 봤어요

(6) 샀어요
(7) 쉬었어요
(8) 왔어요

3.

(1) 공원에서 사진을 찍었어요.
(2) 극장에서 영화를 봤어요.
(3) 도서관에서 책을 읽었어요.
(4) 백화점에서 옷을 샀어요.
(5) 식당에서 밥을 먹었어요.
(6) 집에서 숙제했어요.
(7) 체육관에서 운동했어요.
(8) 학교에서 영어를 가르쳤어요.

4.

(1) 친구를 만났어요.
(2) 영화를 봤어요.
(3) 한국어를 공부했어요.
(4) 차를 마셨어요.
(5) 집에서 쉬었어요.

Exercises 8-2

1.

(1) 갈 거예요
(2) 할 거예요
(3) 읽을 거예요
(4) 살 거예요
(5) 여행할 거예요
(6) 볼 거예요
(7) 들을 거예요
(8) 먹을 거예요
(9) 신을 거예요
(10) 공부할 거예요

2.

(1) 올 거예요.
(2) 줄 거예요.
(3) 쉴 거예요.
(4) 마실 거예요.
(5) 만들 거예요.
(6) 공부할 거예요.
(7) 요리할 거예요.
(8) 들을 거예요.

3.

(1) 한국어를 공부할 거예요.
(2) 뉴스를 들을 거예요.
(3) 책을 읽을 거예요.
(4) 선물을 살 거예요.
(5) 영화를 볼 거예요.
(6) 한국 음식을 만들 거예요.
(7) 서울에 갈 거예요.
(8) 시험을 칠 거예요.

4.

(1) 왔어요.
(2) 공부해요.
(3) 쉬어요.
(4) 갈 거예요.
(5) 살 거예요.
(6) 산책할 거예요.

Exercises 8-3

1.

(1) 노래하고 있어요
(2) 읽고 있어요
(3) 공부하고 있어요
(4) 배우고 있어요
(5) 자고 있어요
(6) 놀고 있어요
(7) 마시고 있어요
(8) 걷고 있어요
(9) 먹고 있어요
(10) 요리하고 있어요

2.

(1) 만들고 있어요
(2) 노래하고 있어요
(3) 운동하고 있어요
(4) 산책하고 있어요
(5) 자전거를 타고 있어요
(6) 축구 하고 있어요
(7) 기타를 치고 있어요
(8) 보고 있어요

3.

(1) 문자를 보내고 있어요
(2) 영화를 보고 있어요
(3) 회사에 가고 있어요
(4) 모자를 사고 있어요
(5) 사진을 찍고 있어요
(6) 아르바이트 하고 있어요
(7) 옷을 입고 있어요
(8) 친구를 기다리고 있어요
(9) 방을 청소하고 있어요
(10) 편지를 쓰고 있어요

4.

(1) 수영하고 있어요.
(2) 신문을 읽고 있어요.

(3) 커피를 마시고 있어요.
(4) 피아노를 치고 있어요.

Exercises 9-1

1.

(1) 6
(2) 3
(3) 19
(4) 25
(5) 68
(6) 56
(7) 100
(8) 234
(9) 7600
(10) 12356

2.

(1) 사십일
(2) 십이
(3) 오십육
(4) 칠십이
(5) 육십팔
(6) 삼백삼십오
(7) 칠백십
(8) 오백이십사
(9) 이백삼십구
(10) 백칠

3.

(1) 오천칠백 원
(2) 삼천사백구십 원
(3) 팔천오백 원
(4) 칠천사십 원
(5) 천이백오십 원
(6) 만이천칠백 원
(7) 이만육천오백 원
(8) 삼만삼천오십 원
(9) 만구천 원
(10) 오만이백오십 원

4.

(1) 공, 삼, 칠, 이, 팔
(2) 일, 공, 오, 이, 사, 일
(3) 일, 칠, 육, 구, 육, 육
(4) 공, 일 공, 사, 구, 사, 일, 이
(5) 이, 공, 공, 육, 구
(6) 삼, 일, 칠, 오, 팔, 구
(7) 오, 사, 구, 칠, 일, 이
(8) 사, 삼, 이, 오, 오, 공
(9) 공, 육, 일, 칠, 칠, 오, 이

Exercises 9-2

1.

(1) 1
(2) 6
(3) 4
(4) 15
(5) 33
(6) 42
(7) 17
(8) 28
(9) 59
(10) 96

2.

(1) 스물일곱
(2) 마흔
(3) 열여섯
(4) 서른아홉
(5) 여든셋
(6) 예순둘
(7) 일흔넷
(8) 쉰하나
(9) 아흔다섯
(10) 스물셋

3.

(1) 서른여섯
(2) 일흔
(3) 여든한
(4) 열세
(5) 스물아홉
(6) 마흔두
(7) 예순일곱
(8) 쉰네

4.

(1) 두 개
(2) 열여덟 살
(3) 공이 – 칠이공 – 삼칠사팔
(4) 이십구 층
(5) 서른일곱 살
(6) 삼백오 호
(7) 마흔다섯 개
(8) 공일공 – 구칠일 - 사이팔육

Exercises 9-3

1.

(1) 한

(2) 다섯
(3) 열
(4) 두
(5) 세
(6) 마리
(7) 병
(8) 개
(9) 잔
(10) 명

2.

(1) 개
(2) 분
(3) 병
(4) 명
(5) 잔
(6) 마리

3.

(1) 커피 두 잔
(2) 맥주 세 병
(3) 콜라 네 병
(4) 샌드위치 한 개
(5) 사과 다섯 개
(6) 주스 두 잔
(7) 차 두 잔
(8) 물 세 잔
(9) 오렌지 열 개

Exercises 10-1

1.

(1) 목요일
(2) 무슨 요일

(3) 금요일
(4) 토요일
(5) 일요일
(6) 월요일
(7) 주말
(8) 수요일
(9) 평일
(10) 화요일

2.

(1) F
(2) T
(3) T
(4) F
(5) F
(6) T
(7) F
(8) T
(9) F
(10) T

3.

(1) 목
(2) 토
(3) 주말
(4) 토

4.

(1) 무슨 요일이에요?
(2) 무슨 요일이에요?
(3) 화요일이었어요.
(4) 목요일이에요.
(5) 주말이에요?

Exercises 10-2

1.

(1) 5월 3일
(2) 12월 5일
(3) 7월 20일
(4) 3월 26일
(5) 4월 10일
(6) 1월 1일
(7) 8월 31일
(8) 10월 11일
(9) 9월 8일
(10) 1월 15일

2.

(1) 유월 십삼 일
(2) 일 월 이십팔 일
(3) 칠 월 이십오 일
(4) 십일 월 십일 일
(5) 시월 팔 일
(6) 오 월 구 일
(7) 삼 월 삼십 일
(8) 유월 십 일
(9) 이 월 이십팔 일
(10) 사 월 이십구일

3.

(1) 며칠이에요?
(2) 몇 월이에요?
(3) 무슨 요일이에요?
(4) 며칠이에요?
(5) 무슨 요일이에요?

4.

(1) T
(2) F
(3) T
(4) F
(5) T
(6) T

Exercises 10-3

1.

(1) 세
(2) 다섯
(3) 한
(4) 일곱
(5) 열
(6) 칠
(7) 오십
(8) 사십팔
(9) 이십육
(10) 구

2.

(1) 일곱 시 십구 분
(2) 아홉 시 이십이 분
(3) 한 시 오십 분
(4) 열두 시 삼십사 분
(5) 열 시 구 분
(6) 여덟 시 삼십 분
(7) 여섯 시 이십오 분
(8) 두 시 사십칠 분
(9) 네 시 십오 분
(10) 세 시 오 분

3.

(1) 무슨 요일
(2) 몇 월
(3) 며칠
(4) 몇 시
(5) 언제

Exercises 11-1

1.

(1) 와
(2) 이랑
(3) 과
(4) 하고
(5) 와
(6) 이랑
(7) 와
(8) 랑
(9) 하고
(10) 이랑

2.

(1) 랑
(2) 이랑
(3) 랑
(4) 이랑
(5) 이랑
(6) 이랑
(7) 랑
(8) 랑
(9) 랑
(10) 랑

3.

(1) 과
(2) 와
(3) 과
(4) 과
(5) 와
(6) 과
(7) 와
(8) 와
(9) 과
(10) 과

4.

(1) 커피 두 잔이랑 맥주 세 병 주세요.
(2) 샌드위치 한 개랑 주스 두 잔 주세요.
(3) 콜라 네 병이랑 차 두 잔 주세요.
(4) 사과 다섯 개랑 오렌지 열 개 주세요.

Exercises 11-2

1.

(1) 한테서
(2) 한테
(3) 한테
(4) 한테서
(5) 에게서
(6) 에게
(7) 한테
(8) 에게서
(9) 한테서

(10) 한테

2.

(1) 에게
(2) 에게서
(3) 한테
(4) 에게
(5) 한테서
(6) 에게
(7) 한테
(8) 한테

3.

(1) 저한테서 → 저한테
(2) 서울에게 → 서울에
(3) 강원도한테서 → 강원도에서
(4) 아이들한테서 → 아이들한테
(5) 제임스 씨에게서
→ 제임스 씨에게
(6) 아내한테서 → 아내한테
(7) 기숙사에게 → 기숙사에

Exercises 11-3

1.

(1) 저도
(2) 우리도
(3) 아이들도
(4) 그 사람도
(5) 영국에도
(6) 여기에도
(7) 커피도 / 디저트도
(8) 공부도 / 책도
(9) 책상도
(10) 저것도

2.

(1) 우리 언니도 커피를 정말 좋아해요.
(2) 공원에는 중국 사람도 있어요.
(3) 저는 집도 있어요.
(4) 이번 방학에 부산에도 가요.
(5) 뉴욕에도 눈이 많이 왔어요.
(6) 비빔밥도 맛있어요.
(7) 스티븐도 미국 사람이에요.
(8) 베트남에도 망고가 있어요.
(9) 가방에 휴지도 있어요.
(10) 아침에 라면도 먹었어요.

Exercises 12-1

1.

(1) 읽으세요
(2) 걸으세요
(3) 푸십시오
(4) 앉으세요
(5) 들으세요
(6) 보십시오
(7) 쓰세요
(8) 잡으세요

2.

(1) 말하세요.
(2) 받으세요.
(3) 들으세요.
(4) 주세요.
(5) 만드세요.
(6) 식사하세요.
(7) 가세요.
(8) 앉으세요.
(9) 읽으세요.
(10) 쓰세요.

3.

(1) 내일 9시까지 학교에 오세요.
(2) 침대에서 일어나세요.
(3) 문제를 푸세요.
(4) 선생님 말씀을 잘 들으세요.
(5) 많이 걸으세요.
(6) 이 영화를 보세요.
(7) 이제 집에 가세요.
(8) 전화번호를 쓰세요.
(9) 한국어를 공부하세요.

Exercises 12-2

1.

(1) 열어주세요
(2) 사 주세요
(3) 읽어 주세요
(4) 써 주세요
(5) 노래해 주세요
(6) 말해 주세요
(7) 닫아주세요
(8) 앉아주세요
(9) 사 주셨어요
(10) 도와주세요

2.

(1) 앉아 주세요
(2) 닫아 주세요

(3) 꺼 주세요
(4) 포장해 주세요
(5) 알려 주세요
(6) 도와주세요
(7) 들어주세요
(8) 빌려주세요
(9) 가르쳐 주세요
(10) 만들어 주세요

3.

(1) 닫아 주세요.
(2) 빌려주세요.
(3) 앉아주세요.
(4) 가르쳐주세요.
(5) 도와주세요.
(6) 알려주세요.
(7) 들어주세요.
(8) 찾아주세요.

Exercises 12-3

1.

(1) 뛰지 마세요.
(2) 떠들지 마세요.
(3) 걱정하지 마세요.
(4) 가지 마세요.
(5) 기대지 마세요.
(6) 먹지 마세요.
(7) 들어오지 마십시오.
(8) 만지지 마십시오.
(9) 사용하지 마세요.
(10) 오지 마세요.

2.

(1) 공부하세요, 공부해 주세요, 공부하지 마세요
(2) 말하세요, 말해 주세요, 말하지 마세요
(3) 쓰세요, 써 주세요, 쓰지 마세요
(4) 읽으세요, 읽어 주세요, 읽지 마세요
(5) 들으세요, 들어주세요, 듣지 마세요

3.

(1) 극장에서 전화하지 마세요.
(2) 저기에서 수영하지 마세요.
(3) 도서관에서 음식을 먹지 마세요.
(4) 박물관에서 사진을 찍지 마세요.
(5) 영화관에서 떠들지 마세요.

Exercises 13-1

1.

(1) 공부해요
(2) 먹어요
(3) 가요
(4) 앉아요
(5) 노래해요
(6) 봐요

2.

(1) 가요

(2) 봐요
(3) 마셔요
(4) 공부해요
(5) 만들어요
(6) 배워요
(7) 와요
(8) 읽어요
(9) 놀아요
(10) 입어요

3.

(1) 가요
(2) 마셔요
(3) 먹어요
(4) 공부해요
(5) 만들어요
(6) 봐요

Exercises 13-2

1.

(1) 듣자
(2) 먹자
(3) 가자
(4) 끄자
(5) 마시자
(6) 걷자

2.

(1) 가자
(2) 보자
(3) 달리자
(4) 읽자
(5) 마시자

3.

(1) 가자
(2) 공부하자
(3) 자자
(4) 만들자
(5) 읽자

Exercises 14-1

1.

(1) 그리는군요
(2) 착하구나
(3) 덥군
(4) 귀엽구나
(5) 잘 하는구나
(6) 예쁘군
(7) 먹는군요
(8) 크구나
(9) 흐리군요
(10) 작군요

2.

(1) 비싸구나
(2) 아름답구나
(3) 공부하는구나
(4) 크구나
(5) 힘들구나
(6) 친절하구나

3.

(1) 주영 씨는 떡볶이를 잘 먹는군요.
(2) 정원의 꽃이 정말 예쁘군요.
(3) 제니 씨는 옷을 잘 입는군요.
(4) 고양이가 정말 귀엽군요.
(5) 그 사람은 글을 아주 잘 쓰는군요.
(6) 이번 겨울은 너무 춥군요.

Exercises 14-2

1.

(1) 아름답네요
(2) 오네
(3) 좋네요
(4) 멋지네요
(5) 많네요
(6) 잘하네요
(7) 사랑스럽네요
(8) 맑네

2.

(1) O
(2) X
(3) X
(4) O
(5) X
(6) O

3.

(1) 오늘은 날씨가 정말 덥네요!
(2) 그는 키가 아주 크네요!
(3) 강아지/개가 정말 귀엽네요!
(4) 이 집은 부엌이 크네요!
(5) 저 꽃은 정말 예쁘네요!
(6) 그녀는 정말 친절하네요!

Exercises 15-1

1.

(1) 더울 거예요
(2) 무거워요
(3) 도와요
(4) 어려워요
(5) 가벼워요
(6) 매울 거예요
(7) 귀여워요
(8) 아름다워요

2.

(1) 어려워요, 어려울 거예요
(2) 더워요, 더울 거예요
(3) 추워요, 추울 거예요
(4) 도와요, 도울 거예요
(5) 아름다워요, 아름다울 거예요
(6) 귀여워요, 귀여울 거예요
(7) 가벼워요, 가벼울 거예요
(8) 고와요, 고울 거예요
(9) 무거워요, 무거울 거예요

Exercises 15-2

1.

(1) 여
(2) 만들
(3) 울
(4) 멀
(5) 사
(6) 힘들

2.

(1) 열면, 여니까, 열 거예요
(2) 살면, 사니까, 살 거예요
(3) 놀면, 노니까, 놀 거예요
(4) 만들면, 만드니까, 만들 거예요
(5) 멀면, 머니까, 멀 거예요
(6) 힘들면, 힘드니까, 힘들 거예요
(7) 길면, 기니까, 길 거예요
(8) 들면, 드니까, 들 거예요
(9) 팔면, 파니까, 팔 거예요

Exercises 15-3

1.

(1) 걷
(2) 싣
(3) 듣
(4) 묻
(5) 걸
(6) 들

2.

(1) 깨닫습니다, 깨달아요
(2) 걷습니다, 걸어요
(3) 묻습니다, 물어요
(4) 싣습니다, 실어요

3.

(1) 걷습니다
(2) 실으면
(3) 묻습니다
(4) 들으면
(5) 깨달았어요

Exercises 15-4

1.

(1) 붓
(2) 이
(3) 지
(4) 짓
(5) 부

2.

(1) 낫습니다, 나아요
(2) 짓습니다, 지어요
(3) 잇습니다, 이어요
(4) 젓습니다, 저어요
(5) 긋습니다, 그어요

3.

(1) 저으면
(2) 붓습니다
(3) 이으면
(4) 나아요
(5) 긋습니다
(6) 지으면

Exercises 16-1

1.

(1) 정말
(2) 별로
(3) 조금
(4) 아주
(5) 진짜
(6) 전혀

2.

(1) 저는 한국 드라마를 정말 좋아해요.
(2) 그는 맥주를 전혀 마시지 않아요.
(3) 민수는 노래를 아주 잘해요.
(4) 저는 겨울을 별로 안 좋아해요.
(5) 저는 한국어를 조금 할 줄 알아요.
(6) 제 동생은 오렌지를 진짜 좋아해요.

3.

(1) 아주
(2) 진짜
(3) 전혀
(4) 정말

Exercises 16-2

1.

(1) 그 옷은 너무 비싸요.
(2) 오늘은 기분이 너무 좋아요.
(3) 저는 아직 너무 어려서 돈이 없어요.
(4) 이 소파는 제 거실에는 너무 커요.
(5) 그 사람은 너무 웃겨요.
(6) 밥을 너무 많이 먹었어요.
(7) 바다에 가면 너무 신나요.
(8) 배가 너무 아파서 병원에 갔어요.

2.

(1) 우유를 마시면 배가 너무 아파요.
(2) 책을 너무 많이 사서 돈이 없어요.
(3) 현상 씨는 노래를 너무 잘해요.
(4) 저는 햄버거를 너무 좋아해요.
(5) 날씨가 너무 추워요.
(6) 그 의사는 너무 불친절해요.

Exercises 16-3

1.

(1) 잘 춰요
(2) 잘 못 타요
(3) 잘 먹어요
(4) 잘 해요
(5) 잘 그려요
(6) 잘 못 읽어요

2.

(1) F
(2) T
(3) F
(4) T
(5) T
(6) F
(7) F

3.

(1) 잘 못해요
(2) 잘 마셔요
(3) 잘해요

(4) 잘 못 먹어요

Exercises 16-4

1.

(1) 벌써
(2) 아직
(3) 아직
(4) 벌써
(5) 아직
(6) 벌써
(7) 벌써
(8) 아직

2.

(1) 벌써
(2) 벌써
(3) 아직
(4) 벌써
(5) 아직
(6) 아직

3.

(1) 벌써
(2) 아직
(3) 아직
(4) 벌써
(5) 아직
(6) 벌써
(7) 아직

Exercises 17-1

1.

(1) 그리고
(2) 그래서
(3) 그리고
(4) 그래서
(5) 그리고
(6) 그리고

2.

(1) 그리고
(2) 그래서
(3) 그리고
(4) 그래서

3.

(1) 그래서
(2) 그리고
(3) 그래서
(4) 그리고
(5) 그리고
(6) 그리고
(7) 그래서
(8) 그리고

Exercises 17-2

1.

(1) 그렇지만
(2) 그런데
(3) 그런데
(4) 그렇지만

(5) 그렇지만

2.

(1) F
(2) F
(3) T
(4) F
(5) T

3.

(1) 그런데
(2) 그런데
(3) 그렇지만

Exercises 18-1

1.

(1) 주세요
(2) 주세요
(3) 주세요
(4) 주세요
(5) 주세요
(6) 주세요

2.

(1) T
(2) F
(3) F
(4) T

3.

(1) 비빔밥 주세요
(2) 냅킨 주세요
(3) 햄버거 주세요
(4) 계산서 주세요
(5) 콜라 주세요
(6) 메뉴판 주세요

Exercises 18-2

1.

(1) 가고 싶어요
(2) 먹고 싶어요
(3) 추고 싶어요
(4) 입고 싶어요
(5) 보고 싶어요
(6) 마시고 싶어요
(7) 자고 싶어요
(8) 공부하고 싶어요

2.

(1) 주고 싶어요
(2) 만들고 싶어요
(3) 앉고 싶어요
(4) 쓰고 싶어요
(5) 읽고 싶어요
(6) 입고 싶어요
(7) 마시고 싶어요
(8) 가르치고 싶어요
(9) 웃고 싶어요
(10) 오고 싶어요

3.

(1) 만나고 싶어요
(2) 보고 싶어요
(3) 부르고 싶어요
(4) 마시고 싶어요
(5) 걷고 싶어요
(6) 만들고 싶어요

Exercises 18-3

1.

(1) 앉을래요
(2) 할래요
(3) 갈래요
(4) 놀래요
(5) 입을래요
(6) 줄래요
(7) 볼래요

2.

(1) 집에 올래요?
(2) 책을 읽을래요?
(3) 물을 마실래요?
(4) 손을 잡을래요?
(5) 같이 울래요?
(6) 한국어를 가르칠래요?
(7) 인형을 만들래요?
(8) 밥을 먹을래요?
(9) 영국에서 살래요?
(10) 학교에 갈래요?

3.

(1) (앉래요 → 앉을래요)
(2) (→)
(3) (사을래요 → 살래요)
(4) (먹를래요 → 먹을래요)
(5) (마시을래요 → 마실래요)
(6) (→)

(7) (노을래요 → 놀래요)

Exercises 19-1

1.

(1) 할 수 있어요
(2) 먹을 수 없어요
(3) 탈 수 있어요
(4) 만들 수 있어요
(5) 그릴 수 있어요
(6) 운전할 수 없어요

2.

(1) 할 수 있어요, 할 수 없어요
(2) 걸을 수 있어요, 걸을 수 없어요
(3) 배울 수 있어요, 배울 수 없어요
(4) 쓸 수 있어요, 쓸 수 없어요
(5) 들을 수 있어요, 들을 수 없어요
(6) 지을 수 있어요, 지을 수 없어요
(7) 놀 수 있어요, 놀 수 없어요
(8) 잡을 수 있어요, 잡을 수 없어요
(9) 마실 수 있어요, 마실 수 없어요
(10) 만들 수 있어요, 만들 수 없어요

3.

(1) 네. 매운 음식을 먹을 수 있어요. / 아니요. 매운 음식을 먹을 수 없어요.
(2) 네. 자전거를 탈 수 있어요. / 아니요. 자전거를 탈 수 없어요.
(3) 네. 노래를 부를 수 있어요. / 아니요. 노래를 부를 수 없어요.
(4) 네. 아침에 일찍 일어날 수 있어요. / 아니요. 아침에 일찍 일어날 수 없어요.
(5) 네. 자동차를 운전할 수 있어요. / 아니요. 자동차를 운전할 수 없어요.
(6) 네. 영어책을 읽을 수 있어요. / 아니요. 영어책을 읽을 수 없어요.
(7) 네. 세탁기를 고칠 수 있어요. / 아니요. 세탁기를 고칠 수 없어요.
(8) 네. 멕시코 음식을 요리할 수 있어요. / 아니요. 멕시코 음식을 요리할 수 없어요.

Exercises 19-2

1.

(1) 써야 해요
(2) 만나야 돼요
(3) 해야 해요
(4) 씻어야 돼요
(5) 찾아야 해요
(6) 도착해야 돼요
(7) 합격해야 돼요
(8) 타야 해요

2.

(1) 줘야 돼요
(2) 만들어야 돼요
(3) 앉아야 돼요
(4) 써야 돼요
(5) 읽어야 돼요
(6) 입어야 돼요
(7) 마셔야 돼요
(8) 가르쳐야 돼요

(9) 공부해야 돼요
(10) 와야 돼요

3.

(1) 가야 돼요
(2) 준비해야 돼요
(3) 먹어야 돼요
(4) 해야 돼요
(5) 들어야 돼요
(6) 쳐야 돼요

Exercises 20-1

1.

(1) 그러면
(2) 그럼
(3) 그러면
(4) 그러면
(5) 그럼
(6) 그럼

2.

(1) O
(2) X
(3) X
(4) O
(5) O
(6) X

3.

②, ④

Exercises 20-2

1.

(1) 좋으면
(2) 웃으면
(3) 입으면
(4) 만약
(5) 끝나면
(6) 만약 / 오면

2.

(1) 울면
(2) 가르치면
(3) 좋으면
(4) 예쁘면
(5) 입으면
(6) 타면
(7) 착하면
(8) 앉으면
(9) 만들면
(10) 읽으면

3.

(1) 오면
(2) 타면
(3) 되면
(4) 출발하면
(5) 가면
(6) 일어나면

Exercises 21-1

1.

(1) 자는 것
(2) 읽는 것
(3) 일어나는 것
(4) 무는 것
(5) 먹는 것
(6) 입는 것

2.

(1) T
(2) F
(3) T
(4) F

3.

(1) 저는 바다에 가는 것을 좋아해요. / 저는 바다에 가는 것을 싫어해요.
(2) 저는 편지를 쓰는 것을 좋아해요. / 저는 편지를 쓰는 것을 싫어해요.
(3) 저는 소파에 앉는 것을 좋아해요. / 저는 소파에 앉는 것을 싫어해요.
(4) 저는 요리를 하는 것을 좋아해요. / 저는 요리를 하는 것을 싫어해요.
(5) 저는 셔츠를 입는 것을 좋아해요. / 저는 셔츠를 입는 것을 싫어해요.
(6) 저는 옷을 사는 것을 좋아해요. / 저는 옷을 사는 것을 싫어해요.

Exercises 21-2

1.

(1) 예쁜
(2) 본
(3) 맑은
(4) 먹은
(5) 산
(6) 읽은
(7) 큰

2.

(1) 어제 간 영화관이 좋았어요.
(2) 제가 마신 음료는 콜라예요.
(3) 그 요리사가 씻은 과일이 딸기예요.
(4) 제가 어제 앉은 의자는 초록색 의자예요.

3.

(1) 저기 높은 건물이 롯데타워예요.
(2) 넓은 방이 제 방이에요.
(3) 저는 운동을 좋아하는 사람을 좋아해요.
(4) 머리가 긴 사람이 민정 씨예요.

Exercises 21-3

1.

(1) 말하는
(2) 웃는
(3) 출발하는
(4) 타는

(5) 찾는
(6) 오는

2.

(1) 지금 보는 드라마는 한국 드라마예요.
(2) 수정 씨가 부르는 노래는 아이유 노래예요.
(3) 우리가 자주 가는 식당이 문을 닫았어요.
(4) 제가 지금 먹는 음식은 달아요.

3.

(1) X
(2) O
(3) O
(4) X
(5) O
(6) X

Exercises 21-4

1.

(1) 입기 전에
(2) 타기 전에
(3) 사기 전에
(4) 닫기 전에
(5) 먹기 전에
(6) 오기 전에

2.

(1) O
(2) X
(3) O
(4) X
(5) O
(6) X

3.

(1) 학교에 가기 전에 숙제하세요.
(2) 책을 읽기 전에 안경을 쓰세요.
(3) 한국에 살기 전에 한국어를 공부하세요.
(4) 침대에 눕기 전에 신발을 벗으세요.

Exercises 21-5

1.

(1) 한 다음에
(2) 씻은 다음에
(3) 마신 뒤에
(4) 배운 다음에
(5) 퇴근한 후에
(6) 쓴 뒤에

2.

(1) 산책을 한 다음에 책을 읽을 거예요.
(2) 사진을 찍은 다음에 그림을 그렸어요.
(3) 아침에 일어난 다음에 세수하세요.
(4) 책을 읽은 다음에 커피를 마실 거예요.
(5) 살을 뺀 다음에 옷을 살 거예요.
(6) 도착한 다음에 연락할게요.

3.

(1) 일어난 다음에
(2) 샤워를 한 뒤에
(3) 아침을 먹은 다음에
(4) 끝난 다음에
(5) 점심을 먹은 후에
(6) 운동을 한 다음에
(7) 졸업한 뒤에
(8) 저녁을 먹은 뒤에
(9) 본 다음에
(10) 이야기를 한 후에

Exercises 21-6

1.

(1) 볼
(2) 입을
(3) 할
(4) 내릴
(5) 앉을
(6) 공부할

2.

(1) 제인 씨가 먹을 음식
(2) 내가 살 가방
(3) 학교에 올 사람
(4) 내가 탈 버스
(5) 동생이 신을 신발
(6) 도서관에서 읽을 책
(7) 내가 연주할 곡
(8) 우리가 들을 노래

3.

(1) 입을
(2) 마실
(3) 지을
(4) 섞을
(5) 앉을

Exercises 22

1.

(1) 간 것 같아요
(2) 올 것 같아요
(3) 빠를 것 같아요
(4) 예쁠 것 같아요
(5) 공부하는 것 같아요
(6) 똑똑한 것 같아요
(7) 읽은 것 같아요
(8) 작은 것 같아요

2.

(1) future
(2) past
(3) future
(4) present
(5) past
(6) present
(7) future

3.

(1) 비싼 것 같아요
(2) 갈 것 같아요
(3) 공부한 것 같아요
(4) 예쁠 것 같아요

(5) 똑똑한 것 같아요

Exercises 23-1

1.

(1) 가고
(2) 좁고
(3) 크고
(4) 춥고
(5) 앉고
(6) 이고
(7) 팔고

2.

(1) 제 가방은 예쁘고 비싸요.
10번 버스는 여의도로 가고 31번
(2) 버스는 잠실로 가요.
(3) 호랑이는 크고 무서워요.
저는 옷을 버리고 제 동생은 옷
(4) 을 사요.
(5) 날씨가 따뜻하고 화창해요.
저는 떡볶이를 먹고 메구미는 우
(6) 동을 먹어요.
(7) 돌고래는 똑똑하고 착해요.

3.

(1) 춥고
(2) 귀엽고
(3) 친절하고
(4) 타고
(5) 덥고
(6) 잘하고
(7) 먹고

Exercises 23-2

1.

(1) 뜨거워서
(2) 가서
(3) 좋아서, 가서
(4) 늦어서
(5) 만들어서
(6) 건너서

2.

(1) O
(2) O
(3) X
(4) X
(5) O
(6) O
(7) X
(8) O
(9) X

3.

(1) 먹어서
(2) 가서
(3) 좋아서
(4) 사서
(5) 기뻐서
(6) 아파서
(7) 씻어서
(8) 만나서

Exercises 23-3

1.

(1) 웃으면서
(2) 가면서
(3) 먹으면서
(4) 마시면서
(5) 넓으면서
(6) 착하면서
(7) 젊으면서

2.

(1) 자면서
(2) 마시면서
(3) 똑똑하면서
(4) 따뜻하면서
(5) 사면서
(6) 먹으면서
(7) 입으면서

3.

(1) 가방은 예쁘면서 비싸요.
(2) 저는 피아노를 치면서 노래를 부르는 것을 좋아해요.
(3) 요리하면서 텔레비전을 보지 마세요.
(4) 책을 읽으면서 낙서하지 마세요.
(5) 아이들은 웃기면서 귀여워요.

Exercises 23-4

1.

(1) 추운데
(2) 좋은데
(3) 맛있는데
(4) 갔는데
(5) 큰데
(6) 읽는데

2.

(1) 맛있는데
(2) 가는데
(3) 예쁜데
(4) 먹는데
(5) 아름다운데
(6) 착한데
(7) 입는데
(8) 앉는데
(9) 읽는데
(10) 마시는데

3.

(1) 하는데
(2) 좋은데
(3) 맛있는데
(4) 아픈데
(5) 친절한데
(6) 가는데
(7) 먹는데

Exercises 24-1

1.

(1) 갈까요
(2) 더울까요
(3) 살까요
(4) 재밌을까요
(5) 먹을까요
(6) 깨끗할까요
(7) 찍을까요

2.

Questioning / Guessing :
(2), (3), (5), (7), (8)

Suggesting / Asking for opinion :
(1), (4), (6)

3.

(1) 켤까요
(2) 도착할까요
(3) 마실까요
(4) 올까요
(5) 넓을까요
(6) 줄까요
(7) 할까요

Exercises 24-2

1.

(1) 있을 수도 있어요
(2) 많을 수도 있어요
(3) 도착할 수도 있어요
(4) 클 수도 있어요
(5) 쉬울 수도 있어요
(6) 만들 수도 있어요
(7) 부를 수도 있어요

2.

(1) 클 수도 있어요

(2) 갈 수도 있어요
(3) 앉을 수도 있어요
(4) 매울 수도 있어요
(5) 시원할 수도 있어요
(6) 읽을 수도 있어요

3.

(1) 도착할 수도 있어요
(2) 아플 수도 있어요
(3) 추울 수도 있어요
(4) 부를 수도 있어요
(5) 쌀 수도 있어요
(6) 알 수도 있어요

Exercises 24-3

1.

(1) 추울 리가 없어요
(2) 고플 리가 없어요
(3) 웃을 리가 없어요
(4) 까먹었을 리가 없어요
(5) 올 리가 없어요
(6) 줄 리가 없어요

2.

(1) 맛있을 리가 없어요
(2) 할 리가 없어요
(3) 예쁠 리가 없어요
(4) 먹을 리가 없어요
(5) 아름다울 리가 없어요
(6) 착할 리가 없어요
(7) 입을 리가 없어요
(8) 앉을 리가 없어요
(9) 읽을 리가 없어요

(10) 마실 리가 없어요

3.

(1) 옷을 잘 입을 리가 없어요.
(2) 글을 잘 쓸 리가 없어요.
(3) 공부를 잘할 리가 없어요.
(4) 잠을 잘 잘 리가 없어요.
(5) 물이 시원할 리가 없어요.
(6) 피아노를 잘 칠 리가 없어요.
(7) 음식을 맛있게 만들 리가 없어요.
(8) 달리기가 빠를 리가 없어요.

Exercises 24-4

1.

(1) 정도
(2) 쯤
(3) 약
(4) 쯤
(5) 정도
(6) 약, 정도

2.

(1) O
(2) X
(3) O
(4) X
(5) O
(6) O
(7) X
(8) X

3.

(1) 약
(2) 쯤
(3) 정도
(4) 쯤
(5) 약
(6) 정도

Exercises 25-1

1.

(1) 봐도
(2) 마셔도
(3) 공부해도
(4) 자도
(5) 해도
(6) 입어도
(7) 피곤해도

2.

(1) 먹어도
(2) 줘도
(3) 마셔도
(4) 추워도
(5) 봐도
(6) 예뻐도
(7) 걸어도
(8) 지어도
(9) 만들어도
(10) 슬퍼도

3.

(1) (사아도 → 사도)

(2) (건강해어도 → 건강해도)
(3) (→)
(4) (날씬하도 → 날씬해도)
(5) (작어도 → 작아도)
(6) (고퍼도 → 고파도)
(7) (→)

Exercises 25-2

1.

(1) F
(2) T
(3) F
(4) F
(5) T
(6) F

2.

(1) 에어컨을 켰는데 그래도 아직 더워요.
(2) 배가 아파요. 그래도 회사에 가야 해요.
(3) 벌써 봄이에요. 그래도 아직 추워요.
(4) 이 옷은 싸지만 그래도 품질이 좋아요.
(5) 준비는 다 됐어요. 그래도 한 번 더 확인할래요.
(6) 그래도 거짓말은 용서할 수 없어요.

3.

(2), (4)

Exercises 26-1

1.

(1) 저만
(2) 치마만
(3) 고양이만
(4) 연필만
(5) 우유만
(6) 서울에만
(7) 한 개만

2.

(1) 가방 안에 노트북만 있어요.
(2) 의자 아래에 고양이만 있어요.
(3) 소파 옆에 화분만 있어요.
(4) 종이 위에 볼펜만 있어요.

Exercises 26-2

1.

(1) 물밖에
(2) 채소밖에
(3) 죽밖에
(4) 한 개밖에
(5) 한 장밖에
(6) 주인밖에

2.

(1) O
(2) O
(3) X
(4) O
(5) X
(6) O
(7) X
(8) X

3.

(1) 한 명밖에
(2) 포도밖에
(3) 두 켤레밖에
(4) 조금밖에
(5) 10분밖에
(6) 비빔밥밖에

Exercises 27-1

1.

(1) 입어봐도 돼요
(2) 자면 안 돼요
(3) 먹어도 돼요
(4) 마시면 안 돼요
(5) 해도 돼요
(6) 웃으면 안 돼요

2.

(1) F
(2) T
(3) F
(4) F

3.

(1) 숙제해도 돼요.
(2) 책을 읽어도 돼요.
(3) 글을 써도 돼요.

(4) 전화 통화를 하면 안 돼요.
(5) 책에 낙서하면 안 돼요.
(6) 이야기하면 안 돼요.

(8) 안 읽어도 돼요.
(9) 안 놀아도 돼요.
(10) 안 입어도 돼요

(2) 추워질 거예요
(3) 높아졌어요
(4) 시끄러워졌어요
(5) 많아져서
(6) 비싸졌어요

Exercises 27-2

Exercises 28-1

1.

1.

2.

(1) 먹지 않아도 돼요.
(2) 안 사도 돼요.
(3) 안 해도 돼요.
(4) 보지 않아도 돼요.
(5) 안 마셔도 돼요.
(6) 자지 않아도 돼요.

(1) 추우면 추울수록
(2) 쓰면 쓸수록
(3) 놀면 놀수록
(4) 예쁘면 예쁠수록
(5) 읽으면 읽을수록

(1) 물이 시원해져요
(2) 손이 예뻐져요
(3) 노래 실력이 좋아져요
(4) 날씨가 더워져요
(5) 아이가 귀여워져요
(6) 방이 넓어져요
(7) 달리기가 빨라져요
(8) 옷이 작아져요
(9) 마음이 따뜻해져요
(10) 웃을 일이 많아져요

2.

2.

(1) 가지 않아도 돼요.
(2) 보지 않아도 돼요.
(3) 마시지 않아도 돼요.
(4) 공부하지 않아도 돼요.
(5) 만들지 않아도 돼요.
(6) 배우지 않아도 돼요.
(7) 오지 않아도 돼요.
(8) 읽지 않아도 돼요.
(9) 놀지 않아도 돼요.
(10) 입지 않아도 돼요.

(1) X
(2) O
(3) X
(4) O
(5) O
(6) X

Exercises 28-3

1.

(1) 먹게 돼요
(2) 건강하게 되었어요
(3) 살게 되었어요
(4) 보게 돼요
(5) 잘하게 됐어요
(6) 배우게 되었어요
(7) 팔게 되었어요
(8) 찌게 돼요

3.

(1) 울면 울수록
(2) 하면 할수록
(3) 크면 클수록
(4) 많으면 많을수록
(5) 먹으면 먹을수록
(6) 살면 살수록

3.

(1) 안 가도 돼요.
(2) 안 봐도 돼요.
(3) 안 마셔도 돼요.
(4) 공부 안 해도 돼요.
(5) 안 만들어도 돼요.
(6) 안 배워도 돼요.
(7) 안 와도 돼요.

Exercises 28-2

1.

(1) 건강해졌어요

2.

(1) O
(2) X
(3) X

(4) O
(5) O
(6) O
(7) X

Exercises 29-1

1.

(1) 치킨이 피자보다 더 맛있어요.
(2) 연필이 볼펜보다 싸요.
(3) 여름보다 겨울을 좋아해요.
(4) 영어가 한국어보다 덜 어려워요.
(5) 콜라보다 우유가 건강에 좋아요.
(6) 오늘은 바람이 어제보다
덜 불어요.
(7) 목걸이보다 반지가 더 비싸요.

2.

(1) 냉장고가 전자레인지보다 커요.
(2) 부엌이 화장실보다 깨끗해요.
(3) 방이 복도보다 넓어요.
(4) 비행기가 자동차보다 빨라요.

Exercises 29-2

1.

(1) 제일
(2) 가장
(3) 가장
(4) 제일
(5) 가장
(6) 제일

2.

(1) (   )을/를 가장 좋아해요.
(2) (   )을/를 제일 자주 해요.
(3) (   )을/를 가장 싫어해요.
(4) (   )을/를 제일 좋아해요.
(5) (   )을/를 가장 자주 들어요.
(6) (   )을/를 제일 좋아해요.
(7) (   )을/를 가장 싫어해요.
(8) (   )을/를 제일 많이 먹어요.
(9) (   )을/를 제일 자주 입어요.
(10) (   )을/를 제일 좋아해요.

3.

(1) 색연필이 가장 많아요.
(2) 케이크가 제일 비싸요.
(3) 할아버지가 키가 가장 커요.

Exercises 29-3

1.

(2), (3), (5)

2.

(1) 저는 동생보다 노래를 훨씬 잘해요.
(2) 햄버거보다 피자를 훨씬 좋아해요.
(3) 파란색이 훨씬 더 잘 어울려요.
(4) 달리기는 제가 훨씬 더 빨라요.
(5) 웃으면 기분이 훨씬 좋아져요.
(6) 발보다 손이 훨씬 더 더러워요.
(7) 건강하게 먹으면 몸에 훨씬 좋아요.
(8) 늦게 자면 피부에 훨씬 안 좋아요.
(9) 11월보다 2월이 훨씬 더 추워요.
(10) 저는 겨울을 훨씬 더 좋아해요.

Exercises 30-1

1.

(1) 일어나기 위해
(2) 되기 위해
(3) 늦지 않기 위해
(4) 배우기 위해
(5) 놀기 위해
(6) 안 틀리기 위해

2.

(1) O
(2) X
(3) O
(4) O
(5) X
(6) X
(7) X
(8) O
(9) X
(10) O

3.

(1) 요즘 발레를 배우기 위해 발레 수업을 듣고 있어요.
(2) 한국 음식을 만들기 위해 요리 재료를 샀어요.

(3) 건강한 사람이 되기 위해 매일 달리기를 해요.
(4) 치과에 가기 위해 예약을 할 거예요.
(5) 이사를 하기 위해 짐을 싸야 해요.
(6) 감기에 걸리지 않기 위해 따뜻하게 입으세요.

Exercises 30-2

1.

(1) 가려고 해요
(2) 출근하려고 해요
(3) 사려고 하는데
(4) 배우려고 하는데
(5) 치려고 해요
(6) 마시려고 해요
(7) 오려고 하는

2.

(1) 읽으려고 해요.
(2) 앉으려고 해요.
(3) 가려고 해요.
(4) 먹으려고 해요.
(5) 마시려고 해요.

3.

(1) 가려고 해요
(2) 부르려고 해요
(3) 아프려고 해요
(4) 앉으려고 해요
(5) 청소하려고 해요
(6) 공부하려고 해요

(7) 받으려고 해요
(8) 아프려고 해요
(9) 심으려고 해요
(10) 올라가려고 해요

Exercises 31

1.

(1) 집에서 학교까지 얼마나 걸려요?
(2) 이수지 씨는 무슨 일을 해요?
(3) 정원에 예쁜 꽃이 많이 있어요.
(4) 그 학생은 한국어를 공부해요.
(5) 도서관은 여기서 멀어요.
(6) 냉장고에 주스가 두 병 있어요.
(7) 제 이름은 김민수입니다.

2.

(1) 우리는 내일부터 학교에 가요.
(2) 사과를 다섯 개 주세요.
(3) 저는 착한 사람이 좋아요.
(4) 김보영 교수님의 수업은 몇 시예요?
(5) 과일 가게에 사람이 많아요.
(6) 서울대학교에 가려고 해요.
(7) 무슨 색깔을 좋아해요?
(8) 영화 보고 싶어요.
(9) 헨리 씨는 청소하지 않아도 돼요
(10) 그 예쁜 구두는 어디에서 샀어요?

Exercises 32-1

1.

(1) 저는 매일 학교에 갑니다.
(2) 오늘은 날씨가 좋아요.
(3) 그들은 주말마다 영화를 본다.
(4) 내일은 일찍 일어나.
(5) 제 이름은 이수민입니다.
(6) 그는 학생이에요.
(7) 사자가 들판을 달린다.
(8) 이 옷을 입어.

2.

(1) ①
(2) ③
(3) ②

Exercises 32-2

1.

(1) 계십니다
(2) 하시면
(3) 읽으세요
(4) 크십니다
(5) 돌아가셨어요
(6) 아프세요
(7) 드세요
(8) 주무십니다

2.

(1) 선생님은 항상 일찍 오십니다.
(2) 사장님께서 화가 나셨어요.

(3) 제가 할아버지께 선물을 드릴게요.
(4) 부장님께서 라면을 드십니다.
(5) 교장 선생님의 말씀이 있으셨습니다.
(6) 친구의 어머니께서 갑자기 돌아가셨어요.
(7) 유진 씨는 매일 저에게 꽃을 주십니다.

3.

(1) 하십니다
(2) 부르시네요
(3) 주셨어요
(4) 읽으십니다
(5) 드시지 마세요
(6) 신으셨어요
(7) 주무십니다

Exercises 33-1

1.

(1) 했나 봐요
(2) 그런가 봐
(3) 갔나 봐요
(4) 바쁘신가 봅니다
(5) 났나 봐요
(6) 아픈가 봐

2.

(1) 이제 출발하나 봐요.
(2) 요즘 운동하시나 봐요?
(3) 어제 잠을 못 주무셨나 봐요.
(4) 어제 눈이 많이 왔나 봐요.
(5) 오늘 경기가 있나 봐요.
(6) 요즘 날씨가 덥나 봐요.

3.

(1) O
(2) X
(3) O
(4) O
(5) X
(6) X
(7) O
(8) X

Exercises 33-2

1.

(1) 작은가 봐요
(2) 선생님이신가 봐요
(3) 깊은가 보네요
(4) 어려운가 봐요
(5) 힘든가 봐요
(6) 추운가 봐요

2.

(1) 예쁜가 봐요
(2) 슬픈가 봐요
(3) 많은가 봐요
(4) 좋은가 봐요
(5) 무거운가 봐요
(6) 더운가 봐요

Exercises 33-3

1.

(1) 마시려나 봐요
(2) 가려나 보네요
(3) 잡으려나 봐요
(4) 사시려나 봐요
(5) 신으려나 봐요
(6) 일어나려나 봐요

2.

(1) 오려나 봐요
(2) 만들려나 봐요
(3) 일하려나 봐요
(4) 그리려나 봐요
(5) 잡으려나 봐요
(6) 먹으려나 봐요

Exercises 34-1

1.

(1) 사이에서
(2) 중에서
(3) 중에서
(4) 사이에서
(5) 중에서는

2.

(Examples)
(1) 저는 강아지를 더 좋아해요.
(2) 요즘 방탄소년단의 노래가 인기가 많아요.
(3) 저는 운동화를 더 자주 신어요.

(4) 유미가 가장 착해요.
(5) 저는 겨울을 가장 좋아해요.
(6) 저는 매운 음식을 더 자주 먹어요.

Exercises 34-2

1.

(1) 대신에
(2) 노래하는 대신
(3) 가는 대신에
(4) 자는 대신에
(5) 대신
(6) 대신에

2.

(1) T
(2) F
(3) T
(4) F
(5) T
(6) F

3.

(1) 대신에
(2) 먹는 대신에
(3) 대신에
(4) 대신에
(5) 우는 대신에
(6) 자는 대신에

Exercises 34-3

1.

(1) 말고
(2) 말고
(3) 떠들지 말고 / 읽으세요
(4) 말고
(5) 졸지 마시고 / 주무시고 오세요
(6) 보지 말고 / 하세요

2.

(1) 말고
(2) 참지 말고 / 우세요
(3) 말고
(4) 말고
(5) 사지 말고 / 빌리세요
(6) 말고
(7) 오지 말고 / 가세요
(8) 보지 말고 / 읽으세요

Exercises 35-1

1.

(1) 타자마자
(2) 끝나자마자
(3) 보자마자
(4) 앉자마자
(5) 나서자마자
(6) 마시자마자
(7) 읽자마자

2.

(1) 오자마자
(2) 시작되자마자
(3) 흘리자마자
(4) 만나자마자
(5) 눕자마자
(6) 열자마자

3.

(1) 사자마자
(2) 마시자마자
(3) 도착하자마자
(4) 받자마자
(5) 끝나자마자
(6) 부르자마자

Exercises 35-2

1.

(1) 추다가
(2) 하다가
(3) 자다가
(4) 뛰다가
(5) 재우다가
(6) 먹다가

2.

(1) 기다리다가
(2) 보다가
(3) 가다가
(4) 입다가
(5) 꺼내다가
(6) 마시다가
(7) 이야기하다가
(8) 울다가

Exercises 35-3

1.

(1) 흐리니까
(2) 차가우니까
(3) 많으니까
(4) 읽으니까
(5) 있으니까
(6) 작으니까

2.

(1) 운동을 하니까 살이 빠졌어요.
(2) 날씨가 좋으니까, 소풍을 갈까요?
(3) 키가 작으니까 불편해요.
(4) 버스를 타면 늦으니까, 택시를 타세요.
(5) 추우니까 따뜻한 차를 마시고 싶어요.

3.

(1) 주니까
(2) 만나니까
(3) 아프니까
(4) 재미있으니까
(5) 앉으니까
(6) 어두우니까

Exercises 35-4

1.

(1) 마시기 때문에
(2) 봤기 때문에
(3) 먹었기 때문에
(4) 좋아하기 때문에
(5) 불기 때문에
(6) 많기 때문에
(7) 착하기 때문에

2.

(1) 하기 때문에
(2) 좋기 때문에
(3) 맵기 때문에
(4) 아프기 때문에
(5) 친절하기 때문에
(6) 가기 때문에
(7) 마시기 때문에

3.

(1), (4)

Exercises 36-1

1.

(1) 10시라고
(2) 금연 구역이라고
(3) 자매라고
(4) 수업 중이라고
(5) 여보라고
(6) 5살이라고

2.

(1) 이라고
(2) 라고
(3) 라고
(4) 라고
(5) 이라고

3.

(1) 김치찌개라고
(2) 경복궁이라고
(3) 농구라고
(4) 영어 선생님이라고
(5) 이 하얀색 구두라고

Exercises 36-2

1.

(1) 이유정이라는 사람
(2) 치앙마이라는 태국의 도시
(3) 불고기라는 한국 음식
(4) 제주도라는 섬
(5) 한국대학교라는 학교
(6) 만년필이라는 도구

2.

(1) 여기는 해운대라는 장소예요.
(2) 이것은 탄산수라는 음료입니다.
(3) 오늘은 설이라는 한국 명절이에요.
(4) 이것은 지하철이라는 교통수단입니다.
(5) 이것은 홍차라는 차예요.

Exercises 36-3

1.

(1) 탄다
(2) 씻는다

(3) 잘한다
(4) 물든다
(5) 깨끗하다
(6) 읽는다
(7) 맑다

2.

(1) 가르친다
(2) 걸린다
(3) 좋다
(4) 신는다
(5) 만든다
(6) 웃는다
(7) 피곤하다
(8) 먹는다

3.

(1) O
(2) O
(3) X 배우는다 → 배운다
(4) O
(5) O
(6) X 가는다 → 간다
(7) X 유명한다 → 유명하다

Exercises 37-1

1.

(1) 이게
(2) 게
(3) 저게
(4) 그게
(5) 게
(6) 저게

2.

(1) 저는 요리하는 게 좋아요.
(2) 냉장고에 먹을 게 없네요.
(3) 저게 어제 산 지갑이에요?
(4) 일찍 일어나는 게 중요해요.
(5) 이게 저의 장점입니다.
(6) 이 중에서 그게 가장 예쁘네요.
(7) 이것을 사는 게 좋겠어요.

Exercises 37-2

1.

(1) 여길
(2) 절
(3) 이걸
(4) 거길
(5) 날
(6) 널 / 그걸
(7) 저걸

2.

(1) 저는 청소하는 걸 좋아해요.
(2) 슬플 때 여길 자주 왔어요.
(3) 그걸 보면 항상 행복해요.
(4) 날 이해할 수 있어요?
(5) 우리는 저걸 하고 싶어요.
(6) 뭘 제일 잘 드세요?
(7) 나는 널 미워해.
(8) 거길 빨리 가보고 싶어요.

Exercises 38-1

1.

(1) 앉는다고 해요
(2) 마신다고 했어요
(3) 예쁘다고 해서
(4) 바쁘시다고 합니다
(5) 본다고 해요
(6) 산다고 하네요
(7) 웃는다고 합니다

2.

(1) 걸린다고 해요
(2) 만든다고 해요
(3) 넓다고 해요
(4) 웃는다고 해요
(5) 다정하다고 해요
(6) 간다고 해요
(7) 먹는다고 해요

Exercises 38-2

1.

(1) 일어나라고 해
(2) 입으라고 하세요
(3) 앉으라고 하세요
(4) 만들라고 할게요
(5) 타라고 하네요
(6) 씻으라고 해야 해요
(7) 웃으라고 해주세요

2.

(1) O

(2) X
(3) O.
(4) O
(5) X
(6) X
(7) O
(8) X

Exercises 38-3

1.

(1) 멋질 거라고 해요
(2) 사라졌다고 합니다
(3) 만들었다고 해요
(4) 도울 거라고 했어요
(5) 도망갔다고 해요
(6) 낳을 거라고 합니다

2.

(1) 잤다고 해요
(2) 봤다고 해요
(3) 마셨다고 해요
(4) 공부했다고 해요
(5) 만들었다고 해요
(6) 배웠다고 해요
(7) 왔다고 해요
(8) 읽었다고 해요
(9) 놀았다고 해요
(10) 입었다고 해요
(11) 예뻤다고 해요
(12) 착했다고 해요
(13) 좋았다고 해요
(14) 맛있었다고 해요
(15) 걸었다고 해요

3.

(1) 잘 거라고 해요
(2) 볼 거라고 해요
(3) 마실 거라고 해요
(4) 공부할 거라고 해요
(5) 만들 거라고 해요
(6) 배울 거라고 해요
(7) 올 거라고 해요
(8) 읽을 거라고 해요
(9) 놀 거라고 해요
(10) 입을 거라고 해요
(11) 예쁠 거라고 해요
(12) 착할 거라고 해요
(13) 좋을 거라고 해요
(14) 맛있을 거라고 해요
(15) 걸을 거라고 해요

Exercises 39-1

1.

(1) 저 꽃에 비해서 작은 편이네요
(2) 동생 방에 비해서 넓은 편입니다
(3) 희영 씨에 비해서 / 자주 보는 편이에요
(4) 걷기에 비해서 힘든 편입니다
(5) 다른 동네에 비해서 예쁜 편이에요
(6) 아침에 비해서 / 더 기분이 좋은 편입니다

2.

(1) 유리는 철에 비해서 약한 편입니다.
(2) 그 신발은 저 신발에 비해서 싼 편입니다.
(3) 우리 강아지는 고양이에 비해서 사료를 잘 먹는 편입니다.
(4) 화장실은 부엌에 비해서 작은 편입니다.
(5) 저는 언니에 비해서 쇼핑을 자주 하는 편입니다.
(6) 오늘은 어제에 비해서 일찍 일어난 편입니다.
(7) 어린아이들은 어른들에 비해서 활동량이 많은 편입니다.

Exercises 39-2

1.

(1) 결혼할 수밖에 없겠네요
(2) 닫을 수밖에 없었어요
(3) 고를 수밖에 없을 것 같아요
(4) 알 수밖에 없어요
(5) 살 수밖에 없네요
(6) 기다릴 수밖에 없어요

2.

(1) 많을 수밖에 없어요
(2) 어려울 수밖에 없어요
(3) 공부할 수밖에 없어요
(4) 먹을 수밖에 없어요
(5) 피곤할 수밖에 없어요
(6) 울 수밖에 없어요
(7) 작을 수밖에 없어요
(8) 쓸 수밖에 없어요
(9) 마실 수밖에 없어요

Exercises 40-1

1.

(1) 해야지
(2) 가야죠
(3) 당연하지요
(4) 비싸지
(5) 착하죠
(6) 많지요

2.

(1) 잘하지요
(2) 자고 있지요
(3) 따뜻해지지요
(4) 나오지요
(5) 아프지요
(6) 먹지요
(7) 가지요
(8) 받지요
(9) 없지요
(10) 건강하지요

Exercises 40-2

1.

(1) 했잖아요
(2) 하잖아
(3) 늦잖아요
(4) 깨잖아
(5) 가잖아요
(6) 말했잖아요
(7) 유명하잖아요

2.

(1) 받잖아요
(2) 먹잖아요
(3) 뚜렷하잖아요
(4) 볼 수 있잖아요
(5) 하잖아요
(6) 오잖아요
(7) 자잖아요
(8) 나잖아요
(9) 신잖아요
(10) 쓰잖아요

Exercises 40-3

1.

(1) 피곤하거든요
(2) 나거든요
(3) 늦거든
(4) 하거든요
(5) 샀거든
(6) 보냈거든요
(7) 자거든

2.

(1) 화나거든요
(2) 있거든요
(3) 먹거든요
(4) 아프거든요
(5) 듣거든요
(6) 예쁘거든요
(7) 놀거든요
(8) 좋거든요
(9) 치거든요
(10) 생각나거든요

MORE BOOKS BY LINGO MASTERY

We are not done teaching you Korean until you're fluent!
Here are some other titles you might find useful in your journey of mastering Korean:

✓ Korean Short Stories for Beginners
✓ Intermediate Korean Short Stories
✓ 2000 Most Common Korean Words in Context
✓ Conversational Korean Dialogues

But we got many more!
Check out all of our titles at **www.lingomastery.com/korean**

www.ingramcontent.com/pod-product-compliance
Lightning Source LLC
Chambersburg PA
CBHW081438070526
44586CB00019B/2169